郑州研究院丛书

主　编：蔡昉

副主编：郑秉文　杨东方　倪鹏飞　严波

郑州治理体系与治理能力现代化研究

Governance System of Zhengzhou and
Modernization of Governing Capacity

李培林　张翼　等　著

经济管理出版社

ECONOMY & MANAGEMENT PUBLISHING HOUSE

图书在版编目（CIP）数据

郑州治理体系与治理能力现代化研究 / 李培林等著 .—北京：经济管理出版社，
2020.10

ISBN 978-7-5096-7239-6

Ⅰ.①郑…　Ⅱ.①李…　Ⅲ.①城市管理—现代化管理—研究—郑州
Ⅳ.① F299.276.11

中国版本图书馆 CIP 数据核字（2020）第 204038 号

组稿编辑：高　娅
责任编辑：高　娅
责任印制：黄章平
责任校对：董杉珊

出版发行：经济管理出版社
　　　　　（北京市海淀区北蜂窝 8 号中雅大厦 A 座 11 层　100038）
网　　址：www.E-mp.com.cn
电　　话：（010）51915602
印　　刷：北京虎彩文化传播有限公司
经　　销：新华书店
开　　本：710mm×1000mm/16
印　　张：17.75
字　　数：273 千字
版　　次：2020 年 10 月第 1 版　2020 年 10 月第 1 次印刷
书　　号：ISBN 978-7-5096-7239-6
定　　价：78.00 元

新时代呼唤新的郑州改革研究成果

  郑州市是中华文明核心发祥地，是中国八大古都之一。拥有 8000 年的裴李岗文化遗址、6000 年的大河村文化遗址、5000 年的中华人文始祖黄帝故里、3600 年的商朝都城遗址。继承先辈筚路蓝缕的开创精神，随着中原经济区、郑州航空港经济综合实验区、中国（河南）自贸试验区、国家自主创新示范区等国家战略规划和平台相继布局，郑州市的政策叠加优势更加明显。特别是国家明确提出支持郑州市建设国家中心城市，郑州市的发展站在了新的历史起点上，开启了向全国乃至全球城市体系中更高层级城市迈进的新历程。

  中国社会科学院是党中央直接领导、国务院直属的国家哲学社会科学研究的最高学术机构和综合研究中心，是党中央国务院的思想库和智囊团、哲学社会科学的最高殿堂、马克思主义理论研究的坚强阵地。中国社会科学院学科齐全、人才济济，拥有一大批人文社会科学领域的顶尖专家和领军人物。正值郑州市国家中心城市建设谋篇开局的关键时期，中国社会科学院领导和河南省、郑州市领导高屋建瓴、审时度势，提出了共同合作的战略意向。2017 年 9 月 15 日，中国社会科学院与郑州市人民政府签订《战略合作框架协议》，双方决定共同成立"中国社会科学院郑州市人民政府郑州研究院"（以下简称"郑州研究院"），标志着双方的战略合作进入新阶段，必将对郑州经济社会发展提供有力的智力支持和人才支撑。双方围绕郑州国家中心城市建设，进一步拓展合作领域，提升合作层次，不断推动双方合作向更高层次、更宽领域迈进。习近平总书记深刻指出，幸福都是奋斗出来的！衷心祝愿郑州研究院在双方的共同努力下，秉持奋斗理念，勇于开拓创新，积极融入郑州国家中心城市建设乃至中原城市群发展，努力开创新时代国家智库与地方实际工作部门合作的新局面！

伟大的社会变革必然产生出无愧于时代的先进理论。郑州研究院丛书的出版是在郑州市人民政府提供优质的政务服务，郑州市发展和改革委员会为郑州研究院的发展保驾护航的大背景下产生的。无限丰富的改革实践为科学正确的改革理论提供了丰厚的土壤。中原崛起，中华崛起，实现中华民族伟大复兴的中国梦，这些伟大斗争、伟大工程、伟大事业、伟大梦想，激励着我们更加实干兴邦，推动着郑州沿着原始文明、农业文明、工业文明、生态文明的历史进程，不断改造、变革与提升。这次，特地将郑州研究院的最新研究成果汇集成册，按年度陆续出版系列郑州研究院丛书。这套丛书的出版，对于加强郑州市改革的理论研究和舆论宣传，对于加快和深化经济文化体制的全面改革，无疑是一个很大的推动和促进。当然，任何理论都要经受历史和实践的检验。这套丛书中的许多理论观点，也需要在实践中不断充实、发展和完善。但是，这毕竟是一个良好的开端。我们希望，郑州研究院丛书中的许多一家之言和一得之见，能够迎来郑州市改革理论研究百花齐放、百家争鸣的新局面。

一花引来万花开。又一个姹紫嫣红、百花争艳的春天到了。祝愿郑州市改革的历程，展现在人们面前的是一番绚丽多彩的图景：不仅实践繁花似锦、争奇斗艳，而且理论之光璀璨夺目、熠熠生辉。在这改革的年代，不仅实践之林根深叶茂，理论之树也四季常青。祝愿郑州市改革灿烂的实践之花，在新时代结出丰硕的理论之果。

是为序。

全国人大常委、全国人大农业与农村委员会副主任委员
中国社会科学院副院长、郑州研究院院长

目　录

第 一 章

引言：郑州的历史概况与城市定位

　　党的十九大做出重大政治论断，指出中国特色社会主义已经进入新时代，社会主要矛盾也已经发生变化，强调了习近平新时代中国特色社会主义思想的指导地位，明确了全面建成小康社会、全面建设社会主义现代化国家的战略部署。站在新的历史方位，把握郑州发展的历史使命，既要补好短板，解决不平衡、不充分的发展问题，加快郑州全面建成小康社会、全面建设社会主义现代化的进程；又要站位全局，担负起辐射带动中原城市群发展、服务支撑中部崛起的使命担当，为全国全省发展大局做贡献。当前，郑州正处于加快城市转型攻坚、实现经济社会跨越发展的关键时期，随着国家"一带一路"建设重大机遇的不断推进，郑州得以在更大的范围、更广的领域中利用好两种资源、两个市场，创造好利用新技术、转换新动能、发展新产业的条件。国家深入实施中部崛起、建设中原城市群等战略，郑州加快推进郑州航空港经济综合实验区、中国（河南）自由贸易试验区郑州片区、郑州国家自主创新示范区建设，众多国家战略平台相继建成。近年来，国家对郑州建设国家中心城市的明确支持，河南省委、省政府对郑州城市发展的高度重视、大力支持，使郑州在全国经济版图和城市网络中的地位更加凸显。

　　面对的改革发展稳定任务之重前所未有，面对的矛盾风险挑战之多前所未有，因此全面提升城市规划、建设、管理、设计水平，以更高的站位、更宽的视野、更新的理念、更严的标准要求提升郑州城市治理体系和治理能力，实现其现代化，是事关郑州当前改革深化和未来长远发展，事关郑州城市发展百年大局，事关巩固郑州市委、市政府提高市民获得感和满意度的重大关键。同时，随着郑州经济社会的快速发展，城市基层社会治理中碰到的许多亟待解决的新情况、新问题，也已经到了需要在制度创新上有所突破、在政策安排上有新举措的阶段，迫切需要系统调查、深入研究、统筹考虑、总体设计。为此，根据党的十九大、党十九届四中全会以及习近平总书记重要指示精神，我们开展了系统深入的调查研究，提出了郑州创新城市治理、加强国家中心城市建设的思路、策略、工作路径，积极探索新形势下特大型城市基层社会治理的郑州模式。

第一节　郑州概况及中心城市定位

郑州市是河南省省会，史谓"天地之中"，在古代称商都，如今谓绿城。1928年3月建市。1954年10月，河南省省会从开封迁到郑州。经过半个多世纪的发展，郑州市目前辖有6个区、5个市、1个县，以及郑州航空港经济综合实验区、郑州经济技术开发区、郑东新区、郑州高新技术产业开发区。现郑州市全市总面积为7446平方千米，市域城市建成区面积1055.27平方千米，城镇化率为73.4%，全市年末常住人口有1035.2万人，其中郑州市中心城区建成区面积为601.77平方千米（含航空港经济综合实验区）。郑州位于中国的地理中心，充分利用区域位置的先赋条件发展综合交通网，建设成为全国重要的航空、铁路、高速公路的交通主枢纽城市，是全国唯——个普通铁路和高速铁路网的"双十字"中心，在信息通信网络上，建设成为国家级互联网骨干直联点以及全国十大通信网络交换枢纽，是电力、邮政电信的通信主枢纽城市，形成了显著的综合区位优势。2014年5月，习近平总书记视察河南和郑州时，提出郑州要"建成连通境内外、辐射东中西的物流通道枢纽，为丝绸之路经济带多作贡献"。在国家支持下，郑州航空港实验区的建设发展被提升至国家战略，基本实现了"打基础"的目标，取得了重大阶段性成果。郑州加速设施场地建设，建成投用机场二期，连续4年货邮吞吐量增速居全国大型机场前列。在跨境铁路运输方面，郑欧班列在中欧班列中的境内外集疏分拨范围、满载率和货运总量均居前列。在跨境贸易电子商务方面，郑州的走货量也在全国试点城市中稳居前列。郑州还吸引了一大批国家级功能平台以及国内外知名企业，如国家专利审协河南中心、富士康等相继落户。

2016年12月，国家做出了明确支持将郑州建设成为国家中心城市的重大决定。国家发展改革委印发了《关于支持郑州建设国家中心城市的复函》（发改规划〔2017〕154号），指出"郑州作为中原城市群核心群体，区位优势明显，腹地市场广阔，人力资源丰富，文化底蕴厚重"。批复同意将郑州建设成为国家中心城市，同时指出"经济发展体量、科技创新水平、辐射带动能力等仍需加快提升"，并提出郑州应"全面提升经济发展水平和辐射带动功能"的要求。"国家中心城市"，根据国家发展改革委员会做出的概念界定，是指居于国家战略要津、肩负国家使命、引领区域发展、参与国际竞争、代表国家形象的现代化大都市。在具有较好的经济发展基础以及资源环境承载条件较优的地区规划建设国家中心城市，既可成为引领全国新型城镇化建设的重要推手，也是作为落实和完善对外开放区域布局的重要举措。2010年2月，住房和城乡建设部发布了《全国城镇体系规划（2010—2020年）》，文件明确提出将北京、天津、上海、广州、重庆建设成为五大国家中心城市，并设计了相应的规划和定位。2016年5月至2018年2月，国家发展和改革委及住房和城乡建设部先后发函，明确提出支持成都、武汉、郑州率先建设国家中心城市的规划。后续文件《促进中部地区崛起"十三五"规划》《中原城市群发展规划》《国家发展改革委关于支持郑州建设国家中心城市的指导意见》等相继落地，在国家层面为郑州建设国家中心城市提供了扎实的政策支持。

2019年经初步核算，全年完成生产总值11589.7亿元，比上年增长6.5%；人均生产总值113139元，增长4.1%。全市地方财政总收入1970.2亿元，地方财政一般公共预算支出1910.6亿元，全年城镇新增就业人员11.5万人。全年规模以上工业企业增加值比上年增长6.1%；其中，高技术产业增加值增长10.9%，直接进出口总额4129.9亿元，比上年增长0.6%，交通运输业各种运输方式完成货物周转量927.8亿吨千米，交通运输业各种运输方式完成旅客周转量379.8亿人/千米，全年实现旅游总收入1598.6亿元，比上年增长15.2%；来郑旅游人数

13059.5 万人次，增长 14.5%。

在经济发展保持平稳的同时，郑州的经济发展质量不断提升，现代产业体系加快构建。高技术产业增加值增长 12.4%，战略性新兴产业增加值对规模以上工业占比达到 20%。初步形成电子信息、汽车及装备制造两个 5000 亿元级产业集群，国家级技术创新和制造业单项冠军示范企业达到 9 家。服务业增加值 5545.5 亿元、增长 8.3%。郑东新区中央商务区成为"中国最具活力中央商务区"之一。金融业增加值 1145.8 亿元、占 GDP 的 11.3%，郑州银行成为全国首家 A+H 股上市的城商行。物流业增加值 780 亿元、增长 9%，国际物流园区晋升为国家级示范物流园区。"智能制造"提速增效。"三大改造"深入推进，制造业投资占工业投资比重达到 79.5%，战略性新兴产业投资增长 26.4%。新增超百亿元企业 2 家、超 200 亿元企业 1 家，"百千企业上云"近 4700 家。成功举办首届世界传感器大会、中国（郑州）承接产业转移系列对接活动等，引进上汽二期等一批重大制造业项目。成功创建国家服务型制造示范城市、中国消费品工业"三品"战略示范城市。

第二节　把郑州确立为国家中心城市是大国战略的考量

尽管郑州在 2016 年的经济总量只排在全国大中城市第 18 位，并且是当时已经宣布的国家中心城市中行政级别最低的正厅级省辖市，但是国家发展改革委明确指出郑州建设国家中心城市对全国大局的战略意义。

一、全球经济贸易运输格局转变的考量

高铁的建设和重载铁路的铺开，使陆上运输再次回到全球经济链条视野。中国幅员辽阔，人口基数巨大，有完整的工业链，强大的制造能力和工程施工能力，中国正在形成以高铁和重载铁路为支持的陆上运输技术优势。而"一带一路"建设的实施，也将中国的陆路国际贸易提到了更高的战略层面。逐渐完善的高速公路网使人们的生产生活获得了极大的便利，加之资源、市场以及环境容量等因素的变化，内地在招商引资方面的不利地位正在改变，逐渐成为海外投资的重要选择，产业开始

了由沿海向内地的大转移。另外，互联网的发展使一些新的业态，如跨境电商等打破了地域对于运营的限制。郑州充分利用了内陆中心的区域地理位置，积极进行交通基础设施建设以及运输运营，在航空领域，先后吸引了一批国内外大型物流集成商如俄罗斯空桥、顺丰、菜鸟等落户郑州，持续保持郑州机场客货运增速在全国大型机场中居于领先位置，基本确立了在国际航空物流领域的中心地位。在铁路运输领域，中欧班列（郑州）的运行成绩持续在全国 30 多家开行的中欧班列中领跑，承运货类全、货运总量高、开行频次密、境内境外集疏分拨范围广、市场化程度高，积累了良好的综合实力。在跨境贸易与电子商务服务（E 贸易）方面，郑州业务量近年来增长迅猛，持续领先全国试点城市和跨境综合试点区。随着三大国家战略的更新与实施，中原在全国大局中的地位明显提升，将获得综合性含金量极高的腹地优势，产生"腹地效应"，助推中原崛起、河南振兴、富民强省进程。郑州作为我国重要的综合交通枢纽和物流以及商贸中心，既是我国内陆承担进出口业务的大市，也是位于新亚欧大陆桥经济走廊上的主要节点城市，对于成为内陆地区开放型的经济高地具有得天独厚的优势。郑州国家中心城市的建设，可以更好地依托郑州航空港经济综合实验区、自贸区等优势条件，促进对内对外开放，提升开放水平，强化窗口作用，拓展开放空间，积极参与"一带一路"，服务国家开放战略。

二、中国经济模式转型高质量发展的考量

中国经济正从高速发展期向高质量发展期转型，在郑州建设国家中心城市，将有效带动新旧动能转换，有利于中部地区加速供给侧改革。郑州地处中原经济区，拥有广阔的经济腹地、丰富的人力资源、巨大的市场空间，规划建设了郑东新区、自创区等发展平台，工业化、城镇化正在快速推进，具有良好的发展潜力。在郑州建设国家中心城市，将助力郑州进一步整合政策优势，将人力、市场、平台等资源转化为新动能，能够为供给侧结构性改革提供新模式，并在自身进步的基础上加速中部地区发展。除了新旧动能转换外，拉动内需对经济的拉动作用和对人民生活水平的不断提高有着至关重要的作用。中国经济增速自 2008 年金融危机爆发以来有所下降，从危机前的 10% 左右的高速增长阶段下滑到

2016 年的 6.7%。金融危机前，出口是中国经济增长的"三驾马车"之一，但金融危机使出口对经济发展的贡献率持续下降。面对中国出口导向型战略发展的严峻挑战，扩大内需成为确保经济平稳增长的重要战略。想要实施这一战略，则需要发展培育位于经济地理版图中心区域的大城市，优化空间布局升级产业结构，在全球范围内吸引优质发展要素，以城市发展的新空间培育新动力。郑州拥有广阔的市场空间，社会商品伴随着当地经济发展和居民收入增长，零售总额规模不断扩大，在全国的位次不断前移。郑州社会商品零售总额在 2010 年已达 1678 亿元，在全国排第 17 位，在 2015 年零售总额达到了 3294 亿元，排名也更为靠前，在全国排在第 12 位。以郑州为中心发展出的"1 小时高铁圈"，覆盖了 18 个河南省省辖市，人口达 1 个亿；扩展到"1.5 小时高铁圈"则可以覆盖到中原城市群所有的城市，拥有人口 1.8 亿。随着工业化、城镇化的快速发展，该区域将进一步释放巨大的市场潜力。

三、国家深入推进新型城镇化建设战略的考量

顺应新型城镇化发展规律和趋势，国家"十三五"规划建议明确指出："要发展一批中心城市，强化区域服务功能。""十三五"规划纲要进一步提出："发展一批中心城市，强化区域服务功能。大中城市要加快产业转型升级，延伸面向腹地的产业和服务链，形成带动区域发展的增长节点。"住建部为落实中央战略部署，在 2016 年初开始进行《全国城镇体系规划》的编制，提出"十百千万"城镇体系的构建规划，即"十个国家中心城市、一百个国家特色城市、一千个中小城市、一万个特色镇"。郑州位于"两横三纵"发展格局陆桥通道和京哈京广通道的交叉点上，是中原城市群的核心城市。为落实国家新型城镇化战略布局，就必须提升郑州发展的辐射带动能级，在基础设施和公共服务方面推动郑州与周边城镇进行连接和共享，引领带动国家重点培育的中原城市群建设。

四、国家区域协调发展的考量

近年来，我国地区间的发展速度趋于缩小，但绝对差距仍然较大，区域不平衡问题仍然十分突出。2015 年内陆地区城市群中，经济总量最

大的为成渝城市群，但其 GDP 仅分别为长三角、珠三角和京津冀地区的 25%、42% 和 44%。从集聚水平看，内陆地区城市群人均 GDP 和地均 GDP 最高的中原城市群，2015 年人均 GDP 不到长三角、珠三角的 1/3，地均 GDP 仅分别为长三角、珠三角的 27%、30%。之所以如此，重要原因之一是中西部中心城市不强。根据 2015 年城市 GDP 排名，前 30 位城市中仅有 8 个城市在中西部地区。正是在这样的背景下，国家决定支持武汉、郑州建设国家中心城市，发展壮大长江中游城市群、中原城市群。我国地域辽阔，各地差异较大，要进一步形成东中西部互动协调、优势互补、相互促进、共同发展的局面，必须建立沟通的桥梁与纽带，郑州拥有"米"字形高铁运输网，是全国高铁布局最密集的区域，承东启西连南贯北的区位优势。郑州是中原城市群核心城市，在地理位置区域中位于国家"两横三纵"城镇化战略格局中的陆桥通道与京哈京广通道交汇处。但郑州仍存在经济首位度不够高、集聚高端要素资源的能力不够强等短板问题，难以发挥足够的区域辐射带动作用。郑州加快国家中心城市的建设，有利于提升郑州的综合经济实力，提升创新发展能力，改善高端发展功能，带动中原城市群一体化发展，对中部地区的崛起发挥更强的支撑作用。

第三节　郑州国家中心城市的功能定位

为积极响应国家规划和指明郑州发展方向，郑州市委、市政府于 2018 年 2 月公布了《郑州建设国家中心城市行动纲要（2017—2035）》，明确提出了郑州建设国家中心城市的发展目标、功能定位、短板问题、机遇挑战和具体措施。

一、国际综合交通枢纽

持续构建现代化综合交通体系，依托高速公路、高速铁路和国际航空建设"三网融合、四港联动、多式联运"的交通中枢，建设国家电力、信息、管道主枢纽，努力推动郑州全球城市网络节点地位的提升，建成辐射、链接和服务国内国际的全球综合枢纽。

二、国际物流中心

充分发挥郑州的比较优势，将大口岸、大通关、大物流战略落到实处，推动空中丝绸之路、陆上丝绸之路、海上丝绸之路以及网上丝绸之路建设，加快多式联运和特色物流建设，不断完善基础设施和配套服务设施，尽快打通国际国内物流通道，建立集疏网络，努力实现"买全球、卖全球"的发展目标，建成成本低、制度优、集疏便捷、运转高效、时效强的国际物流中心。

三、国家重要的经济增长中心

着力提高郑州的经济综合实力和发展水平，对发展方式进行转变，对经济结构进行优化，对增长动力进行转换。围绕供给侧改革的主要路径，对经济发展的质量、效率以及动力进行变革，在兼顾对质量和效益重视的同时，对全要素生产率进行提高，建设产业体系，实现现代金融、实体经济、人力资源、科技创新等方面协调发展，构建经济体制，形成有效的市场机制、有活力的微观主体、有度的宏观调控状态，把郑州建设成为重要的、辐射带动作用强大的国家经济增长中心。

四、国家极具活力的创新创业中心

郑州加快建设国家自主创新示范区，以开放式创新的方式，对国内外高水平大学和国家级科研院所进行大力引进，培育坚实的创新基础。通过对体制机制的深化改革，对创新创业的生态环境进行优化，吸引创新创业人才集聚，并大力弘扬优秀的企业家精神，建立健全有利于创新创业和人才活力激发的体制机制，培养相应的文化氛围，将郑州建设成为重要的国家创新创业中心。

五、国家内陆地区对外开放门户

加快郑州对于"一带一路"重大倡议的深入融入，强化建设开放载体平台，推动形成在国内外领先的国际化营商环境，实现投资自由化、监管法治化、贸易便利化。积极开展对外合作交流，充分发挥郑州便利的区位优势和悠久繁荣的人文优势，结合"走出去"和"引进来"兼顾发展，对于国际重要的文化活动、体育赛事和重要会议进行积极承办，提升城市的国际化水平和影响力，将郑州建设成为国家内陆地区对外开放门户。

六、华夏历史文明传承创新中心

加强文化遗产遗址保护和利用，对商都文化、嵩山文化、黄帝文化、黄河文化等资源进行专业细致的深度挖掘，对根亲文化、儒释道文化、功夫文化、象棋文化等优质的传统文化资源进行保护和创新开发。同时将传承与创新相结合，促进现代文化发展繁荣，打造独具历史底蕴和创新魅力的城市文化名片，提升城市的文化品位，不断提升郑州文化在全球的吸引力、影响力和传播力，将郑州建设成为华夏历史文明传承创新中心。

第四节 郑州国家中心城市分阶段发展目标

郑州为国家中心城市的建设根据不同的发展阶段设定了三个目标，分别是近期、中期和远期。近期（2017~2020 年）：郑州开启全面建设国家中心城市新阶段，高质量、高水平地全面建成小康社会。持续增强城市的综合竞争力，平衡、包容、可持续性地发展，在全国范围内，进入经济总量万亿城市行列。显著提升城市的发展质量效益，加快建设现代化经济体系，实现产业集群化、高端化、智能化、绿色化、融合化的快速发展。基本确立城市的国际枢纽地位，明显提升郑州的对外开放水平以及科技创新能力。有效改善城市的生态环境，全面完成生态建设各项约束性指标的研究，建设资源节约以及环境友好型社会，明显改善生态环境质量。发展更有质量的人民生活，完成全部脱贫攻坚任务，大幅提升城乡基础设施承载力，提高公共服务保障水平，促进居民收入水平与经济发展实现同步增长，实现更加充分的社会就业，建立更加完善的社会保障体系。实现文化以及文明程度、民主法治、治理体系、社会稳定和谐等各项事业全面发展。

中期（2021~2035 年）：郑州国家中心城市的地位更加突出，建成全国先进的国家创新型城市，建成国家重要的经济增长中心和极具活力的创新创业中心、国际综合枢纽、物流中心、国家内陆地区对外开放门户、华夏历史文明传承创新中心，充分彰显郑州对中原发展的辐射作用以及对全国大局的服务支撑。基本实现治理体系和治理能力现代化，实现生态环境的根本好转，使人民生活更为宽裕。并且争取在 2030 年，提前五年率先完成对社会主义现代化的基本实现。

　　远期（2036~2050 年）：全面提升物质、政治、精神、社会以及生态五大文明水平，完成治理体系和治理能力现代化建设，使共同富裕基本实现，人民充分享有幸福满足的生活，将郑州建设成为社会主义现代化强市，真正实现富强民主文明和谐美丽的发展目标，发展成为在全球具有相当影响力的现代化城市。

　　表 1-1 为国家中心城市分阶段建设核心指标体系。

表 1-1　　　　　　国家中心城市分阶段建设核心指标体系

序号	指标名称	2020 年目标	2035 年目标
1	地区生产总值（亿元）	1.25 万	3.0 万以上
2	服务业增加值占地区生产总值比重（%）	55	65
3	先进制造业产值占工业总产值比重（%）	55	65
4	利用外资实际到位额（亿美元）	48.9	200
5	世界 500 强企业落户数（家）	80	200
6	研究与试验发展经费投入强度（%）	2.5	4.0
7	科技进步贡献率（%）	67	75
8	吸引风投机构数量和管理资金占全国比重（%）	1	2.5
9	每万人有效发明专利拥有量（件）	12.1	25
10	国际定期直飞航线（条）	80	140
11	航空货邮吞吐量（万吨）	100	400
12	中原城市群城轨 / 高铁联动率	21/29	29/29
13	郑欧班列铁路集装箱吞吐量（万标箱）	3.5	15.0
14	机场年旅客吞吐量（万人次）	3000	8000
15	城市宽带接入能力（兆）	1000	10000
16	全市常住人口数（万人）	1100	1350
17	城镇化率（%）	75	85
18	15 分钟生活圈覆盖率（%）	80	100
19	全市轨道交通通车里程（千米）	300	716

续表

序号	指标名称	2020 年目标	2035 年目标
20	单位 GDP 能耗（吨标准煤／万元）	0.3	0.1
21	森林覆盖率（%）	35	40
22	城市绿道网密度（千米／百平方千米）	15	35
23	公共教科文卫支出占 GDP 比例（%）	3	6
24	文化产业增加值占 GDP 比重（%）	5	10
25	注册志愿者人数占居民人口比例（%）	10	15
26	万人博物艺术场馆数（家）	0.05	0.1
27	遗址生态文化公园（处）	75	100
28	入境游客（万人次）	75	500
29	年度国际会、展、赛次数（次）	180	300

考虑到建设国家中心城市具有战略必要性，在中央政府的大力支持下，郑州经济社会发展取得了长足的进步，形成了比较坚实的现实基础，但相比较其他有明显综合优势和特色优势的城市，郑州建设国家中心城市仍旧面临许多不足和风险。郑州整体经济实力仍旧偏弱，与成都、武汉等中西部新晋国家中心城市相比仍处于劣势。2019 年，郑州 GDP 总量为 11589.7 亿元，排名全国第 16 位，位于"万亿俱乐部"末尾，仅为武汉 GDP 总量的 2/3。郑州在区域乃至省域内部时首位度仍显不足，导致集聚高端要素、发展高端产业、形成高端优势的能力存在严重不足，尽管产业结构较为完备，产业集群未形成规模竞争力，发展层次总体不高，工业大但不够强，城市发展质量有待进一步提升。

在城市治理体系和治理现代化方面，郑州近年来在教育、医疗、卫生、文化等方面都取得较大发展，但是与居民需求以及国家中心城市建设的标准相比，还有不小的差距。城市综合承载力不足且城市公共品提供不足。郑州是国家明确给予支持建设的区域面积最小的国家中心城市，大概只有成都面积（14312 平方千米）的一半。环境容量受区域面积所限已趋于饱和，其中人均水资源占有量水平不足全国平均量的 1/10，另外，郑州的生态建设也较其他城市相对滞后，导致其生态环境承载能力相对薄弱。特别是近些年，大量人口流入郑州，而郑州的生态环境承载能力并没有得到相应的提升，使城市资源环境承载能力特别是核心城区的承载能力已经达到或接近上限。此外，从城市常住人口、人均建成区面积、人均公园绿地面积、人均道路面积、每万人医院床位数等指标与北京、上海、武汉、长沙、太原、成都对比的情况看，郑州已处于严重超载状态。同时，在全国 74 个大中城市里，郑州的空气质量排名也相对靠后，大气重污染现状依然严重，强雾霾天气的影响深度和持续程度进一步加强，对生产和生活造成了较大的影响。尤其是河南没有一所"985"院校，仅有一所"211"院校，尽管郑州大学已经进入世界一流大学建设行列，河南大学也已经进入世界一流学科大学建设行列，但与河南生源第一大省的地位极不匹配。教育资源严重不足不仅影响城市的综合服务能力，也严重影响了城市对高端人才等要素的集聚，制约着科技创新水平的提高和人口资源优势向人力资源优势的转化。基础教育资源不能满足城市发展需要，每万名中学生和小学生拥有的学校数量，在 17 个城市中排名较为靠后。可见，郑州作为特大城市，在城市治理体系和治理能力现代化上还有比较长的路要走。

第 二 章

郑州作为特大城市发展的现状和特点

在郑州各级党委和政府的共同努力下，郑州在国家中心城市建设上的成效已经显现。2019 年 8 月，习近平主席主持召开中财委第五次会议时把郑州列入国家高质量发展区域增长极城市行列。河南省人民政府发布了《关于支持郑州建设国家中心城市的若干意见》《建立更加有效的区域协调发展新机制实施方案》提出河南将推进郑州大都市区建设，打造"1 小时通勤圈"，支持郑州的国家中心城市建设，提升产业实力、增强承载能力、彰显文化魅力，增强"三中心一枢纽一门户"功能。郑州市以"创新、转型、国际化"作为关键词，进一步深化建设国家中心城市，明确出台更具竞争力的人才政策；强化智能制造引领；"四路"协同，巩固提升国际化水平三大发展计划。确定产业转型发展项目 203 个、创新驱动能力提升项目 33 个、现代基础设施项目 12 个、新型城镇化项目 18 个、生态环保项目 20 个、民生和社会事业项目 71 个，为加快建设国家中心城市建设提供支撑。经过近年来的规划发展，郑州中心城市的功能已日渐增强。

第一节　现代化产业结构基本形成，高质量增长初步呈现

经济实力是衡量城市发展的重要指标，是带动城市和区域经济发展的重要条件，地区生产总值（地区 GDP）等于各产业增加值之和，是本地区所有常住单位在一定时期内生产活动的最终成果，是我国国民经济核算的核心指标。近年来，郑州城市综合实力显著增强，全市地区生产总值稳步增长，由 2010 年的 4041 亿元增加到 2019 年的 11590 亿元，2015 年之后更是加速增长，在"十三五"规划期间实现了逐年增长约千亿元的发展速度，并于 2018 年达到 10143 亿元（见图 2-1），进入全国"GDP 万亿元俱乐部"，居全国第十六位，实现了地区生产总值破万亿、常住人口破千万、人均生产总值破十万的"三大突破"。2019 年，郑州地区生产总值完成 11589.7 亿元、占全省的 21.4%、在全国排名中也进一步提升，居第十五位。

（亿元）

图 2-1　2010~2018 年郑州地区生产总值

资料来源：《中国城市统计年鉴》（2011~2019 年）。

同时，用于衡量地区人民生活水平的重要指标人均 GDP 也呈现出与地区 GDP 相似的平稳增长趋势和阶段性增长规律。郑州人均 GDP 由 2010 年的 49947 元增加到 2019 年的 113139 元，其中 2015 年之后增长

提速，在"十三五"规划期间以近千元的速度逐年增长，并于 2018 年达到 101349 元（见图 2-2），突破 10 万大关。郑州 2019 年实现人均生产总值 113139 元，较上年增长 4.1%，并且仍是全省唯一人均产值超过 10 万元的城市。

图 2-2　2010~2018 年郑州人均 GDP

资料来源：《中国城市统计年鉴》（2011~2019 年）。

郑州第一、第二产业占比稳定下降，第三产业占比稳步提高，在扩大经济基本盘的同时，实现了产业结构不断优化升级。从不同年份三次产业所占比重变化情况来看，郑州产业结构呈现出阶段性变化的特征。

第一产业所占比重"阶梯式"下降。2010 年为"十一五"收官之年，第一产业在 GDP 中所占比重仍然超过 3%；2011 年为"十二五"开局之年，第一产业比重已降至 2.64%，至 2015 年"十二五"收官，第一产业比重已降为 2.06%；到"十三五"开局的 2016 年，第一产业所占比重便已降到了 2% 以下，并一直保持较低水平。

第二产业的发展情况略有不同，其所占比例在"十二五"期间先增后减并有所调整，在"十三五"期间稳定下降。由于受到 2008 年经济刺激计划的影响，2010~2011 年，第二产业所占比重出现了一定幅度的上升，达到 57.27%。这一较高水平维持到 2013 年，其比重仍然有 55.96%。2014 年和 2015 年，在经济发展进入"新常态"的背景之下，经过调整之后的第二产业开始逐渐"挤水分"，比重降低到 50% 上下。2016 年之后，进入"十三五"期间，第二产业所占比重进一步稳定下降。

第三产业在 2010~2013 年发展平稳，蓄力 2014 年之后的快速发展。2010~2013 年，第三产业所占比重在 40% 上下波动，最高为 2013 年的 41.67%，最低为 2011 年的 39.64%。2014 年后，第三产业发展明显提速，所占比重快速提升。进入"十三五"的 2016 年，第三产业所占比重超过 50%，为 51.28%，2018 年第三产业比第二产业已超过 10 个百分点，现代化城市的产业结构格局初步形成（见图 2-3）。

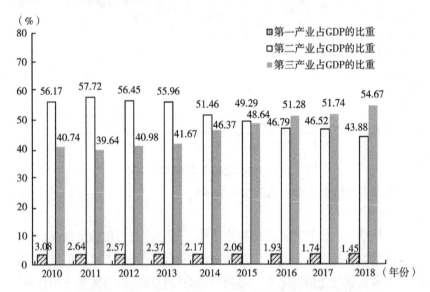

图 2-3　2010~2018 年郑州地区生产总值三次产业占比变化

资料来源：《中国城市统计年鉴》(2011~2019 年)，历年《郑州市国民经济和社会发展统计公报》。

第二节　规模以上工业企业发展高位稳定，三次产业就业比例日趋合理

规模以上工业企业的统计范围为年主营业务收入达到 2000 万元及以上的工业法人企业，规模以上工业企业的发展状况是考察地区工业经济发展形势的重要指标。近年来，郑州工业经济运行总体平稳，形势良好。首先在规模以上工业企业的资产情况方面，企业的流动资产即企业可以在一年或者超过一年的一个营业周期内变现或者运用的资产，2010~2017

年一直保持增长态势，由 2010 年的 1833 亿元增长至 2017 年的 8070 亿
元，其中 2011~2016 年增长速度较快，以约 1000 亿元的涨幅逐年增长，
2016~2017 年企业流动资产数额增长放缓。相较而言，企业固定资产是
指企业使用期限超过 1 年的房屋、机械、机器、运输工具、建筑物以及
与生产、经营有关的设备、工具、器具等，其数值以及涨幅整体较流动
资产较低，且产值差距逐年拉大，企业固定资产从 2010~2016 年保持着
较为缓慢的增长态势，由 2010 年的 1774 亿元增长至 2016 年的 3838 亿
元，并于 2017 年出现了小幅回落，降至 3670 亿元（见图 2-4）。这两项
资产增长相似的阶段性规律或与产业结构调整的趋势有关。

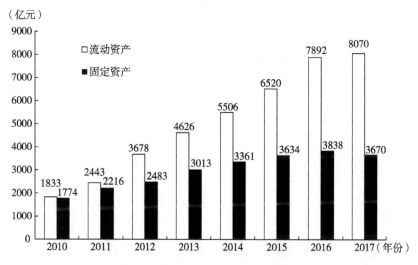

图 2-4　规模以上工业企业资产状况

资料来源：《中国城市统计年鉴》（2011~2018 年）。

　　从税收上来看，规模以上工业企业的主营业务税金及附加除了在
2012 年大幅下降至 47 亿元之外，从 2010~2017 年的 8 年间整体上稳中有
升，从 2010 年的 81 亿元增长至 2017 年的 139 亿元，其中 2015 年达到
最高值 140 亿元，并在 2016 年出现小幅下降，至 128 亿元。其中，2012
年的大幅下降主要受世界经济不景气的影响，随后快速恢复并开始形成
稳定增长的趋势。另外，郑州规模以上工业企业的增值税整体较主营业
务税金及附加的数额高，并且以 2014 年为界，呈现出明显的先升后降的
规律。第一阶段，郑州规模以上工业企业的增值税逐年上涨，由 2010 年

的 261 亿元增长至 2014 年的 483 亿元，达到峰值后进入下降阶段，2015
年大幅回落至 354 亿元，之后下降速度放缓，于 2017 年降至 255 亿元
（见图 2-5）。这一变化主要受到国家税收政策改革的影响，2014 年 7 月
2 日，国家税务总局办公厅发布《国家税务总局关于简并增值税征收率
有关问题的公告》（国家税务总局公告〔2014〕第 36 号），为进一步规
范税制、公平税负，经国务院批准，决定简并和统一增值税征收率，将
6% 和 4% 的增值税征收率统一调整为 3%，有效降低了企业的税收负担。
2019 年 3 月，财政部、国家税务总局、海关总署三部门发布了《关于深
化增值税改革有关政策的公告》，宣布 2019 年 4 月 1 日起增值税税率正
式下调，16% 下调为 13%，10% 下调为 9%，进一步减轻企业负担。

图 2-5 规模以上工业企业主要财务指标

资料来源：《中国城市统计年鉴》（2011~2018 年）。

郑州规模以上工业企业的利润总额整体上以 2012 年作为时间节
点，大幅下降后波动回升，但均保持在 900 亿元以上。2008 年世界
经济危机的余震影响并未消退，世界经济形势复杂严峻，下行风险高
位持续，影响我国经济复苏出现反复，受此艰难曲折的经济大环境影
响，许多企业出现经营困难，2010~2011 年，郑州规模以上工业企业
的利润总额大幅下降，由 1058 亿元下降至 919 亿元。至 2012 年，随
着"十二五"规划的进一步推进以及郑州新型工业化主导地位的政策

推动，规模以上工业企业的利润总额已稳住下跌势头，将利润总额保持在 912 亿元。2013~2014 年，随着政策的强力支持，郑州制订工业发展"三年倍增"计划，由于经济形势进一步回暖以及大宗商品市场重新平衡工业企业补充存货等复苏契机，郑州规模以上工业企业的利润总额开始了快速回升，2014 年增长至 1033 亿元，之后增速放缓，截至 2016 年增至 1079 亿元。之后 2017 年出现小幅回落，降至 1071亿元，整体实现高位稳定（见图 2-6）。

图 2-6　规模以上工业企业利润总额

资料来源：《中国城市统计年鉴》（2011~2018 年）。

2019 年，制造业高质量发展态势强劲。新增省级制造业创新中心 4家。高技术产业增长 10.9%，战略性新兴产业增长 12.4%，上汽数据中心等 243 个项目开工建设，明泰铝业高精铝板带箔生产线等 246 个项目竣工。"三大改造"成效显著，实施工业技改项目 546 个，投资额增长31.4%，压减煤电装机 111 万千瓦、钢铁产能 95 万吨、水泥 61 万吨、电解铝 35 万吨、煤炭 310 万吨。建成国家级绿色工厂 8 家，规模以上工业增加值能耗下降 16%。中铁装备等 23 家企业入选国家级智能制造、绿色制造试点示范单位，国家工业设计中心实现"零"突破，"上云"企业达 1.3 万家、占全省的 40%。成功创建国家综合型信息消费示范城市和工业资源综合利用基地。

《政府工作报告》提出，郑州将强化智能制造引领，制订行动计划，推动重点产业如电子信息、装备制造、汽车等转型升级，在智能终端、超硬材料、客车等制造行业培育世界级先进集群。产业上，要抢抓产业转移、新一轮科技革命和产业变革的重大机遇，强化传统产业升级和新兴产业培育，促进工业化和信息化、制造业和服务业深度融合，2019 年 8 月，河南出台了《河南省推进产业集聚区高质量发展行动方案》，提到经过 3~5 年的努力，要形成 20 个左右具有较强竞争力和带动力的千亿级产业集群。大都市区产业结构由"低端"向"中高端"迈进，优化调整产业结构，与"7·30"中央政治局会议，让资金流向制造业的精神无缝对接。未来 2800 万的人口就是郑州大都市区产业崛起的坚实基础。

2020 年 1 月 17 日，郑州高质量发展制造业和高水平扩大对外开放工作推进会召开，印发了《郑州市制造业高质量发展三年行动计划（2020 年—2022 年）》，强化先进制造业主导地位。落实制造业高质量发展三年行动计划，稳定工业增长基本盘。着力提升产业能级。高质量发展制造业是落脚点，加快实现高质量发展"高质量发展区域增长极"，打造更高水平高质量发展区域增长极的战略实施，推动形成经济发展的强劲动力系统。

郑州通过编制实施现代服务业高质量发展三年行动计划，推动生产性服务业向专业化迈进，大力支持制造业和现代服务业的深度融合。加快国家区域性金融聚集核心功能区、高新区科技金融创新实验区建设。全力打造数字创意、动漫游戏、文创设计等新兴业态，培育一批国家级文化旅游品牌。大力发展全域旅游，创建文化和旅游消费示范城市，促进国家物流枢纽和现代国际物流中心的高质量建设，力争国家 A 级以上物流企业突破 100 家、物流业增加值达到 925 亿元、增长 8% 左右。加快标准化市场建设和转型提质，新建和改造标准化农贸市场 20 家。2019 年，郑州现代服务业发展提档增效。金融业增加值突破 1200 亿元、占服务业比重达 18%；新增上市公司 4 家、"新三板"挂牌公司 2 家，郑商所新增上市品种 6 个。网络零售额增长 18.5%、快递业收入增长 16.6%、物流业增加值增长 9.5%。全年接待国内外游客 1.3 亿人次、增长 14.5%，实现旅游总收入 1598.9 亿元、增长 15.2%。

2020 年 3 月，郑州正式印发了《郑州市高品质推进城市建设三年行动计划（2020—2022 年）》，明确以城市发展方式转变推动经济发展方式转变，发挥规划引领作用，优化城市空间布局，坚持实施项目以带动发展战略，统筹推进核心板块建设、加强公共基础设施建设、促进公共服务与生态绿化保护、城市改造更新等项目，3 年内共计划实施 2443 个项目，力争完成投资 8143 亿元。计划要求，按照"产业主导，现代服务业为主体"的原则，规划 32 个城市建设核心板块，并发展成为城市经济发展的着力点、城市建设的关键点和城市结构的支撑点。32 个核心板块共实施 373 个项目，投资 2150 亿元，2020 年 6 月底，核心板块完成城市设计，3 年内项目基本落地，5 年内建成初具规模。

整体上，三次产业就业人口第三产业总量最多，第二产业次之，第一产业最低。第三产业就业人口总量整体呈波动上升趋势，2010~2017 年稳定增长，由 57.88 万人增长至 98.58 万人，就业人口总量增长近 1 倍，2018 年出现小幅回落，降至 94.72 万人。第二产业就业人口总量以 2014 年为分界点，呈现出先增后降的整体趋势，2010~2013 年第二产业就业人口快速增长，由 50.39 万人增至 112.29 万人，之后增速放缓，至 2014 年增长至峰值，达到 113.13 万人。2015 年之后出现波动下降趋势，2016 年由 110.21 万人下降至 106.07 万人，2017 年小幅回升至 108.74 万人，2018 年回落至 93.06 万人。第一产业就业人口则较为稳定，总量远低于第三及第二产业就业人口，呈现出地位持续波动的趋势，2010~2012 年郑州第一产业就业人口约 0.2 万人，2013 年增长至最大值 0.31 万人，2015 年回落至 16.31 万人，之后小幅增长，2016 年及 2017 年保持在 0.24 万人左右（见图 2-7），2018 年跌至最低值 0.16 万人。

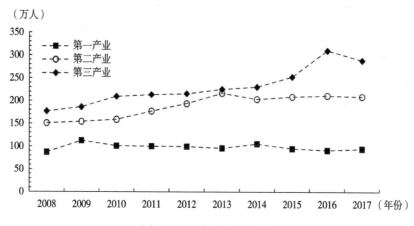

图 2-7 三次产业人口总量

资料来源：《中国城市统计年鉴》（2011~2018 年）。

三次产业就业人口比例总体上呈现出第二产业就业人口比例最高，其次是第三产业，第一产业就业人口比重最低的产业间分布。第三产业以2013年为分界点，整体呈现先降后升的趋势，由2010年的53.35%降至2013年的41.34%，经历最低点后稳步上升，2018年升至50.4%，其中只有2010年及2018年两年比重在50%以上，其余历年比重均在40%~50%。郑州的第二产业就业人口比重则以2013年为分界点，呈现出先升后降的变化趋势，2010~2013年，第二产业从业人员由46.44%稳定提升至58.5%，达到峰值之后逐步下降，至2018年下降至49.52%，为9年间第二次出现低于第三产业就业人口比重的情况，2018年及2010年是郑州第二产业就业人口9年间仅有的两次低于50%，以及低于第三产业就业人口比重的年份，其余历年比重均在50%~60%。但随着产业结构的进一步优化升级，郑州第三产业就业人口比重上升以及第二产业就业人口比重下降的趋势已较为明朗，第三产业就业人口比重也呈现出超过第二产业就业人口比重的发展势头。郑州第一产业就业人口比重则稳定在低位波动变化，相对于第三及第二产业占据的绝大部分就业人口比重，郑州第一产业就业人口比重呈现出进一步下降的趋势（见图2-8）。

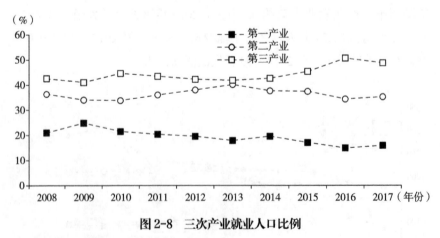

图2-8 三次产业就业人口比例

资料来源：《中国城市统计年鉴》（2011~2018年）。

第三节　县域竞争力日益增强，形成强县富民的发展主线

县域在地区发展中的地位日益突出，县域经济也日渐得到重视。县域经济具有地域特色且功能完备，是以县级行政区划为地理空间，以县级政权为调控主体，以市场为导向优化配置资源的区域经济。近年来，郑州持续强化县域城乡统筹载体作用，培育发展专业化、活力化、特色化的县域经济，提升县域经济承接城市功能转移和带动乡村发展能力。郑州县域经济发展领跑河南，甚至在全国的相关统计榜单中都排名靠前。2017 年 7 月 4 日，《河南经济发展报告（2018）》对河南省 105 个县（市）的县域经济发展质量进行评价，前五位全部为"郑家军"，分别是新郑、荥阳、中牟、新密、巩义。2017 年 7 月 13 日，河南五县市入选 2017 中国县域经济百强榜，分别为新郑、新密、巩义、荥阳、登封五县（市），均为郑州市所辖。2017 年 12 月，首届中国县域经济高峰论坛发布了《中国县域经济发展报告（2017）》和《2017 年全国综合竞争力百强县（市）》。河南共有新郑、荥阳、新密、巩义、登封、中牟六地上榜。

2017 年，郑州统计各区经济发展情况，在郑州全部共 16 个行政区、经济区以及县区中，生产总值排名中前五名县区有三，分别是巩义、新密、新郑，占据第二至第四名，五个县级市均排名前十，荥阳及登封分别排名第六、第八，而郑州全部六个县区的生产总值占郑州 16 个区生产总值的 41.43%（见表 2-1），县域经济的发展对于郑州经济实力的提升发挥着重要作用。

在各县区中排名第一的是巩义，2017 年全年生产总值 755.79 亿元，其第一、第二、第三产业比重分别为 1.58%、58.71%、39.71%。巩义工业较为繁荣，是"郑州—巩义—洛阳工业走廊"核心城市之一。巩义综合经济实力强，自 1992 年至今连续 20 余年位居河南县域首位，常年跻身全国百强县，县域经济基本竞争力在全国位列第 39 位，先后被评选为全国综合改革试点县市、全国乡村城市化试点县市、国家卫生城市、国家园林城市、中国优秀旅游城市、河南省文明城市等。巩义已经完全

具备了自己立体化的交通线，连接着东西的国道、省道，还是六条铁路的交会点。巩义县城内旅游资源也非常丰富，境内有五指岭、长寿山、盘龙山、蝴蝶谷、河洛汇流处等山水景观，AAAA 级景区 2 家、AAA 级景区 4 家，未来巩义还可以进一步发挥交通、政策等战略优势，加快产业结构调整升级，增强经济活力。

新密以 721.77 亿元的生产总值居县域经济第二位，第一、第二、第三产业比重分别为 2.87%、47.25%、49.88%。新密是河南省 18 个改革开放发展特别试点县（市）、26 个加快城镇化进程重点县（市）、35 个扩权县（市）和 23 个对外开放重点县（市）之一。新密在 2016 年 12 月 7 日成为第三批国家新型城镇化综合试点地区。新密作为资源型工业县（市），形成了以煤炭、耐材、造纸、建材四大传统产业为支柱，化工、服装、食品、医药等新兴产业多业并举的工业体系，外向型经济发展势头良好，对外贸易和经济技术合作进一步扩大。新密同样具有突出的区位及交通优势，并且文化底蕴深厚，被誉为"岐黄文化发祥圣地""中国羲皇文化之乡"，有全国重点文物保护单位打虎亭汉墓、密县县衙等 9 处，全国十大考古新发现古城寨遗址、李家沟遗址，国家级非物质文化遗产超化吹歌获。目前，新密也在积极推动全域旅游的发展概念，加快产业结构调整，2017 年新密第三产业比重已实现对第二产业的反超。

新郑在郑州市县域经济中排名第三，2017 年年度生产总值 702.03 亿元，第一、第二、第三产业比重分别为 2.89%、49.65%、47.45%。新郑北靠郑州，上古时称"有熊"，为轩辕黄帝都城所在地，上榜全国中小城市综合实力百强县（市）、国家级非物质文化遗产、全国新型城镇化质量百强县（市）、中国工业百强县（市）和县域经济基本竞争力百强县（市），经济发展质量评价长年稳居全省首位。新郑食品加工业、非金属矿物制品业、纺织服装业、钢铁及金属制品业、设备制造业煤炭开采和洗选业发达，农作物种植面积广产量高，新郑大枣驰名中原。新郑区位及交通优势明显，历史悠久文化资源丰富，有黄帝故里景区、裴李岗遗址、郑王陵博物馆、新郑博物馆、郑韩故城等历史文化景点，也有始祖山景区、黄帝古枣园、双鹤湖中央公园等自然旅游景区，近年来高标准成功举办黄帝故里拜祖大典、黄帝文化国际论坛、中华枣乡风情

游等文化旅游活动，进一步提升历史文化的感召力和黄帝品牌的影响
力，推动产业结构的调整升级。

荥阳2017年年度生产总值达到679.40亿元，排名第四位，第一、
第二、第三产业比重分别为4.27%、57.70%、38.03%。荥阳南眺嵩岳，
北依黄河，扼控崤邙山脉与黄河中下游平原之间的咽喉锁钥，素有"两
京襟带，三秦咽喉"之称。荥阳拥有耕地面积共63.97万亩，建有十大
特色农产品基地，种植业和养殖业繁荣。荥阳矿产资源丰富，已发现的
就有20多种，其中原煤储量达6亿吨，工业门类齐全，主要集中在建
材水泥、机械制造、金属冶炼、医药化工、电力煤炭等领域。荥阳同
样富有历史文化资源，被称为"中国象棋文化之乡""中国诗歌文化之
乡""中国嫘祖文化之乡""中国嫘祖文化传承基地"。随着产业结构的
进一步升级，综合实力将更具竞争力。

排名第五的登封，2017年年度生产总值640.40亿元，第一、第二、
第三产业比重分别为2.83%、54.03%、43.14%。登封先后被列为国家园
林城市、国家卫生城市、中国优秀旅游城市、中国特色魅力城市、中国
县域旅游品牌百强县（市）、国家新型城镇化综合试点地区、中国工业
百强县（市）等。登封现代工业繁荣发展，培育了新材料、通用航空、
智能家居、生物医药等新兴主导产业，建设了通用航空产业园、玄武岩
产业园等一批产业集群，积极发展科技型企业。登封作为中国第一个朝
代夏朝的都城及武则天"登嵩山，封中岳"之地，同样是一座历史文化
名城，登封境内有少林寺、嵩阳书院、中岳庙以及世界文化遗产天地之
中历史建筑群等文化古迹，将进一步坚持做大文化旅游产业，加快推动
资源型经济转型升级，大力培育文化创意、文化演艺、体育赛事、低空
旅游等新兴业态，建设少林功夫国际旅游目的地城市，加快产业结构升
级，提升综合竞争力。

中牟在郑州2017年县域经济中排名第六，年度生产总值309.38
亿元，第一、第二、第三产业比重分别为8.08%、30.27%、61.64%。
中牟地处郑汴港一体化协同发展的"黄金三角"区域，是"一中
心、一体化、一走廊"三大战略平台的核心区位。中牟以"三大主
导产业"：汽车、文化创意旅游、都市生态农业为支撑，初步构建了
以"135"为目标的现代产业体系，为大都市提供新鲜农产品以及城

市发展服务。中牟县交通便利,集"铁、公、机"交通优势于一体。各类交通里程 3000 千米,路网密度 283 千米/百平方千米,中牟县开发出了以"城镇、产业、创新、生态"四个体系为核心的发展路径,努力配合郑州开展国家中心城市主体功能区建设,打造郑州东部的生态之城、宜居之城、开放之城,以及郑汴一体化核心组团。

表 2-1 　　　　郑州市县域经济发展:经济总量和三次产业占比　　　单位:%

项目	生产总值(亿元)	第一产业	第二产业	第三产业
郑州市	9193.77	1.65	44.41	53.94
中原区	412.97	0.02	26.92	73.06
二七区	585.95	0.01	17.30	82.69
管城区	339.76	0.19	19.68	80.13
金水区	1215.93	0.06	10.24	89.70
上街区	116.28	0.33	51.60	48.08
惠济区	150.23	3.09	36.41	60.50
中牟县	309.38	8.08	30.27	61.64
巩义市	755.79	1.58	58.71	39.71
荥阳市	679.40	4.27	57.70	38.03
新密市	721.77	2.87	47.25	49.88
新郑市	702.03	2.89	49.65	47.45
登封市	640.40	2.83	54.03	43.14
经开区	668.29	0.49	73.48	26.03
高新区	307.15	0.07	51.76	48.17
郑东新区	482.14	1.27	7.39	91.34
航空港实验区	700.09	1.50	70.63	27.87

注:数据为 2017 年统计结果。

资料来源:《中国城市统计年鉴》(2011~2018 年)。

郑州还将持续推进县域经济的高质量发展,深入践行习近平总书记县域治理"三起来"重要指示精神,坚持以强县富民为主线,培育主导产业和新兴产业,明晰六县(市)主导产业定位,重点扶持新密节能环保、登封新型材料、荥阳高端装备制造和新型材料、新郑新一代信息技术、中牟新能源和新能源汽车及零部件、巩义新材料和高端装备制造等新兴产业创新发展；壮大县域产业集群，全面推进产业集聚区和服务业园区"二次创业"、提档升级，按照县（市）主导产业和新兴产业定位，支持荥阳、巩义、新密、中牟建设千亿级产业集群（基地）；深化扩权强县和行政区划改革，进一步扩大县（市）经济社会发展自主权，把项目建设、资金使用等部分经济管理权限下放到县一级，推动土地、资本、技术、数据等要素配置市场化改革，以城乡贯通为途径，构筑城乡融合发展新格局，因地制宜发展一批特色小镇和特色小城镇，高标准实施城乡基础设施互联互通工程，全面提升县城的承载力和服务功能；高标准补齐城乡公共服务短板，推进县域医疗卫生、公共文化服务以及教育体系建设。全面激发县域经济发展活力，支持新郑加快全省县域治理"三起来"示范县（市）建设。

第四节　加速培育经济发展的新动能，使科技创新成为新驱动

高新技术及其产业凭借强劲的发展势头成为带动经济增长的重要动力。郑州近年来持续强化科技创新引领发展，推进经济振兴，努力建设国家创新型城市，打造产业创新中心。

高技术行业是指用当代尖端技术生产高技术产品的行业，高技术行业研究开发投入高，高技术行业发展速度快，对其他产业的渗透能力强，研究开发人员比重大，具有智力性、创新性、战略性的特点和环境污染少等优势，可以推动产业转型，对地区发展具有重要意义。在郑州，近年来高技术行业就业者的数量保持着较为稳定的增长。在信息传输、计算机服务和软件行业中，就业人口除在 2014 年有过短暂下降之外，整体呈现上升趋势，由 2010 年的 2.9 万人增长至 2013 年的 3.7 万人，2014 年下降至 2.6 万人，之后稳步增长，2018 年达到 5.3 万人，已增长至 2010 年的 1.83 倍。科学研究、技术服务和地质勘查业的就业人口同样在整体上表现出明显的增长趋势，由 2010 年的 3 万人增长至 2017 年的 6.2 万人，达到最高值，2018 年出现小幅回落，减少至 5.5 万人，但依旧较 2010 年增长了 1.83 倍（见表 2-2）。整体来看，郑州高技

术行业的就业者人口在 2010~2018 年的 9 年间增长了近 2 倍，且增长势
头稳定。

表 2-2　　　　第三产业各行业城镇单位就业人口变动趋势　　　　单位：万人

第三产业 ＼ 年份	2010	2011	2012	2013	2014	2015	2016	2017	2018
批发和零售业	3.0	3.9	4.2	6.8	9.9	9.5	10.3	10.4	8.3
交通运输、仓储和邮政业	1.0	1.1	1.2	2.2	7.2	7.7	8.1	7.9	7.1
住宿和餐饮业	5.1	6.7	7.2	9.7	3.4	3.2	3.1	3.0	2.7
信息传输、计算机服务和软件业	2.9	3.4	3.4	3.7	2.6	3.1	3.9	4.4	5.3
金融业	4.2	4.3	4.5	4.7	4.7	5.0	9.1	8.6	8.1
房地产业	2.4	2.9	3.6	4.0	5.0	5.8	6.3	6.6	5.8
租赁和商务服务业	2.1	2.2	2.4	2.7	4.1	4.3	4.3	6.6	4.8
科学研究、技术服务和地质勘查业	3.0	3.3	4.0	5.0	5.7	6.1	6.1	6.2	5.5
水利、环境和公共设施管理业	1.8	1.9	2.2	1.7	2.0	2.0	2.1	2.4	3.1
居民服务、修理和其他服务业	0.3	0.4	0.4	0.4	0.5	0.4	0.4	0.5	0.3
教育	12.8	13.6	14.5	14.1	14.8	16.2	15.3	14.8	15.1
卫生和社会工作	5.3	6.2	7.0	7.5	8.3	9.2	9.6	10.4	11.0
文化、体育和娱乐业	2.1	2.2	2.3	3.7	2.5	2.4	2.3	2.2	2.3
公共管理、社会保障和社会组织	12.0	11.8	12.0	13.2	13.5	13.3	13.6	14.6	15.3

资料来源：《中国城市统计年鉴》（2011~2018 年）。

科学技术的进步是发展的重要内在推动力，创新是企业发展的根本
动力，企业走自主创新、持续创新的发展道路，需要加大对科技研发的
投入，企业展开科研计划还可以进一步引导企业调整产业结构，激发企
业自主创新的热情，提高科技创新以及高端技术开发的能力，有利于企
业开拓国内外市场。近年来，郑州企业各类科研计划数量呈现出高位
波动的变化趋势，始终维持在 800 项以上，由 2010 年的 842 项快速增
长至 2012 年的 1472 项，达到峰值，之后出现缓慢回落，到 2016 年下

降至 909 项，至 2017 年大幅增长至 1228 项，再次出现上升趋势（见图 2-9）。随着郑州优惠政策不断落实的鼓励推动和企业自身的升级发展，科研计划将会得到进一步重视。

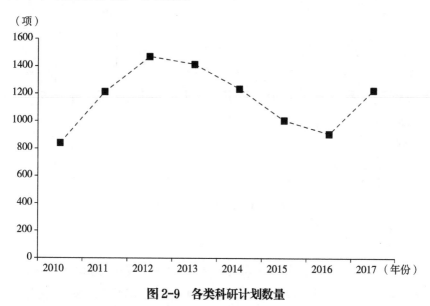

图 2-9　各类科研计划数量

资料来源：《中国城市统计年鉴》（2011~2018 年）。

高新技术企业是指通过科学技术或者科学发明在新领域中的发展，或者在原有领域中革新式的运作。我国 2016 年修订印发的《高新技术企业认定管理办法》界定了高新技术企业的概念，即在国家颁布的《国家重点支持的高新技术领域》范围内，持续开发研究开发转化技术成果，以企业形成分核心自主知识产权为基础开展经营活动，是知识技术密集型经济实体。郑州高新技术企业的数量近年来整体呈现出波动上升的增长趋势，2010~2013 年稳定增长，由 223 个增长至 387 个，2014 年出现小幅回落，跌至 362 个，之后进入快速增长阶段，至 2017 年增长至 855 个，较 2010 年在 8 年间增长了近 4 倍。目前，郑州高新技术企业数量的增长势头依旧强劲，发展形势良好。

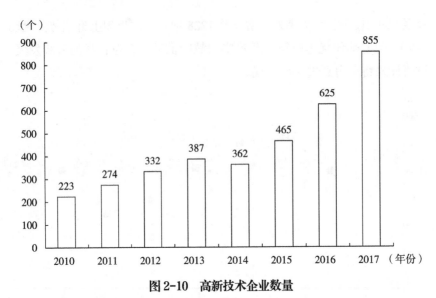

图 2-10　高新技术企业数量

资料来源:《中国城市统计年鉴》(2011~2018 年)。

　　近年来，郑州十分重视科技创新对经济发展的驱动和引领，至
2016 年，已经获批建设国家级郑洛新自主创新示范区、郑州航空港国
家"双创"示范基地以及国家大数据（河南）综合试验区郑州核心区，
形成国家政策叠加的战略优势。

　　郑洛新自主创新示范区由国务院于 2016 年 3 月 30 日批准成立，是
第 12 个国家级自主创新示范区。为支持建设，河南省委、省政府于
2016 年 5 月 26 日发布《郑洛新国家自主创新示范区建设实施方案》，
明确提出了对于郑洛新国家自主创新示范区的战略定位、总体要求，全
面安排部署了建设郑洛新国家自主创新示范区的空间和功能布局、重点
任务、发展目标、保障措施等。1988 年启动筹建的郑州高新技术产业
开发区是河南省第一个开发区，1991 年成为被国务院批准建设的第一
批国家级高新区，并于 2016 年由国务院批准建设成为郑洛新自创区的
核心区，汇集了高新科技企业以及郑州大学、信息工程大学、河南工业
大学等高校。2017 年，郑州提出了"一谷一中心、五区二十园"的建
设思路，规划建设"中原科创谷"，以郑州高新区为核心区，辐射航空
港区、郑东新区、经开区、金水区，形成国际技术转移中心，带动全市
20 个重点科技园区发展。

2016 年 5 月，国务院办公厅日前印发了《关于建设大众创业万众创新示范基地的实施意见》，系统部署双创示范基地建设工作，首批共 28 个"双创"示范基地，包括 17 个区域示范基地、4 个高校和科研院所示范基地和 7 个企业示范基地，其中，河南省郑州航空港经济综合实验区、中信重工机械股份有限公司入围首批名单。2017 年 4 月，郑州航空港经济综合实验区管理委员会印发了《郑州航空港经济综合实验区关于建设国家双创示范基地和国家自主创新示范区若干政策（试行）的实施细则》，制定扶持措施类和奖励资金类政策。2019 年 9 月，郑州航空港经济综合实验区管理委员会又印发了《郑州航空港经济综合实验区支持创新创业高质量发展的若干政策》，加快推进国家双创示范基地和国家自主创新示范区辐射区建设，进一步提升航空港实验区专业园区建设发展水平，培育创新型企业，构建现代产业体系，提升区域综合竞争力。

2016 年 10 月 8 日，国家批复同意河南建设国家大数据综合试验区，河南成为中部地区唯一由国家批复的 8 个大数据综合试验区之一。2017 年 2 月，郑东新区龙子湖智慧岛作为国家大数据（河南）综合试验区核心区，率先启动建设，国家大数据（河南）综合试验区郑州核心区开始建设。2017 年 4 月，河南省政府印发了《河南省推进国家大数据综合试验区建设实施方案》和《关于加快推进国家大数据综合试验区建设的若干意见》，明确了大数据发展思路、战略目标、主要任务和政策举措。2019 年，郑州数字经济发展已具有显著成效。阿里巴巴、紫光集团、海康威视、中国电子等企业落地郑州。国家超级计算郑州中心、中原鲲鹏生态创新中心正式开工。新一代信息技术、信息网络入选国家第一批战略性新兴产业集群名单，启动实施数字郑州"城市大脑"项目。

在多重国家级政策叠加的优势基础上，郑州不断深入实施创新驱动发展战略，加快汇聚创新资源，着力强化科技服务，持续优化创新创业环境。2019 年初，郑州市委、市政府研究制定了全面加快科技创新推动经济高质量发展"1+N"科技创新政策，配套印发了《郑州市高新技术企业倍增计划实施方案（2019—2021 年）》，力争三年时间实现全市高新技术企业数量倍增。郑州市及各县（市）区、开发区各级各部门采取一系列有效措施，加大高企的政策资金扶持力度，强化科技政策的宣讲培训，建立高新技术后备企业库，加大对科技型企业研发费用及首次认定高新技术企业奖补力度，不定期对各县（市）区、开发区高企培育工作进行指导协调，督导通报，各级各部门通力协作，着力形成了"挖掘一批、培育一批、认定一批、储存一批"的良性发展模式，保持全市高新技术企业的快速增长后劲。2019年7月，郑州发布了《中共郑州市委郑州市人民政府关于全面加快科技创新推动经济高质量发展的若干意见》，助力郑州进一步深入实施创新驱动发展战略，通过强化科技创新为经济高质量发展赋能，完善国家中心城市创新功能，激活国家自主创新示范区动能，打造郑州科技创新名片。

在积极的政策推动下，近三年来，郑州创新主体不断壮大，高新技术企业总数从2017年的856家、2018年的1323家，发展到2019年达到2048家，2018年、2019年分别突破1000家及2000家大关，全市高新技术企业总体保持稳定向好发展态势，扎实推进国家自主创新示范区核心区建设。2019年"智汇郑州"人才工程获评"全国人才工作最佳案例"。获国家技术发明奖1项、科技进步奖5项，占全省40%。新认定院士工作站11家，培育国家企业技术中心3家，浙江大学、中科院微电子所、中科院苏州医工所在郑建立新型研发机构。全社会研发投入增长16.8%，新增高新技术企业726家，累计达到2048家、增长55%；万人发明专利拥有量16件、增长23%，技术合同成交额增长54.8%。

2020年，郑州还将进一步激发创新驱动发展的活力，加快形成"两翼驱动、四区支撑、多点联动"的科技创新引领高质量发展格局。以沿黄生态走廊自创区核心区为依托、将金水科教园区串联，打造沿黄科创带，推进国家自创区核心区建设。全力积极争取国家大科学中心、重大科技基础设施、综合性产业创新中心等落地；加快提升企业技术创新水平，深入实施高新技术企业倍增计划，构建创新创业生态构建，力争新增高新技术企业500家、科技型企业1000家、新建省级及以上创新平台100家。在装备制造、人工智能、数字经济等领域凝练50个重大科技专项。新培育"专精特新"中小企业100家、规模以上企业200家；大力建设制造业创新中心、工业设计中心。加速科技成果转移转化。加快建设中科院过程所郑州分所，投入运营国家超算郑州中心，中关村（河南）科技园挂牌运营，力争新引进高端创新资源在郑建立研发机构5家。

第五节　经济全球化引领跨越式发展，构建对外 开放体系高地

在经济全球化的大潮中，积极参与国际合作竞争交流，发展外向型经济对于区域经济增长的拉动效果明显，是加快实现地区高质量发展的重大机遇。习近平总书记于 2014 年 5 月视察郑州时提出，郑州要在中部地区建设对外开放高地，"建成连通境内外、辐射东中西的物流通道枢纽，为丝绸之路经济带多作贡献"，向"买全球、卖全球"目标迈进。郑州于 2016 年 9 月发布《郑州市进一步扩大对外开放全面提升国际化水平三年行动计划（2016—2018 年）》，全力建设内陆开放高地，融入国家"一带一路"发展开放型经济。郑州紧跟世界发展趋势和国家发展战略，扩大高水平对外开放，落实高水平对外开放三年行动计划，以自贸区建设为抓手、航空港实验区为依托、综合性交通枢纽为载体、开放体系为保障，走好"枢纽 + 开放"路子，打造"一门户、两高地"。

郑州不仅具有重要的国家交通枢纽地位，其国际化影响力也在不断提升。河南省委常委、郑州市委书记马懿（2017）说："发挥枢纽优势，形成国际商贸流通节点，带动要素集聚、城市发展，建设国际枢纽之城，是郑州建设国家中心城市最应突出和强化的战略路径。"[①] 近年来，郑州持续打造航空枢纽，加快建设"米"字形高铁，不断发展多式联运，正在由主要依靠铁路运营的国家交通枢纽，变为航空、高铁等多种先进交通方式主导的国际性综合枢纽，不断提升服务能级。在近年来的发展实践中，郑州深度参与"一带一路"建设，扩大"四路协同"效应，即空中丝绸之路、陆上丝绸之路、网上丝绸之路和海上丝绸之路"四路协同"。

"空中丝绸之路"强基扩面，依托郑州航空港经济综合实验区，郑州将加大本土航空公司培育力度，吸引更多国内外知名航空物流服务企业在郑州落地，增加国际航线和航班，建设保税区和引进国内外知名航空物流服务企业相结合。用好第五航权，谋划建设空中丝绸之路综合试

---

① 《提升服务能级建设国际枢纽之城》，https://www.henan.gov.cn/2017/08-29/274571.html。

验区。深入实施专项规划，深化郑州和卢森堡"双枢纽"战略合作，建设郑州—卢森堡空中丝绸之路，加快组建卢森堡合资货航公司。支持卢森堡货航开辟1~2条洲际货运航线，增加1~2个通航点。2018年，郑州—卢森堡"双枢纽"地位持续提升，形成"一点连三洲、一线串欧美"枢纽航线网络，2018年，郑州机场共完成旅客吞吐量2733万人次，开通航线236条，覆盖23个国家近200个城市。完成货邮吞吐量51.5万吨，客货运规模继续保持中部地区双料第一，货邮吞吐量进入全球50强，国际货运量位居全国第4。2019年，"空中丝绸之路"完成旅客吞吐量2913万人次、货邮吞吐量52.2万吨，郑州机场客货运规模持续保持中部"双第一"。航空口岸全面实施"7×24"小时通关。未来郑州将继续增强空中丝绸之路辐射力，加快建设郑州空港型国家物流枢纽，力争客货运持续保持中部"双第一"。

"陆上丝绸之路"扩线提量，打通东联西进南拓陆路通道，建设货物集装箱的货运枢纽。实施《郑州市推进中欧区域政策合作案例地区建设工作方案（2018—2020年）》，实施"中欧班列（郑州）+"工程，构建"一主两翼"国际货运班列体系，确保班列开行增长10%。中欧班列（郑州）"去九回八"高频运行，首创"一单到底、物流全球"多式联运体系，综合评价指标全国第二，成为中欧班列主动脉。2017年及2018年，郑欧班列"新丝绸之路"全年分别运行1300班及752班，2019年，"陆上丝绸之路"开通经满洲里、绥芬河口岸线路，集货半径超过1500千米，覆盖24个国家126个城市，班列开行1000班、货重54.1万吨，分别增长33%、56.1%。国际陆港"一干三支"多式联运示范工程通过国家验收，提升郑州陆上丝绸之路的核心竞争力以及国际影响力。

郑州大力发展跨境电子商务，完善跨境电商供应链体系，拓展跨境电商出口业务，引进跨境电商大型平台类、物流类、支付类总部企业，完善跨境电商供应链体系，带动外贸转型升级，传统制造业与跨境电商相结合，产业优势与出口优势相互促进。郑州于2017年举办了首届全球跨境电商大会，并在大会上发布了《郑州共识》，郑州以此为基础展开了EWTO核心功能集聚区的规划建设，力图打造全球网购商品集疏分拨中心、全球跨境电子商务大数据服务中心、"一带一路"商贸物流合作交流中心、内陆地区国际消费中心，2018年已新签约项目45

个。2019年，郑州已实现"跨境秒通关""查验双随机"，通关能力由5年前的每秒2单提升到1000单。全球网购商品集疏分拨中心基本建成，进出口包裹由2014年44万单猛增至近亿单。跨境电商交易额由2017年的69.1亿美元，2018年的86.7亿美元，增长至2019年的107.7亿美元（见表2-3）。2020年，郑州将进一步推进网上丝绸之路创新突破。加强与"一带一路"沿线国家的贸易合作，推进跨境电商进口药品和医疗器械试点建设，稳步提升跨境电商交易额。

"海上丝绸之路"无缝衔接，打造郑州内陆港，通过海铁联运、公海联运等方式让港口功能平移至"郑州港"，建设以东向为主的铁海联运国际通道，依托铁海联运形成内陆"无水港"，增加郑州海关报关放行的数量。加强开放平台建设，包括加快集装箱中心站第二线束、汽车口岸二期项目建设等内容。2019年，郑州完成与天津、青岛、连云港等港口的衔接，海铁联运高达1.1万标箱。

表2-3 国际交通枢纽门户

年份	跨境电商(亿美元)	交通	事件
2017	69.1	中欧班列1300班	郑州综合保税区全部建成；EWTO核心功能集聚区启动建设
2018	86.7	中欧班列752班；开通航线236条；航空旅客吞吐量2733万人次	EWTO核心功能集聚区新签约项目45个
2019	107.7	中欧班列1000班；航空旅客吞吐量2913万人次	

郑州已获批建设中国（河南）自由贸易试验区、中国（郑州）跨境电子商务综合试验区，配合航空港经济综合试验区的发展，借助国家层面各项支持政策的叠加效应着力构建对外开放体系高地。

建设功能完备优势突出的口岸生态，建设国内一流综合保税区，提升跨境电子商务综合试验区贸易能力。2010年10月24日，郑州新郑综合保税区获国务院批复，成为中部地区第1个、全国第13个获批的综合保税区，2011年11月4日正式封关运行，规划面积达5.073平方千米，在我国已有的特定经济功能区域当中，拥有最高的开放层次、最优惠的政策支持以及最齐全的功能规划。具有保税加工、口岸作业、保税物流和综合服务"四大功能";开展保税加工、服务贸易、现代物流、保税展览、保税研发、检测维修、特色金融等"九项业务"。2015年9月，李克强专程前往位于郑州经济技术开发区内的河南保税物流中心考察在此开展业务的跨境电商公司。2016年1月6日，中国（郑州）跨境电子商务综合试验区进入国家综合试点，主要包括承担跨境贸易电子商务功能的河南保税物流中心区域、新郑综合保税区、出口加工区、航空及铁路一类口岸、邮政口岸等区域。郑州还将进一步完善口岸体系，扩大现有九个功能性口岸业务规模，放大口岸能级，发展口岸经济，延伸口岸产业链条，提高本地企业对口岸的利用率。推进"保税+"业务创新发展，加快综保区由商品加工贸易向服务贸易、技术贸易转变。

持续强化自贸区开放引领作用。2017年2月，河南省政府提交了《中国（河南）自由贸易试验区建设实施方案》以及《中国（河南）自由贸易试验区管理试行办法》，同年4月，中国（河南）自由贸易试验区挂牌仪式在郑州片区综合服务中心举行，重点探索在投资贸易便利化方面的制度创新，打造国际物流中心和内陆开放高地。2019年7月4日，郑州市政府发布《关于印发中国（河南）自由贸易试验区郑州片区三年行动计划（2019—2021年）的通知》。通知提出，聚焦先进制造业、现代服务业等重点产业，推进贸易、物流、金融、文化、信息、专业服务、制造业七大新经济产业集群建设，以跨境电商、平行进口汽车试点为突破口，创新产业监管和支持政策，创新体制机制以融合发展交通物流，便利化投资贸易。推进口岸提升、综保区创新、大通关服务、多式联运体系建设，做强金融、物流支撑，引领对外开放体系构建。突破口岸、通关、保税、多式联运、综合服务等要素的制度创新，推进金融、法律、政务、监管等服务体系创新，引领对外开放体系创新。推进改革试点落实，全链式培育新兴产业业态，引领开放型经济的高质量发展。

在服务机制上，郑州建设"一站式"快捷大通关服务体系，推广"多证合一"模式。深化行政体制机制改革，优化服务、简政放权、放管结合。将行政许可权相对集中起来，将行政审批机构综合统一起来，合理减少行政审批事项。探索"一口受理"的服务模式，完善"多证合一"的行政服务模式，全程电子化工商登记，使用电子营业执照以提高效能。河南自贸试验区大力推行"互联网＋政务服务",发展网上办事大厅业务,做好与实体政务大厅业务的衔接,政务服务打造"一张网"模式,实行"一号申请、一窗受理、一网通办"。与"一带一路"沿线国家以国际贸易"单一窗口"实现互联互通、海关监管互认,积极申报72小时过境免签。支持"互联网＋"物流服务平台建设,构建以信息化为基础的"一单到底、物流全球"多式联运体系。

图2-11 货物进出口贸易总额

资料来源:《中国城市统计年鉴》(2011~2018年)。

图2-12 当年实际使用外资金额

资料来源:《中国城市统计年鉴》(2011~2018年)。

　　招商引资即地方政府或地方政府成立的开发区吸收投资的活动，高质量招商引资对于地方经济总量增长、地方财政收入增长、地方就业增加以及地方政府基础设施投入增加具有良好的带动效应，吸引外资也是政府的重要工作内容。受到国际经济形势不稳定的影响，郑州外商直接投资合同项目数量整体上呈现波动变化的状态，但总体居于高位，且近年来出现明显增长趋势。2010年，郑州外商直接投资合同项目92个，2011年增长至102个，达到峰值后回落至2012年的72个，之后继续小幅下降，2015年减少至58个，继而出现回升趋势，到2018年增长至82个，且上升势头稳定。

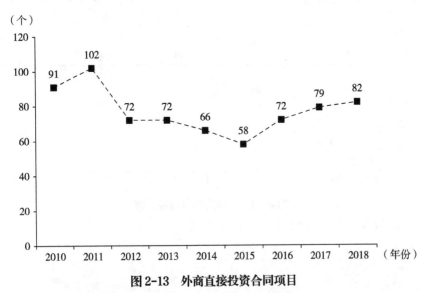

图 2-13　外商直接投资合同项目

资料来源：《中国城市统计年鉴》(2011~2018年)。

　　着力打造全方位参与国际合作高地，郑州持续推进招商引资。依托人才招商，聚焦京津冀地区、长三角地区、珠三角地区，围绕新一代信息技术等产业，引进一批处于价值链顶端、具有产业链号召力的龙头企业，力争引进域外境内资金突破2300亿元，吸收外资实现同步增长。2019年，郑州招商引资成果显著。引进域外境内资金2235亿元、增长6%。引进世界500强企业6家，实际吸收外资44亿美元、增长5%；上汽全球数据中心、APUS全球第二总部等新兴产业项目落地。2020年，郑州《政府工作报告》指出，各开发区要引进2个以上投资超30亿元、各县（市）区引进 2 个以上投资超 10 亿元高质量项目。全市要争取引进世界 500 强企业 5 家以上。

发挥中欧区域政策合作案例地区引领作用。2017 年，发展改革委将郑州纳入中欧区域政策合作案例地区。2020 年，郑州《政府工作报告》提出要吸引跨国公司在郑设立地区总部、采购中心、结算中心等功能性机构不少于 3 家。加快引导外经贸转型发展。实施重点行业、新型贸易的支持政策，引进和培育对外和综合服务贸易企业，打造千亿级外贸产业集群。举办第三届中国国际进口博览会并支持鼓励企业参加。加快中美国际创业港、河南服务外包产业园二期建设。营造高水平开放环境。对标国内外先进水平，健全商务体系，积极在商事制度、知识产权保护、贸易仲裁、金融服务等领域与国际接轨。加强郑东新区、航空港区、经开区的国际化公共服务设施，探索建设国际化社区。推进郑州与"一带一路"沿线节点城市缔结友好城市，建立常态化合作机制。

郑州未来将继续充分发挥"四路""五区"战略叠加优势，更加主动参与全球资源配置和产业分工，提升全球城市网络节点地位。全方位加速实现国际化，形成交通枢纽、开放平台、经济体系、营商环境、城市风貌的"五个国际化"。更加积极地对外交流，争取外事机构、签证中心、国际组织分支机构落地，积极申办国际会议、体育赛事、论坛等重大活动，深化与友好城市交流合作，建设国际社区、国际医院、国际学校、国际商务楼宇和适合外国人的餐饮文化休闲场所，持续增强交往便利和要素集聚程度，形成开放包容的城市美誉，让外商在郑州投资顺心、生活舒心。打造全方位参与国际合作高地，在经济全球化的大潮中实现跨越式发展。

第六节　郑州都市圈建设快速推进，枢纽能级不断提升

城市群是新型城镇化的主体形态，是经济区发展的主体，是促进区域协调发展、提升全国经济、加强国际竞争合作的重要平台。郭丽莎（2019）指出，都市圈是城市群内部以超大特大城市或辐射带动功能强的大城市为中心、以"1 小时通勤圈"为基本范围的城镇化空间形态。在区域经济快速发展及中原崛起的大环境中，郑州凭借重要的交通区

位、较好的产业基础、巨大的市场潜力、突出的粮食优势以及深厚的文化底蕴展现出日益突出的发展潜力和综合实力。而以郑州为中心的中原城市群涵盖省内外 20 多个省辖市，人口约 1.9 亿，具有相对完整的城镇体系、优良的自然环境、丰富的人口资源，并且在经济文化生活上联系密切，是我国中西部地区规模最大的城市群，2016 年郑州中心城市和中原城市群双双进入国家战略重点。在国家中心城市和都市圈建设双重战略叠加下，郑州面临借力建设国家中心城市带动郑州都市圈快速协同发展的重大机遇及挑战。郑州都市圈又称郑州大都市区，位于中原城市群内部，依据国务院 2016 年批复的《中原城市群发展规划》，郑州都市圈范围包括河南郑州、开封、新乡、焦作、许昌五座地级市。推动郑州与开封、新乡、焦作、许昌四市深度融合，建设现代化大都市区，进一步深化与洛阳、平顶山、漯河、济源等城市联动发展。

都市区在发展实践中已成为各类发展要素在空间上聚集的主要载体。2016 年，国务院批复《中原城市群发展规划》，正式提出郑州大都市区的概念，标志着郑州大都市区建设进入实施阶段。2018 年 2 月 7 日，郑州市政府正式对外公布《郑州建设国家中心城市行动纲要（2017—2035 年）》，提出要推动区域协同发展，强化郑州在中原城市群发展中的带动作用，整合城市功能优化产业布局，推动 "1+4" 郑州大都市区建设。在空间结构上建构 "一核四副六廊多点" 大都市区，加快建设重点战略协同区。升级打造郑汴一体化，深入推进郑汴在金融、教育、交通、信息、产业、医疗和生态等领域的同城建设和资源共享。推进产业集聚发展带建设，重点发展汽车及零部件、装备制造、纺织、服装、食品等上下游产业。加快开港产业带、郑开创新创业走廊、许港产业带、郑焦产业带、郑新产业带、荥巩产业带建设。进一步提升 "1+4" 重点合作空间的功能等级与空间效率。综合运用基础联建、基金共投、财税分享等多种形式，探索合作共建新模式。平原示范区作为郑州与新乡对接的重点区域，重点抓好郑州产业外溢转移承接，培育合作园区探索合作机制，促进交通设施建设、黄河滩区移民和农业发展等方面的协作和对接。武陟詹店地区作为与焦作对接的重点区域，力争形成重要的区域性物流基地，加强物流基地与周边产业园区发展的联动组织。长葛尉氏地区作为郑州航空港经济综合实验区对接许昌、开封的前沿阵地，重点加强产业统筹规划布局，避免无序竞争与空间蔓延。

2019 年 8 月 15 日，河南省发展和改革委员会发布《郑州大都市区空间规划（2018—2035 年）》，提出了要按照"一核、四轴、三带、多点"空间格局，建设郑州大都市区。"一核"是郑汴港核心引擎区，是郑州大都市区发展的核心增长极。"四轴"是建设主要交通干线，完善综合交通运输网络，提升南北向沿京广、东西向沿陇海等区域发展主轴辐射带动能力，建设郑焦、开港登功能联系廊道，打造布局合理、特色鲜明的现代产业城镇密集带。"三带"则指黄河文化、嵩山—太行山区文化和农区田园文化三条生态带，共同组成围绕在郑州大都市区周围的生态绿环。"多点"是指郑州大都市区，由次级中心城市、新兴增长中心、重点镇和特色小镇等构成的多层次发展空间。在建设过程中适时将郑州周边与市区发展连为一体的部分县（市）纳入市区管理，优化中心城区行政区划结构，壮大中心城区规模和实力。随着郑州大都市区一体化水平的不断提升，在现阶段空间范围的基础上，逐步将开封、新乡、焦作、许昌所辖县（市）及汝州、兰考等省直管县（市）纳入郑州大都市区范围，加快形成网络化、组团式、集约型空间发展格局。这一空间格局和郑州规划提出的"双城引领、多组团、多节点"的城市空间布局相呼应，共同推动郑州大都市区建设发展。

枢纽能级的提升孕育着一系列经济增长的可能，助推区域协调发展，助力区域经济升级。郑州拥有地理区位优势，凭借航空、铁路、公路"三网融合"，奠定了全国大局中的"郑州位置"，形成了独特的"区位＋枢纽"优势。

在交通方面枢纽建设提档升级方面，郑州作为国家综合交通枢纽示范城市，着力打造域内域外枢纽。2018 年，郑州市被确定为全国 12 个最高等级国际性综合交通枢纽之一，以郑州为核心的"两环多放射"高速公路网、"三横八纵"国省干线公路网通达全国，2 小时航空圈覆盖全国 90% 以上人口和市场，2 小时高铁圈覆盖 4 亿人口的生活和消费；随着 2020 年郑合、郑济高铁建成通车，郑州的"米"字形高铁将基本成型，是全国唯一一个 7 个方向均是设计时速 350 千米 / 小时的"米"字形高铁枢纽。"米"字形高铁建成后，以郑州为中心，600 千米范围内（2 小时）可达北京、武汉、西安、太原、济南、武汉、合肥、南京、徐州等大城市，1500千米内，可通达国内70%的省会城市。

郑州构建起了都市圈内部一体化立体综合交通体系，提升城市交通枢纽能级。2019年7月8日，河南省人民政府印发了《建立更加有效的区域协调发展新机制实施方案》，提出河南将推进郑州大都市区建设，打造"1小时通勤圈"，推进"1小时通勤圈"轨道交通网络和城际公路快速通道建设。2019年8月15日，河南省发展和改革委员会发布《郑州大都市区空间规划（2018—2035年）》，提出按照国际通行原则打造"以'1小时通勤圈'为基本范围"的大都市区空间形态，推动高速铁路与城际铁路、市域铁路与城市轨道的无缝换乘。郑州与周边城镇的通勤时间将控制在1小时之内，甚至只需要45分钟，更加强化与功能中心的布局耦合度。"1小时通勤圈"可以为产业集聚创造条件，也可以为未来郑州发展空间轴向外延伸奠定基础，密集的交通网会将各个独立的区域真正融为一体，为大都市区的产业集聚创造条件。规划明确提出要加快郑州机场—许昌市域铁路建设，可以推动许昌生物医药产业园、森源电气制造基地、长葛产业新城等沿线重点产业园区开发；建设开港大道、机登洛城际铁路，推动开港登旅游文化廊道建设。

除交通枢纽外，在信息网络建设上，郑州以自身作为核心构建起了"米"字形现代信息网络，成为信息网络枢纽。《河南省全面建成小康社会加快现代化建设战略纲要》明确提出："要充分发挥郑州国家互联网骨干直联点综合带动作用，打造通达世界、国内一流的现代信息通信枢纽。"2014年，河南省政府出台了《"宽带中原"战略及实施方案》，郑州国家级互联网骨干直联点顺利建成开通，郑州跻身全国十大通信网络交换枢纽，展开优化骨干网络架构的提升工程，建设河南通信枢纽，与全国各地畅通网络连接，"米"字形信息网络枢纽的建设初见雏形。开展"全光网河南"建设工程，将高速宽带安装入户，为"米"字形信息网络枢纽的建设打好基础。

第七节　城市空间不断优化，带动新老城区统筹协调发展

优化城市空间，改善布局完善功能，有利于提升城市建设品质，塑造城市特色风貌，增强城市服务，精细城市精细。近年来，郑州积极规

划引领，不断优化城市空间。郑州城市市政公用设施建设固定资产投资在低位波动之后，于 2017 年大幅增长，并保持上升趋势。郑州城市市政公用设施建设固定资产投资在 2011~2016 年呈现波动下降的状态，由 85 亿元下降至 35 亿元，达到最低值，之后快速拉高，于 2017 年增长至 429 亿元，并于 2018 年继续增长至 503 亿元，表现出继续增长的势头。2017 年，为解决路面坑槽、破损较多，部分窨井沉陷倾斜，井周破损，部分路段路灯不亮，占道施工保通道路路况差等问题，郑州市政府从 2017 年起开展为期三年的城市道路精细化管理提升活动，范围为市内五区以及郑东新区、高新技术开发区以及经开区等建成区，主要涉及行车道、人行道、桥梁、隧道等各类设施，2017 年与 2018 年完成大多数提升项目。仅 2017 年大修道路就包括商城路、东明路、伊河路等主次干道，中修道路则有未来路、东风路、英协路等市管区管道路。除去道路维修，还完成了架空通信线路入地改造不少于 100 千米、整治窨井不少于 5000 座、整治各类路灯设施不少于 3000 盏灯等任务，极大地改善了城市市政公用设施状态。

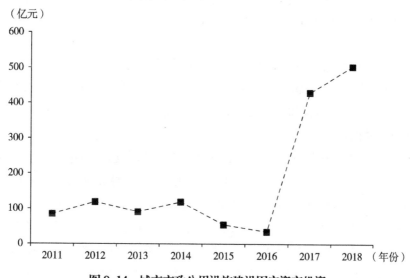

图 2-14　城市市政公用设施建设固定资产投资

资料来源：《中国城市统计年鉴》（2011~2018 年）。

在交通建设上，近年来，郑州年末实有城市道路面积保持稳步上升，

由 2011 年的 3362 万平方米增长至 2018 年的 6118 万平方米，增长 1.82
倍，2014 年后增速提升，并分别于 2014 年、2016 年、2018 年突破 4000
万平方米、5000 万平方米、6000 万平方米，平均 2 年增长 1000 平方米。

（万平方米）

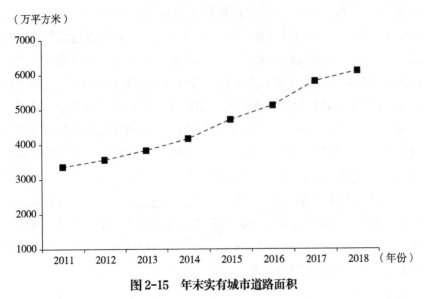

图 2-15　年末实有城市道路面积

资料来源：《中国城市统计年鉴》（2011~2018 年）。

　　郑州积极构建现代化都市交通，以升级改造国省干线公路，建设
"畅通郑州""公交都市"工程等项目为带动，加强交通基础设施，实现
"域外枢纽、域内畅通"的目标，为郑州建设国家中心城市提供有力的
交通运输保障。

　　2017 年，郑州开展畅通郑州工程，以轨道交通、高速公路、快速
路网为支撑，加快建设高效互联互通的区域交通体系建设，打通中心
城区与各县市组团、郑州大都市区"1+4"，确保 2020 年全市建成运
营地铁里程超过 300 千米。在轨道交通建设方面，试运营城郊铁路一
期和 1 号线二期，开展 3 号线一期、5 号线等工程，编制第三期轨道
交通建设规划。在构建城市快速路网体系方面，基本建设形成"井字＋环
线"快速路网体系，积极推进四环快速化工程。2018 年，郑州路网密
度 157.5 千米／百平方千米，位居全国前列；中心城区"两横两纵＋环
线"快速路网基本形成，市域内 15 分钟上高架、30 分钟上高速；都

市公交实现全域通达、无缝换乘，客运总量 9.4 亿人次，成为"国家公交都市示范城市"；轨道交通运营及在建里程突破 300 千米，"轨道上的郑州"正由蓝图变为现实。2019 年，郑州市发布了《畅通郑州白皮书（2019—2021）》，提出市内交通高质发展的四大举措：多网融合，公交先导；供疏并举，提质增容；体系优化，生态发展；智慧管控，安全高效。并且全面启动"三项工程、一项管理"，加快推进"一环十横十纵"道路升级，轨道交通三期规划获批，农业路高架、金水路西延等道路建成通车。

2020 年，郑州印发了《郑州市高品质推进城市建设三年行动计划（2020—2022 年）》，强力推进 18 个在建项目，加快完成环城货运通道东、南、西三个方向建设目标。建设更高水平"公交都市"。2020 年底前，郑州将开通运营地铁 3 号线一期、4 号线，进一步完善"快、干、支、微"四级公交网络与轨道交通的紧密衔接，实现航空、铁路、地铁、公交、出租的有效接驳。

由粗放型转变为精细化是城市发展的趋势，是中国从旧式城市化转向新型城市化的过程，通过量化城市管理目标，细化管理标准，明晰化职责分工等，实现"精致、细致、深入、规范"的城市精细化管理模式，解决城市快速粗放发展过程中产生的环境污染、交通拥堵、公共服务缺失等问题。近年来，郑州深入推动城市精细化管理，逐步形成了一套规范精细的管理模式，优化了人居环境，改善了居民生活质量，提升了城市形象及功能。

2018 年 2 月，郑州市政府正式公布了《郑州建设国家中心城市行动纲要（2017—2035 年）》，提出推进中心城区有机更新提升品位，抑制高强度开发，减轻中心城区资源环境压力，提高群众居住舒适度。通过产业转移带动人口转移，使城市布局进一步优化，解决"大城市病"。调整布局省市公共服务机构，引导长途客运站、一般性批发市场和制造业外迁，鼓励组织优质教育、医疗资源向新城组团转移，加强腾退空间统筹利用。

2018 年 6 月，郑州印发了《郑州市城市精细化管理三年行动实施方案》，利用三年时间，在郑州市全面开展"一提、二精、三全、四化"行动，加快补齐短板，创新管理，从根本上达到治差、治乱、治脏、治软"四治"总体目标，在城市环境建设上，努力完善基础设施功能，落实运行监管措施，规范整洁市容环境，改善雅致街道景观，畅通道路交通，打造智慧快捷的管理服务，实现安全文明法治。2018 年 10 月，郑州发布了《郑州市城市精细化管理城市道路绿化改造提升工作方案（2018—2020 年）》，实施"修补、改差、提质""三步走"战略，对道路绿化景观补植补栽植物，修补基础设施，提质道路景观，消除侧石护栏、缺株断带、基础设施破损、黄土裸露等问题，并加强管理，形成道路绿成线、景不断、整洁统一、美观实用的街景绿化效果。

此外，郑州还借助智慧城市建设提升城市精细化管理水平。2018 年 8月，郑州印发了《郑州市新型智慧城市建设三年行动计划工作推进方案》，在公共安全、城管、交通、市政等城市治理领域，构建集约高效、多位一体、处置有力、调度迅速的城市管理新模式。在"大交通"模式下建设智慧停车体系，形成全方位城市智慧交通体系。推进智慧环保。建设智慧城管，打造平安郑州视频监控云平台，建设全市统一的综合应急指挥平台。

2019 年 11 月，郑州印发了《郑州市关于进一步改进城市精细化管理实施方案》，通过常态化城市"序化、洁化、绿化、亮化"管理及美丽街区建设，用 2~3 年时间，实现城市建管水平有一个根本性改变，在全国特大城市当中有较好的形象，赢得较高的、广泛的认同度。建设美丽街区建，结合路长制"千条优秀路段、百条卓越路段、十条极致路段"（以下简称"千百十"创建）和优秀红旗街道办事处创建工作，每年完成一轮"千百十"创建计划，打造有历史、有文化、有特色、有品位的街区，把郑州打造成国家级示范性城市。治理城市卫生死角，将铁路沿线、高速公路站点、四环沿线出入市口、放射性道路、城乡接合部、PPP 项目卫生保洁纳入日常管理考核，确保沿线卫生死角监管到位、整治到位；深入开展支路背街、老旧小区居民楼院的卫生整治行动，并持续开展"全城清洁"行动，集中清理卫生死角。

整治提升老旧小区，2018 年，郑州就已经对老旧小区启动了普查，建立了改造台账，2019 年，郑州又对老旧小区进行了再普查、再梳理。计划用计划两年时间完成对郑州市内五区 1833 个老旧小区的整治提升。2019 年，郑州出台了《郑州市老旧小区整治提升工作实施方案》和《郑州市老旧小区整治提升工作导则》，方案确定了 30 项整治提升内容，包括基础设施、居住环境、完善功能设施、物业管理方面，导则对于所有整治小区需要整治的共同科目提出了基础性整治标准共 61 项，以此增加不具备的内容，提升基本具备的方面；同时提出可以根据小区实际和居民需求具体选择的优化标准共 54 项。鼓励创新整治内容，同时要结合社区具体情况，根据居民实际需求，安排制定时间表。通过整治提升，实现将老旧小区改造成"环境整治、功能完善、管护到位、业主满意"的美丽社区这一总体目标。

2020 年 3 月，郑州印发了《郑州市高品质推进城市建设三年行动计划（2020—2022 年）》，提出带动新老城区统筹协调发展，推进中心城区转型升级。利用 2~3 年时间基本完成以城市道路、老旧小区、城乡接合部为主体的综合改造工程，推动道路、楼院、街区、市域共同提升，老区、新区、城乡接合部融合发展，基本实现城市环境"整洁、有序，舒适、愉悦"的目标，初步形成城市高质量、良性可持续发展的长效机制。2020 年 3 月，郑州编制了《郑州市国土空间总体规划（2020—2035 年）》，突出"东强、南动、西美、北静、中优、外联"功能布局，建立"多规合一"国土空间规划体系，完成城市综合交通体系、轨道交通线网等专项规划编制。加强城市规划引导，围绕"主城区—组团—片区—板块"城市主体架构，加强中央文化区北部片区等 32 个核心板块建设，集中打造一批以 1~3 平方千米为尺度的片区核心板块，使之成为城市网络结构的支撑点、开发建设的创新点、经济增长的着力点。未来郑州还将继续坚持规划引领，优化城市空间结构。

第八节　智慧型城市建设有所突破，"智慧郑州"不断增加城市竞争力

新型智慧城市的主要目标是实现全程全时为民服务，高效有序地进行城市治理，共融共享开放数据，绿色开源发展经济，安全清朗网络空间，做好规划体系，以信息为主导实行改革创新，将新一代信息技术深度融合进城市的现代化发展过程中，并不断进行迭代演进，在发展中实现国家与城市的协调进步，本质是以具体措施的形式体现全心全意为人民服务。党的十八届三中全会提出，要实现国家治理体系和治理能力现代化，党的十八届五中全会提出了"创新、协调、绿色、开放、共享"的发展理念，

给"新型智慧城市"的发展提供了难得的机遇。开展智慧城市建设，可以在城市治理和管理中改善公共服务水平，促进城市经济发展，让城市治理更现代，运行更智慧，发展更安全，人民更幸福。智慧型城市建设已融入郑州城市发展理念，并在政府的高度重视下进行了重要实践。

2018年8月，郑州正式印发了《郑州市新型智慧城市建设三年行动计划工作推进方案》，在新型智慧城市建设的统筹推动下，实现对郑州已有的智慧应用以及其数据资源的有效整合，打通各类信息孤岛，消除数据壁垒，采集城市各类数据并实现共享利用，在建设实践中，推进智慧城市重点示范项目的建设和应用，围绕"善政、惠民、兴业"的主旨，对全市统一的政务服务平台和数据共享平台进行建立和完善，方便市民和企业办事。在公共基础设施方面，建设城市大数据中心和智慧城市运营中心，进一步提升市政务云平台服务保障能力，统筹建设全市统一的政务云平台，集约化建设电子政务基础设施，提升信息系统和数据的共享程度和安全保障能力，加快部门内部信息系统整合共享。郑州还将推进政务信息资源目录体系建设和数据共享交换平台建设，整合共享部门之间的信息系统。建设城市大数据中心和智慧城市运营中心，使其成为郑州城市管理与运行的"大脑"和"中枢"。

在政府服务领域打造智慧政务，推进在线办理行政权力事项全面落实。建设政务服务系统以及全市"互联网＋政务服务"体系，促进简政放权、放管结合、优化服务改革。在市一级统一建设政务服务网络和平台，将"最多跑一次"打造成郑州政务服务品牌。以协同办公为抓手提高行政办公效率，围绕政府部门的核心管理业务，做好"办文、办会、办事"等工作，建设和完善集电子公文管理、行政事务管理、信息发布管理于一体的协同办公平台，有效降低行政成本，提升行政效能。

在民生服务的智能运营领域，推行医疗"一卡通"，将全市医疗数据进行资源整合。在全市范围内推动建设"一平台一号一卡"，开发郑州城市公共服务APP，以及微信公众平台，一体化全天候提供服务。将各部门政府服务热线进行整合，在全市范围内实行"12345"一号对外多线联动，与119消防报警电话、110报警服务平台和120急救电话互联互通一键转接，24小时有人员值守并全天候受理服务；加快建设集政府公共服务、公用事业服务、个人征信、医疗就诊、商业支付及金融便民服务于一体的市民一卡通工程，实现"多卡合一、一卡多用"的目标等。建设智慧社区，推进智慧医疗便利民众就医，提升居民生活品质。据悉，根据计划，郑州将建设智慧医疗（智慧健康）平台，在群众就医的实际需求中体会到方便、快捷和安全的信息化服务。将各医院诊疗卡设置成"一卡通"模式，在全市范围内整合医疗数据资源，建设统一预约挂号和移动支付平台，方便老百姓看病就医，医疗机构间互认检查检验结果，双向转诊协同会诊、增加新型医疗卫生服务，如跟踪用药、管理健康管理等功能，更好地发挥居民健康档案的作用。在整合资源的基础上，强化大数据决策分析，开展疾病预防预警、健康评估等在内的决策支持分析和智慧健康管理，推进在临床决策、疾病诊断、药物研发等领域的大数据应用。

在城市治理的智能服务领域，推动智慧城管建设，提升城市精细化管理水平。积极推进智慧停车，在全市范围内整合共享停车位资源，开发停车智能导航 APP，用户可自行通过智能手机查询停车位和收费标准，预约空闲停车位以及发布空闲信息，并以支付宝、微信等方式自主缴费，采用"产业化、市场化"模式，最大化停车场利用率并且最优化车主服务，实现城市交通的高效运行。逐步整合改造单位、写字楼、商场、小区等社会投资建设的停车场资源以及政府投建的路边、路外停车场资源，发展错时停车和车位共享的新业态，以"互联网＋"思维有效解决城市"停车难"问题。

2019 年 11 月，郑州印发了《郑州市关于进一步改进城市精细化管理实施方案》，把新型智慧城市建设作为提升城市管理的重要载体，将智慧城管、智慧交通、智慧安保、社会诚信、文明信息等子系统逐步融入"智慧郑州平台"，通过该平台提供的云计算、大数据、移动互联网、卫星遥感等现代信息技术，实现资源共享、信息互通、业务协同，特别要尽快把城管部门、交通部门发现的违法、违规及不文明行为数据，通过大数据手段，提供给文明办等有关管理部门，为有关管理部门对当事人及当事人所在单位加强管理提供依据，使城市管理更科学、更精细，不断提高城市运行效率和公共服务水平。

2020 年 6 月 8 日，河南省发展改革委下发的《2020 年河南省数字经济发展工作方案》，将"新型智慧城市建设"放在首位，提出在原有数字产业化、产业数字化的基础上增加城市数字化，通过"人数城"融合建造"思考力"城市。郑州"城市大脑"成为河南省内第一个"试验田"。"城市大脑"是智慧城市体系中的高阶，在全球科技领域尚无定式，利用大数据、云计算、人工智能终端（物联网）三个核心构件组合体，为城市交通治理、公共安全、应急管理、网格防控、医疗卫生、旅游、环境保护、城市精细化管理等构建的一个人工智能中枢，相当于大脑统领躯干。因此，相比智慧停车、医疗、交通等独立服务场景，技术复杂度、开发周期与应用实战性更强。2020 年 5 月中旬，郑州第十五届人民代表大会发布的《政府工作报告》称，全力推进"城市大脑"建设，加快基本公共服务、生活服务数字化和交通智能化发展，确保"城市大脑"一期建成投用，二期加快建设。郑州"城市大脑"由 2019 年全面启动。该项目由郑州大数据局牵头组织实施，计划分三期建设，2019 年 11 月，郑州发展改革委批复了《郑州市城市大脑一期（城市运营数据管理中心）》。

科技投入对于智慧城市建设具有实践层面上的支撑意义。近年来，郑州在地方一般公共预算中的科学技术支出整体呈现波动上升的趋势，由 2010 年的 9.5 亿元上升至 2013 年的 17.26 亿元，2014 年小幅回落至 14.49 亿元，之后稳定回升至 2016 年的 21.72 亿元，2017 年迅速增长至 33.96 亿元，2018 年继续增长，达到 36.17 亿元，较 2010 年增长约 3.8 倍。

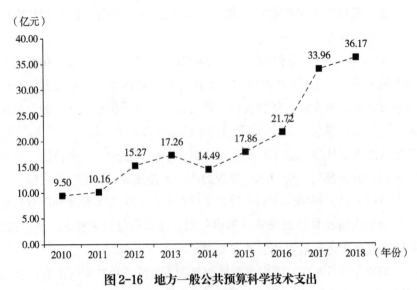

图 2-16 地方一般公共预算科学技术支出

资料来源：《中国城市统计年鉴》（2011~2018 年）。

从比重来看，郑州地方一般公共预算科学技术支出占比在 2010~2018 年的 9 年间，持续在 2% 左右波动，2011 年以及 2014~2016 年这四年低于 2%，2014 年出现最低值为，1.58%，其余时间均高于 2%，2017 达到最高值 2.24%。整体而言，郑州地方一般公共预算中科学技术支出占比较为稳定。

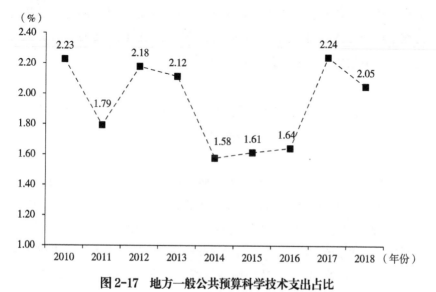

图 2-17　地方一般公共预算科学技术支出占比

资料来源：《中国城市统计年鉴》（2011~2018 年）。

郑州近年来不断深入开展创新驱动发展战略的实施工作，通过强化科技创新为智慧型城市建设赋能。2019 年 7 月，郑州发布《中共郑州市委郑州市人民政府关于全面加快科技创新推动经济高质量发展的若干意见》，建立完善稳定的财政投入增长机制，强化财政科技投入导向作用，增强政府投入调动全社会科技资源配置的能力。

郑州紧跟前沿科技进步，积极推广科技应用。郑州以建设郑州国家级互联网骨干直连点、公共基础平台建设、信息便民惠民等为抓手，大力推进新型智慧城市建设与发展，2018 年互联网城域出口带宽达到 1200G 以上，继建成无线城市之后，建成"全光网城市"。2018 年，郑州成为中国联通 16 个城市 5G 试点之一。2020 年 3 月，郑州印发了《郑州市高品质推进城市建设三年行动计划（2020—2022 年）》，提出在 5G

网络、数据中心等新型基础建设方面，2022 年底实现全市域 5G 室外全覆盖，完成中国联通 5G 区域级网络云中心、中国移动 5G 核心网大区中心等一批重要信息网络基础项目建设。未来郑州还将继续根据"国内一流、郑州特色"的发展定位，建设智能化、标准化、一体化的城市管理和服务体系，在郑州的规划发展中深度融合新一代信息技术，推动大数据、移动互联网、云计算、虚拟现实、人工智能等迭代演进，以此提升城市综合承载能力，保障网络安全，有效提高居民幸福感，打造充满竞争力、吸引力、创造力的"智慧郑州"。

第九节　政务环境优化改革持续深入，一网通办服务群众

深化"放管服"改革，优化政务服务环境，事关群众切身利益，既是重要的民心工程，也是打造国际化营商环境的突破口。近年来，郑州把优化政务服务环境作为"一把手工程"，打造便民利企、法治有序、优质高效的营商环境。努力把郑州打造成为"审批事项最少、办事效率最高、群众体验最优"的政务服务标杆城市之一，在中部地区奋勇争先，在全国进入第一方阵。要围绕降成本、去"人为"、增诚信、优服务，做好"降、去、增、优"四字文章。抓好"最多跑一次"改革，实现"一件事、一张网、跑一次、不见面"，切实降低制度交易成本。

2018 年 12 月 19 日，郑州市政务服务办事大厅试运行。市级 45 个具有审批服务职能部门和单位的 878 项审批服务事项将全部开始试运行。市政务服务办事大厅建设和运行是郑州落实"以人民为中心"发展思想和整体政府理念，加快推进"一网通办"，开展"最多跑一次"改革的重要举措。

2019 年 1 月 26 日，郑州政务服务办公室正式挂牌成立。主要负责拟定政服相关政策，落实"最多跑一次"改革、政务服务实体平台体系建设，推进行政审批制度、审批服务便民化改革，对全市政务环境优化进行组织协调并且评价、政务服务电子监察等工作。截至 2019 年底，郑州政务服务办事大厅已进驻了 45 个部门单位、984 项审批服务事项、730 名人员，事项进驻率和"一窗受理"率均达 75.8%。大厅运行以

来，累计办件量近 50 万件，平均日办件量 3600 余件。2020 年，数据显示，截至 5 月 4 日，全市政务服务"最多跑一次"事项由 2 月 19 日的 1120 项增至 1441 项，已实现 100% 事项"最多跑一次"。

2020 年 3 月，郑州市人民政府办公厅发布了《郑州市进一步推进"一网通办，一次办成"政务服务改革工作实施方案》，明确要以"一件事、一张网、跑一次、不见面"为目标，以"一件事"集成服务为引领，以政务服务"一张网"为支撑，以第三方评估为检验，大力推进不动产登记、商事登记、工程建设项目审批等重点领域办事效率大提升，大幅提高政务服务事项"一网通办，一次办成"比率。以"只跑一次"为目标，细化颗粒度，对传统审批流程进行重塑和再造，利用互联网手段减材料、减环节、减时限、减跑趟，提升办事效率，推动政务服务事项跨部门、跨层级、跨领域集成办理、场景式服务，实现公民个人高频事项"一件事"一次办成不少于 300 项。

2020 年 4 月 28 日，郑东新区启用"一件事"智能审批平台，开饭店、建材店、宠物店等 51 项个体登记"一件事"已上线运行，从刷脸认证、信息勾选、签名确认到执照领取，一证受理、刷脸办理、执照"秒批"，全程"不见面"、"一站式"登记，全年"7×24"小时"不打烊"，实现群众办事"就近办、自助办、一次办、马上办"，有序开展"试点先行"，以点带面推动试行改革。截至 2020 年 5 月 4 日，郑州已梳理交付 201 个"一件事"，其中公积金提取、居住证办理、新生儿出生、人社、热力、自来水等 59 个"一件事"已上线运行，2020 年 5 月底前完成 300 个"一件事"的梳理集成、流程再造、交付配网。

2020 年 7 月 13 日，郑州首批 11 个商事登记"一件事"在郑州政务服务网发布上线，所有新开办企业和个体工商户通过郑州政务服务网"一次登录、一次申报"就能办结涉及市场准入的所有事项。郑州此次商事登记制度改革采用"1+X"模式，其中"1"代表工商设立登记、公安印章刻制、税务登记、银行开户和社保登记共五个事项，"X"包含食品经营、道路运输、烟草专卖和临时占道等所有前后置行业许可事项。商事登记"1+X"制度改革是全市正在开展的"一网通办、一次办成"政务服务改革的重要组成部分，首批发布上线的包括企业开办 3 个、个体工商户 8 个共 11 个主题式、场景化的"一件事"，均采用"一站式"统一联办服务模式。将实现"套餐式"自主选办服务，届时企业、群众便可自行选择"点餐"服务。之后，郑州将依据改革的整体进度，适时发布上线第二批、第三批商事登记"一件事"，确保在更多领域、更大范围内为企业、群众提供更多的联办服务。

郑州以权责清单为基础，按照网上可办、网上易办的标准，再次梳理政务服务事项，做细市县两级政务服务事项清单，对事项标准化进行迭代升级，优化再造办事流程，完善提升郑州政务服务网，按需分类打通信息孤岛、数据烟囱，加快推广"网上办"，实现85%以上的政务服务事项"一网通办，一次办成"。完善事项清单，站位群众需求，建立《郑州市便民服务事项基本目录》。分类确定事项清单，根据办事主体性质，将政务服务事项分类管理，制定公民办事事项清单、法人和其他组织办事清单。制定标准化模板，针对市、县、区及市级开发区等不同层级，和公民、法人等不同类型，分别制定事项标准化模板。开展事项标准化编制，按照事项标准化要求，对照标准化模板进行标准化编制，同步推进材料电子化。制定系统配置和操作规范，制定政务服务事项网上配置工作规范，网上受理、网上审批、网上咨询、网上辅导等操作指南，开展业务培训。完成事项配置推广。按照"网办是原则，线下是例外"的要求，完成政务服务事项的网上配置，加强内部人员培训和网办推广，确保本部门85%以上的政务服务事项"一网通办，一次办成"。打通国家级、省级专网，梳理整合市级专网，做好专网打通技术支撑。数据显示，截至2020年5月4日，郑州全市网上可办事项由470项增至1413项、网办比例由31.7%跃升至98.4%。下一步，按照"应上尽上"原则，2020年6月底前郑州实现100%事项网上可办。

郑州对于行政审批制度的改革一直在持续深化，2018年全面取消非行政许可审批类别，全市削减行政审批事项58.79%，压缩环节58.4%，缩减时限79.5%，削减47个市级审批部门至36个，提高行政审批效率60%。维护市场公平竞争，大力推行"双随机、一公开"监管全覆盖，双随机抽查全市86.694万个市场主体，入库18553名行政执法人员，建立"红黑榜"制度对诚信建设进行发布。在优化政府服务方面，持续开展"减证便民"专项行动，清理规范市县两级420项证明和盖章环节，取消繁文缛节和不必要证明事项364项，保留证明事项

56 项。2019 年，郑州机构改革持续深化，市县机构改革全面完成，实施规划集中统一管理制度，推进城市管理重心下移。172 个事项凭身份证"一证简办"，261 个事项实现"掌上办"。工程建设项目审批全流程压减至 100 个工作日内，"联合辅导"模式全国推广。企业开办注册 3 天完成，不动产登记 5 个工作日办结、单办业务实现"当场办"。2020 年，以郑州 1480 项市政务服务事项清单为基础，根据"放管服"改革要求，郑州取消审批服务事项 47 项，调整增加 8 项，当前保留事项 1441 项。

第十节　加快构建友好营商环境，不断推进城市生态文明建设

营商环境是地区经济高质量发展的基础，营造一流营商环境是集聚发展要素、激发市场主体活力、促进高质量发展、推进城市国际化现代化的关键。同时，营商环境还是一个地方政治生态、社会生态的综合反映，是一个地区软实力、竞争力的重要体现。近年来，郑州高度重视建设友好营商环境，并推动营商环境优化工作不断取得新成效。2018 年 8 月，郑州出台了《关于深化"放管服"改革推进政务服务"最多跑一次"打造国际化营商环境的实施方案》，提出"一网通办""最多跑一次"，以权责事项清单为基础，以流程再造为关键，以"互联网＋"为支撑，着力推动政务服务"马上办、网上办、就近办、一次办"。随着政务服务大厅纷纷实现"一站式办公、一条龙服务"，市民的办事效率大大提高，办理很多事项都可以"最多跑一次"。

郑州"放管服"改革纵深推进，不断提升工作效率。市本级"最多跑一次"事项比例达 81.3%，"零跑动"事项 155 项全程网上办，首批完成 172 个群众凭身份证直接办理事项，21 件"一件事"试点办理事项材料压减率 48.9%，时限压缩率 65.1%，政务服务"周末不打烊"，261 个事项实现"掌上办"。深化重点领域改革，将工程建设项目审批时限由 340 个工作日压减至最长 74 个工作日、最短 30 个工作日；企业登记颁发"32 证合一"，营业执照压缩至 3 天。不动产登记 5 个工作日

办结、单办业务实现"当场办"。

郑州减税降费成效明显，落实国家各项税收优惠政策，全年累计为企业减负 215.4 亿元。职工养老保险费率由 27% 降至 24%。2019 年，稳岗补贴政策惠及企业 5002 家、涉及参保职工 39.71 万人、补贴金额 14 亿元。两次降低一般工商业电价，为企业节约电费成本 5.98 亿元。设立 30 亿元的债权融资风险补偿资金池，针对种子期、初创期民营企业"首贷""首保"等给予贷款贴息。

郑州对外贸易更加便利。国家"单一窗口"标准版申报总单量持续居中部六省首位。全面实施"7×24"小时通关保障机制、综保区与机场的一体化通关、电商货物在途报关等 10 项贸易便利化措施，通关时间从 3 个多小时压缩到 40 分钟之内，每年为企业节省成本 1600 余万元。

郑州创新要素有效供给。完善相关配套政策，形成了支持研发投入、科技成果转化和创新创业建设等全方位的"1+N"政策体系。全面实施高新技术企业倍增计划、第四批"智汇郑州·1125 聚才计划"，新认定高新技术企业 997 家，引育创新创业高层次人才 271 人，新建市级研发平台 167 个，引进和建设新型研发机构 13 家，构建良好的高新技术人才储备，加快创新高新技术企业的发展。

郑州国企改革攻坚战扎实有效，15 家"僵尸企业"破产终结，50 家驻郑央企和 18 家市属企业完成"四供一业"移交。产权、组织、治理三大结构改革有序推进。营商环境持续优化，全省营商环境评价排名第一。成功创建国家社会信用体系建设示范城市，荣获国家"守信激励创新奖"。清理拖欠民营企业中小企业账款 12.1 亿元，减税降费 271.1 亿元。

郑州打造公平竞争市场环境。全面实施市场准入负面清单和公平竞争审查制度。持续深化"放管服"改革，构建新型"互联网+政务服务"。完善社会信用体系，健全守信联合激励、失信联合惩戒机制。

城市生态环境也是城市品质的重要组成部分。在城市公园绿地建设方面，郑州在近十年中取得了长足的进步。2010 年，郑州绿地面积仅为 3095 公顷；至 2014 年已超过 4000 公顷，达到 4456 公顷；2018 年这个数字已接近 9000 公顷。

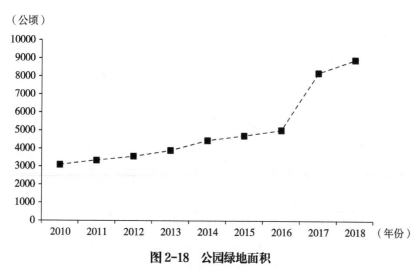

图2-18　公园绿地面积

资料来源:《中国城市统计年鉴》(2011~2019 年)。

　　2010~2018 年，郑州绿化覆盖面积也呈现直线型增长的趋势。2010 年这一数字仅为 11033 公顷，至 2018 年已达到 21544 公顷，总面积增长近 1 倍（见图 2-19）。

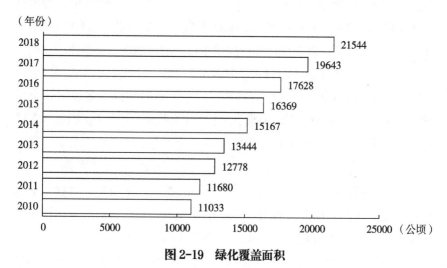

图2-19　绿化覆盖面积

资料来源:《中国城市统计年鉴》(2011~2019 年)。

　　与此同时，人均绿地面积也从 2010 年的 11.4 平方米，增长至 2018 年的 24.94 平方米，增长近 1.5 倍。

（平方米）

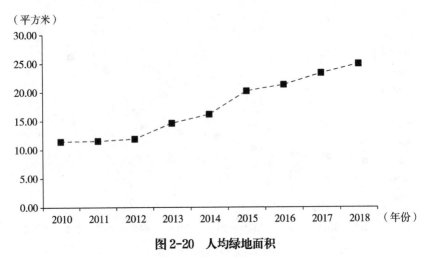

图 2-20　人均绿地面积

资料来源：《中国城市统计年鉴》（2011~2019 年）。

　　2010~2018 年，郑州工业二氧化硫排放量从 15.8 万吨降低到 1.77 万吨，降幅接近九成，郑州空气质量得到明显改善。2019 年，污染防治攻坚深入推进。PM10 年均浓度指标提前一年完成蓝天保卫战三年行动计划目标。在全国 168 个重点城市、京津冀 "2+26" 城市、全省 18 个省辖市排名同比均提升 2 位。秋冬季 PM2.5 改善率在 "2+26" 城市居第 3 位，重污染天数下降率在 "2+26" 城市排并列第 1 位。着重加强工业企业绿色绩效评价，规模以上企业煤炭消费总量削减 168 万吨，完成工业企业深度治理 1270 家、整治 "低小散" 企业 1152 家，全市 20 蒸吨以下燃煤锅炉全部拆改；新增新能源公交车 1000 辆、出租车 6444 辆。完成清洁型煤 "双替代" 近 7 万户，全市散煤实现清零，"散乱污" 企业实现动态清零。河湖长 "治、管、护" 责任全面落实，"三污一净" 专项治理扎实推进。

　　在环保基础设施建设方面，郑州不断改善水环境质量，对饮用水源地进行优先保护，加大重点流域环境综合整治，深化重点行业水污染治理，升级改造城镇污水处理工程，扩能增效利用城市中水循环。

　　2010 年，郑州工业废水排放量为 16282 万吨，并迅速降低至 2013 年的 118377 万吨。尽管 2014 年和 2015 年有较大幅度回升，但随着污水排放政策的严格化以及污水处理能力的提高，郑州污水排放量出现显著下降。2018 年已不足 8000 万吨，较最高点下降了近 1.2 亿吨，较 2010 年下降了近五成。

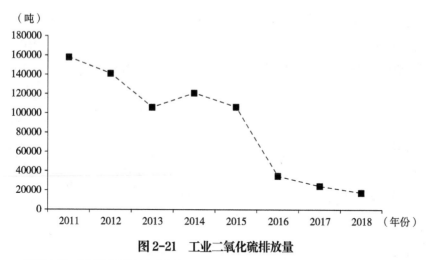

图 2-21 工业二氧化硫排放量

资料来源:《中国城市统计年鉴》(2011~2019 年)。

到 2019 年,郑州新增污水处理能力 15 万吨 / 日、污泥处理能力 300 吨 / 日。清洁取暖、综合管廊、海绵城市等试点城市工作顺利推进。通过三年时间,新增垃圾日处理能力 7000 吨;预计 2022 年底前,郑州新区污水处理厂二期工程建成并开始投用、新增日污水处理规模达到 45 万吨。

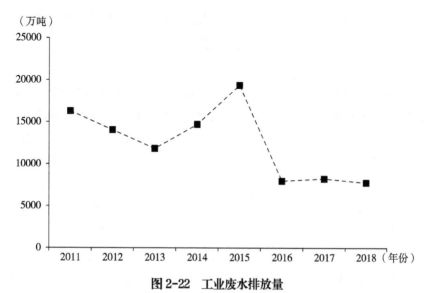

图 2-22 工业废水排放量

资料来源:《中国城市统计年鉴》(2011~2019 年)。

与污水排放量的降幅相反，郑州污水处理厂集中处理率在波动中上升，且总体处理率较高。除 2012~2015 年仅在 96% 左右徘徊，2010 年和 2011 年为 97.2%，2017 年接近 100%，2018 年为 98%。

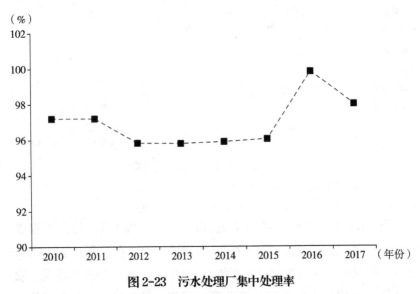

图 2-23　污水处理厂集中处理率

资料来源：《中国城市统计年鉴》（2011~2018 年）。

第十一节　城乡一体化扎实推进，公共服务水平大幅提升

郑州自 2011 年大力推动新农村建设，纳入新型城镇化重点工作，按照新三年行动计划推进，对已入住的社区，2017 年底前入住率达到100%，并且完善提升基础设施；对已有规划正在建设中的社区，加快工程进度，分期建设的社区，2017 年底前，完成当期的建设任务，并实施搬迁，2018 年底全部完成搬迁任务；对有规划尚未建设的社区，原则上不再建设。对煤矿塌陷区、扶贫搬迁的社区，加快基础设施配套，在 2017 年底之前，务必完成搬迁任务。严格落实了《新型农村社区建设财政奖补资金管理办法》，市级财政每人奖补 1000 元，县（市）及乡镇每人奖补 2000 元，也就是总共每人 3000 元奖补。并在公共服务上重点解决医疗、卫生、养老、文化、体育设施等公共服务，农业部门

着力实施社区的"菜园子""菜篮子"工程。2019年,乡村振兴战略实施推进。编制完成乡村振兴战略规划和都市生态农业产业发展规划,所有行政村农村公路实现"双通"。90%以上行政村生活垃圾有效治理,完成农村户厕改造25.2万户。创建省级"千万工程"示范村83个,建设美丽乡村32个。

加快推进户籍制度改革,全面有序放开城市落户限制,稳步提高户籍人口城镇化水平,大幅度提高城镇化发展质量。实施居住证制度,把居住证持有人纳入居住地住房和社会保障体系,在农村参加的养老保险和医疗保险按规定接入城镇社保体系。建立以居住证为主要依据的入学办法,确保符合条件的进城务工人员随迁子女在流入地参加中考和高考。加大对农业转移人口市民化的财政支持力度,建立财政性建设资金对吸纳农业转移人口的补助机制,建立城镇建设用地增加规模与吸纳农业转移人口落户数量挂钩机制,并建立动态调整机制。大力推进扩权强县和简政强镇,赋予县级更大的经济社会管理权限,推动镇区人口10万以上的特大镇建设为小城市,赋予县级管理权限。

加快信息网络设施建设,实施宽带中原、智慧中原、无线城市、光网城市等重大工程,将高速光纤宽带网构筑覆盖整个中原。实施移动通信网络升级工程,在主要公共场所实现无线局域网基本覆盖。建设重大项目如中原数据基地、呼叫和数据中心等。在公共信息服务领域加快建设业务应用平台,在信息通信产业领域带动产业集聚发展,将郑州打造为通信网络交换枢纽和信息集散中心。在已有的信息化条件和产业基础上,推进河南物联网产业园开展符合实际需求和区域特色的建设。推动郑汴电信同城加速实现。加快"三网融合",升级改造互联网、电信网、广播电视网。在民生领域加快推进信息化改革,建设综合信息服务平台,将信息资源整合应用。建设信息安全应急体系,做好容灾备份,建设和完善网络信息安全运行维护管理体系。

优化老城区功能及城区布局结构,在中心城区周边扩大城市组团,纳入符合条件的县城、县级市市区和特定功能区,拉大城市框架。使城市的人居环境优化,服务功能增强,节点支撑作用提高。推动县城老城区以现代城市规划建设标准,开展集中连片改造,建设和完善新城区,吸纳农村人口转移,参与建设产业集聚区、商务中心区,加强完善城区基础设施和公共服务设施建设。以特色商业区成为主要载体，纳入中心城市组团的县城，建设成为功能区，与中心城区进行优势互补，并逐步将具备条件的县区发展为中等城市；增强规模较大的县城城镇吸纳人口的能力，培育形成一批功能完善的新兴城市。

郑州非常重视图书馆等文化设施的建设。2010~2018 年，郑州图书馆藏书量不断上升。2010 年仅为 552.7 万册，2011~2016 年在 600~700 万册，2019 年达到 770 万册，2018 年已接近 1000 万册。

2019 年，郑州启动建设各类博物馆 39 家；新建遗址生态公园 22 处。建成基层综合文化服务中心 100 个、城市书房 55 处，全民阅读工作全国领先。

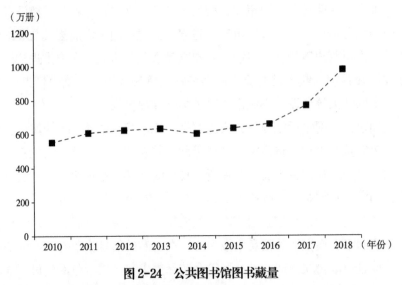

图 2-24　公共图书馆图书藏量

资料来源：《中国城市统计年鉴》（2011~2019 年）。

郑州执业医师人数大幅增加，2010 年仅为 1.5 万人，值 2018 年已达 4.2 万人，增幅接近 2 倍。

医疗床位数也大幅增长，从 2010 年的 4.4 万张增加至 2018 年的 8.6 万张，增幅接近 100%。

郑州近 8 年排水管道长度呈现稳定增长趋势，由 2011 年的 3047 千米增长至 2018 年的 4676 千米，增长约 1.53 倍，于 2016 年突破 4000 千米，仍保持上升势头。2019 年 11 月，郑州印发了《郑州市关于进一

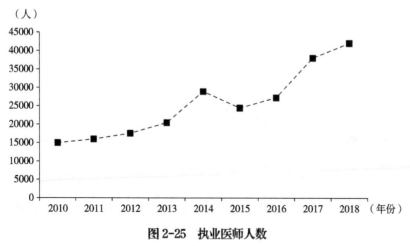

图 2-25 执业医师人数

资料来源:《中国城市统计年鉴》(2011~2019 年)。

图 2-26 医院床位数

资料来源:《中国城市统计年鉴》(2011~2019 年)。

步改进城市精细化管理实施方案》,五是雨污水管网治理。按照"全面排查、限时整治、有序推进、责任到人、严肃问责"要求,落实"一点一策",加快全市雨污水和积水点改造力度,彻底解决雨天道路长时间积水问题。

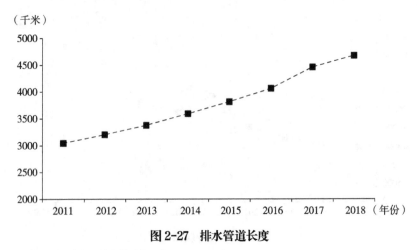

（千米）

图 2-27　排水管道长度

资料来源：《中国城市统计年鉴》（2011~2019）。

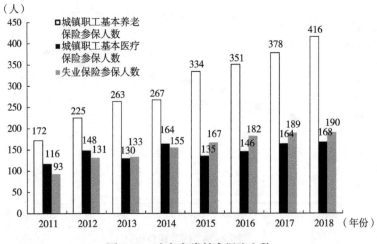

（人）

□ 城镇职工基本养老
　保险参保人数
■ 城镇职工基本医疗
　保险参保人数
▪ 失业保险参保人数

图 2-28　参与各类社会保险人数

资料来源：《中国城市统计年鉴》（2011~2019 年）。

在社会保障体系的建设上，社会养老保险制度实现对城乡居民的全覆盖，重点向非公有制经济组织从业人员、灵活就业人员和农民工覆盖职工基本养老保险。逐步按照国家统一部署推动基本医疗保险人人享有，发展城镇居民医疗保险，提高新型农村合作医疗保障水平。对工伤、失业、生育保险制度进行发展完善。建设保障性安居工程，以公共租赁住房为重点开展加强工作，试点开展利用住房公积金贷款进行的保障性住房建设。加强建设覆盖全社会的社会信用体系，建立健全征信系统。统筹实现"五险合一"的全覆盖，均衡发展城乡医疗健康、文化和教育等社会事业，持续增强人民群众满足感、幸福感。

第 三 章

郑州城市经济发展的机遇与挑战

随着中国进入高质量增长的经济社会发展新阶段，城市发展也进入了一个追求城市品质、强调经济质量、关注社会和谐的崭新阶段。郑州作为地处中国内陆的特大型中心城市，尽管目前在城市发展上取得了巨大的进步，但与发达地区相比，还存在比较明显的差距，面临着一系列的机遇和挑战。

第一节　城市经济增长质量显著增强，但发展体量仍相对较小

地区生产总值（地区 GDP）等于各产业增加值之和，是在一定时期内本地区所有常住单位生产活动的最终成果。根据图 3-1，郑州的地区生产总值为 10143 亿元，在九个国家中心城市中排名第八，处于下游位置，与前一位的武汉相差 4704 亿元，与排名第一位的上海相差 22537 亿元，与排名第二位的北京相差 20177 亿元。上海与北京的地区生产总值较为突出，均超过了 3 万亿元，其中上海的地区生产总值更是达到了 32680 亿元，领跑九个国家中心城市。广州与重庆的地区生产总值也超过了 2 万亿元。其中，广州以 22859 亿元的地区生产总值位列第三，与上海相差 9821 亿元，与北京相差 7461 亿元，重庆以 20363 亿元位列第四，与上海相差 12317 亿元，与北京相差 9957 亿元。天津的地区生产总值为 18810 亿元，相较重庆降低了 1554 亿元。成都与武汉的

地区生产总值较为相近，二者均在 1.5 万亿元左右。西安的地区生产总值最低，仅有 8350 亿元，位列第九。

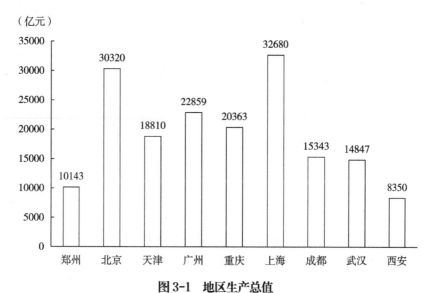

图 3-1　地区生产总值

资料来源：《中国城市统计年鉴》（2019 年）；各城市年度《统计公报》。

从图 3-2 可以看出，九个国家中心城市的地区生产总值增速主要分为三个梯队，郑州、西安、成都与武汉的地区生产总值增速均高于或等于 8%，属于增速较快的城市。其中，郑州以 8.3% 的增速位居第一，发展规划值得肯定。上海、北京、广州与重庆的地区生产总值增速在 6%~7%，经济增长速度较为稳健。值得注意的是，上海与北京在地区生产总值破 3 万亿元的同时还能保持 6.6% 的增速，发展经验值得其他地区学习借鉴。天津是九个国家中心城市中唯一一个地区生产总值增速没有超过 4% 的城市，产业结构与发展方式有待更新调整。

结合郑州的地区生产总值及其增速来看，郑州正处于加速发展的阶段。虽然郑州的生产总值达到 1 万亿元，与其他城市有一定差距，但其增速高达 8.3%，在九个国家中心城市中位列第一。这意味着郑州市委所制定的经济发展"新速度"是切实可行的，所开展的保障就业、支持创新创业等方法是卓有成效的。郑州需进一步加强发展规划，积极探索经济发展新动力，以不断优化当前的发展新局面。

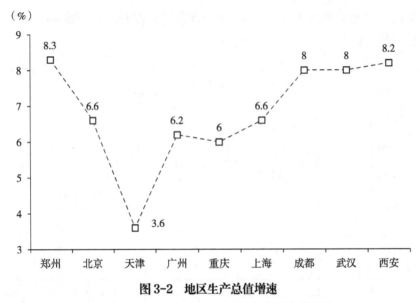

图 3-2　地区生产总值增速

资料来源：《中国城市统计年鉴》(2019 年)；各城市年度《统计公报》。

第二节　城市经济发展潜力较大，但城市竞争力尚且不足

人均 GDP 是衡量城市经济发展的重要指标，尤其是对于国家中心城市之一、中原城市群的核心城市而言，郑州自身的发展与区域带动作用的提升都离不开经济实力的支撑。2018 年，郑州常住人口超过千万，跻身于"人口千万俱乐部"。同年，郑州 GDP 突破万亿元，成功进入全国"GDP 万亿元俱乐部"，人均 GDP 突破 10 万元，经济实力进一步明显提升，也标志着郑州毫无争议地成为特大城市的一员。

通过比较九个城市的人均 GDP，郑州的人均 GDP 在九个国家中心城市的排名之间位列第六，处于中游偏下的位置。第一，与成都、西安、重庆等西部城市相比，郑州的人均 GDP 略有领先，但优势不明显。其中，与成都的差距仅为 6567 元，与西安的差距为 16235 元，与重庆的差距较大，超过了 3.5 万元。第二，与同样位于中部地区的武汉相比，两者的人均 GDP 相差 33787 元，郑州的人均 GDP 与之存在明显的差距。换一个角度来看，武汉的人均 GDP 甚至超越了天津，并与上海

持平。这表明，在中部地区城市群的发展竞争中，郑州虽有差距，却存
在很大的进步空间，也提示郑州需要进一步提升城市竞争力。第三，郑
州与东部地区中心城市的发展存在明显差距，亟待提升区域发展的竞争
力。与广州、北京、上海、天津等东部城市相比，郑州的人均 GDP 与
北京相差 38862 元，与上海相差 33633 元，与天津相差 19362 元，与排
名第一的广州差距更是高达 54142 元，其是郑州人均 GDP 的一半之多，
发展差距较大。

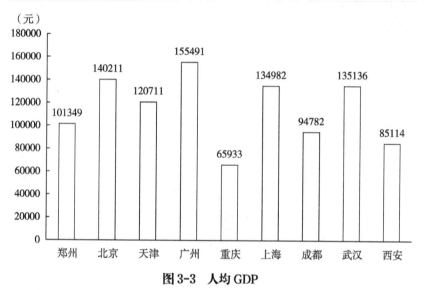

图 3-3　人均 GDP

资料来源：《中国城市统计年鉴》（2019 年）；各城市年度《统计公报》。

　　城市竞争的潜力不仅体现在经济总量和人均 GDP 上，城市用地状
况也是衡量城市竞争潜力的重要指标。城市建设用地是指城市居住用
地、公共管理与公共服务用地、商业服务业设施用地、工业用地、物流
仓储用地、交通设施用地、公共设施用地、绿地等。城市建设用地也标
志了城市发展的空间范围和潜力，其空间范围越大，也意味着发展潜力
越大。根据图 3-4，总体上，八大国家中心城市（广州数据缺失，不计
入本次分析）的城市建设用地面积平均为 1061.75 平方千米，上海凭借
1899 平方千米的城市建设用地居于首位，郑州则以 529 平方千米位居
尾席，体现出发展潜力的明显差距。第一，上海、北京与重庆这三大直
辖市的城市建设用地面积均高于平均值，均远高于 1000 平方千米，具

有深厚的发展潜力。第二，天津、武汉与成都的城市建设面积处于第二梯队，均在 850~950 平方千米（天津与成都的数值较为接近，但不在区间内）。第三，西安与郑州的城市建设面积规模偏小，西安仅为 658 平方千米，郑州则为 529 平方千米，在八大国家中心城市之中处于末位，与排名第一的上海相差 1370 平方千米，与排名第二的北京相差 943 平方千米，与排名第三的重庆相差 743 平方千米。

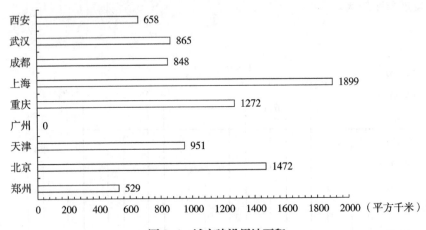

图 3-4　城市建设用地面积

注：广州数据缺失。

资料来源：《中国城市统计年鉴》（2019 年）。

　　城市建设用地占市区面积比重是衡量城市发展潜力的另一个重要指标。这个比例数值越高，表明城市已开发部分所占比重越高，城市发展潜力越小。根据图 3-5 可知，郑州的城市建设用地占市区面积比重以压倒性优势位列第一，城市建设用地面积高达市区面积的一半以上。排在第二位的上海接近 30%。成都的城市建设用地占市区面积比重超过了20%，位列第三。北京、天津、武汉与西安的城市建设用地占市区面积比重保持在 10% 左右，重庆的城市建设用地占市区面积比重最低，还未超过 3%，排在八个国家中心城市的末位。

　　结合图 3-4、图 3-5，郑州的城市建设用地虽面积在八个中心城市（广州数据缺失，不计入本次分析）之间最小，但所占市区面积比重却最高。这意味着相较于其他七个国家中心城市，郑州的城市建设用地开发程度较高，但面临着严峻的扩展限制，集约节约、科学合理地利用土地资源势在必行。郑东新区便是郑州尝试改变城市扩展方式的具体体现。自2000年6月，时任河南省长李克强提出加快开发郑东新区，郑东新区便在"高起点、大手笔"的规划下、绿色发展理念的引领下，朝着成为国际化的区域性金融中心、国际化中央商务区和具有国际水平的生态宜居城市大步迈进。事实证明，郑东新区的建设进一步扩大了郑州的城市规模，拉大了城市框架，为当地培育了新的经济增长点，为当前郑州的发展发挥着不可替代的作用。

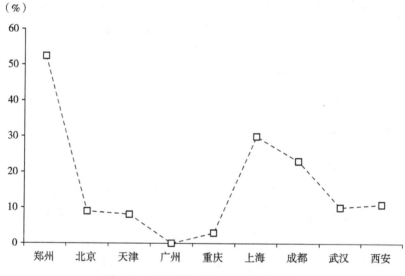

图3-5　城市建设用地占市区面积比重

注：广州数据缺失。

资料来源：《中国城市统计年鉴》（2019年）。

第三节　城市产业结构有待优化，城市开放度有较大提升

　　九个国家中心城市的地区生产总值构成主要以第三产业为主，以第二产业为辅，第一产业占比较低，产业结构高度化，逐渐向第三产业过渡，标志着城市经济发展水平的优化提升。

　　在第一产业占地区生产总值的比重上，上海、北京、天津与广州都保持在1%以内，上海与北京甚至都不足0.4%。郑州的第一产业占

地区生产总值的 1.45%，比上海高出 1.13%，比北京高出 1.06%。武汉、西安与成都的第一产业占比虽相比其他城市较高，但均维持在 3.5% 以内。重庆的第一产业占比为 6.77%，是九个城市的最高值。

以采矿业、制造业、建筑业等高耗资高污染为主的第二产业近年来在我国已经表现出衰退迹象。北京的第二产业在地区生产总值中仅占 18.63%，广州与上海的占比均低于 30%。西安的第二产业占地区生产总值的 35.04%，在九个国家中心城市中位列第四。天津、重庆、成都、武汉与郑州的第二产业占比超过了 40%，仍处于产业结构的转型时期。其中，郑州以 43.88% 的比重成为地区生产总值中第二产业比重最高的城市，高出广州 16.61%，是北京的 2 倍多。

第三产业是一个庞杂的混合产业群，第三产业的发展壮大是当前经济发展的趋势，为扩大就业、加快经济发展、提升人民生活水平做出了巨大贡献。在九个国家中心城市中，第三产业占地区生产总值的比重均超过了 50%。其中，郑州的第三产业占比为 54.67%，与武汉、成都的第三产业占比较为接近。北京的第三产业占比高达 80.98%，是城市经济发展的重要支撑，超出郑州占比 26.31%。广州与上海的第三产业发展形势也较好，占比达到了 70% 左右。西安与天津经过积极推动产业转型，第三产业所占比重达到了 60% 左右。重庆的地区生产总值中第三产业仅占 52.33%，是九个国家中心城市中占比最低的城市。综上所述，与其他八个国家中心城市相比，郑州的地区生产总值构成与北京、广州、上海相比还有较大差距，主要存在第二产业占比过高、第三产业有待进一步发展的问题。

表 3-1　　　　　　　　　　地区生产总值的构成　　　　　　　　单位：%

城市	地区生产总值构成		
	第一产业	第二产业	第三产业
郑州	1.45	43.88	54.67
北京	0.39	18.63	80.98
天津	0.92	40.46	58.62
广州	0.98	27.27	71.75
重庆	6.77	40.90	52.33

续表

城市	地区生产总值构成		
	第一产业	第二产业	第三产业
上海	0.32	29.78	69.9
成都	3.41	42.47	54.12
武汉	2.44	42.96	54.61
西安	3.1	35.04	61.86

资料来源:《中国城市统计年鉴》(2019 年)。

根据图 3-6 可知，郑州、广州、重庆、成都、武汉与西安都在 2018 年的进出口贸易中形成了贸易顺差，但六所城市中除广州外，其余城市的货物进口额与出口额都未超过 3500 亿元，区域经济合作水平有待加强。其中，郑州的货物进口额为 1527.87 亿元，货物出口额为 2577.14 亿元，两项排名在九个国家中心城市中均为第七，进出口额度较低。总体来看，我国九个国家中心城市中，上海的进出口贸易较为发达，北京的货物进口额最高。其余七个城市的国际化水平与经济发展开放度依旧有待提高，需要进一步构建与国际接轨、在国内领先的开放型经济体系。

目前，郑州充分发挥中部地区的地理优势以及"新丝绸之路"的政策优势，建设郑州航空口岸，积极推进完善口岸设施和功能，建立大通关联络协调机制，联动沿海港口，与边境口岸展开合作，多式联运推动公、铁、空、海等交通方式无缝衔接，建设电子口岸，打造内陆开放高地。

对"一带一路"倡议深度融入，大力实施开放带动战略。推进与沿线国家通关一体化，探索合作交流的新空间。加强与沿线国家的文化交流合作，建设丝绸之路文化交流中心，打造一批彰显中原特色的丝路文化精品，推动中原文化走向国际；加强与沿线国家的经济交流合作，建设开放载体平台，推进与沿线国家的产业对接和经贸合作，重点实施郑州"丝路基金"计划、经济圈重点口岸协作计划、口岸合作联盟缔结、"一带一路"境外园区工程等一批项目，打造国际化良好营商环境，自由投资，便宜贸易，法治监管，将郑州建设成为内陆地区连接国际贸易的重要门户；加强与"一带一路"沿线国家的教育与科研交流合作、中外合作办学、国际友城教育合作机制深化建设，共建联合实验室，将开放式国际化教育体系构建得具有郑州特色。

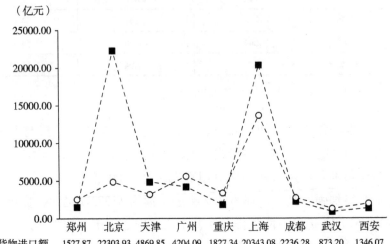

（亿元）	郑州	北京	天津	广州	重庆	上海	成都	武汉	西安
- ■ - 货物进口额	1527.87	22303.93	4869.85	4204.09	1827.34	20343.08	2236.28	873.20	1346.07
- ○ - 货物出口额	2577.14	4878.54	3207.16	5607.50	3395.28	13666.85	2746.89	1275.20	1957.17

图 3-6　进出口贸易额

资料来源：《中国城市统计年鉴》（2019 年）。

以加入世界贸易组织为标志，中国对外开放进入全面同国际经济合作与竞争的崭新阶段，利用外资也迈上了新台阶。实际利用外资是指我国在和外商签订合同后，实际到达的外资款项，只有实际利用外资才能真正体现我国的外资利用水平。由图 3-7 可以看出，郑州的实际利用外资总量仅为 42.11 亿美元，与北京相差 131 亿美元，与上海相差 130.89 亿美元，在九个国家中心城市中位居尾席，距排名第八位的天津也有 6.4 亿美元的差距。北京与上海的实际利用外资总量在九个国家中心城市中实现了断层式领先。其中，北京以 173.11 亿美元位居第一，上海以 173 亿美元位居第二。成都 2018 年的实际利用外资总量达到了 122.75 亿美元，排名第三，距北京相差 50.36 亿美元，距上海市相差 50.25 亿美元。武汉与重庆的实际利用外资总量均超过了 100 亿美元，广州与西安的实际利用外资总量达到了 60 亿美元以上，而郑州的实际利用外资总量还未达到 45 亿美元，与其他国家中心城市相比，利用外资的能力有待提升。

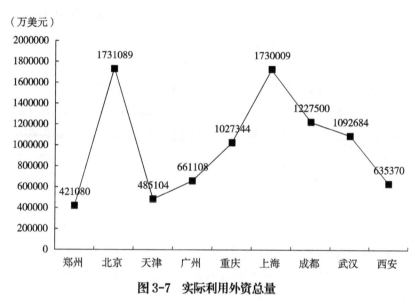

（万美元）

图3-7　实际利用外资总量

资料来源：《中国城市统计年鉴》（2019年）。

第四节　规模以上工业企业数量较多，城市利用外资还有较大空间

　　根据2018年九个国家中心城市的规模以上工业企业数量来看，郑州工业企业数的数量较少，仅有2686个，在九个国家中心城市中排名第七。上海的工业企业数高达8145个，高于郑州工业企业数5459个。排名第二位的重庆共有工业企业6438个，高于郑州工业企业数3752个。广州与天津的工业企业数均在4000个以上，其中广州的工业企业数为4675个，位列第三，与郑州的工业企业数相差1989个。

　　规模以上工业企业的构成也十分重要，内资企业是工业企业的主要构成部分。郑州的内资企业为2601个，在八个国家中心城市中位列第六（武汉数据缺失，不计入本次分析），占其工业企业的96.84%。重庆的内资企业数量位居第一，高达6021个，超出郑州3420个，占其工业企业的96.46%。上海共有内资企业4748家，超出郑州2147个，但仅占当地工业企业的58.29%，低于郑州38.55%。广州与天津的内资企业

数量均在 3000 个以上，占工业企业的比重也较为接近。其中，广州的内资企业约占其工业企业的 70.25%，天津的内资企业约占其工业企业的 71.55%。成都的内资企业为 3155 个，虽与天津、广州接近，但占比却大为不同，高达 91.77%。北京的内资企业为 2478 个，数量上与郑州较为接近，但占比仅有 77.51%，较郑州降低了 19.33%。

从港、澳、台商投资企业来看，郑州的数量较少，仅有 38 个，在八个国家中心城市中位列第七，比西安高出 12 个，在工业企业中的占比也仅有 1.41%，低于西安 0.47%。上海共有 924 个港、澳、台商投资企业，在国家中心城市中数量最多，高出郑州 886 个，约占其工业企业的 11.34%。广州的 751 个港、澳、台商投资企业约占其工业企业的 16.06%，数量高出郑州 713 个，占比高出上海 4.72%，高出郑州 14.65%。天津与北京的港、澳、台商投资企业数量相差 78 个，其中天津的港、澳、台商投资企业约占其工业企业的 5.92%，高出郑州 4.51%，北京的港、澳、台商投资企业约占其工业企业的 5.51%，高出郑州 4.09%。重庆共有港、澳、台商投资企业 145 个，比郑州多出 107 个，成都共有港、澳、台商投资企业 92 个，比郑州多出 54 个。

从外商投资企业来看，郑州共有 47 个外商投资企业，占比为 1.75%，是外商投资企业数量与占比最少的国家中心城市。上海在外资投资企业的数量上依旧具有绝对优势，共有外资投资企业 2473 个，是郑州外商投资企业数的 52.62 倍，在工业企业中的占比也达到 30.36%，高出郑州 28.61%。排名第二位的天津在数量上较上海降低了一半以上，约为郑州外商投资企业数的 20.57 倍，占比也下降至 22.53%。广州共有 640 个外商投资企业，超过郑州 593 个，占其工业企业的 13.69%。北京虽仅有 543 个外商投资企业，但占比却达到了 16.98%，超出广州 3.29%。重庆的 272 个外商投资企业占其工业企业的 4.22%，成都的 191 个外商投资企业占其工业企业的 5.56%，西安仅有的 90 个外商投资企业占比却达到了 6.50%。

综上所述，郑州的规模以上工业企业无论是在数量上，还是构成上都需要进一步规划与发展。工业企业以内资企业为主的构成结构反映了郑州的发展模式较为封闭，开放程度与合作能力急需加强。港、澳、台商投资企业与外商投资企业在数量与占比上都不具有优势，难以发挥集群效应与带动效应。

表3-2　　　　　　　　　　　规模以上工业企业数

城市	工业企业数	内资企业	港、澳、台商投资企业	外商投资企业
郑州	2686	2601	38	47
北京	3197	2478	176	543
天津	4292	3071	254	967
广州	4675	3284	751	640
重庆	6438	6021	145	272
上海	8145	4748	924	2473
成都	3438	3155	92	191
武汉	2651	—	—	—
西安	1385	1269	26	90

注：武汉数据部分缺失。

资料来源：《中国城市统计年鉴》（2019 年）。

第五节　城市税收收入排名垫底，利润总额领先中西部

　　九个国家中心城市的主营业务税金及附加的额度多数保持在 500 亿元以下，仅有武汉与上海超出了 500 亿元。其中，武汉的主营业务税金及附加为 645 亿元，而上海的主营业务税金及附加则高达 1071 亿元，在九个国家中心城市中额度最高。西安是主营业务税金及附加最低的城市，仅有 35 亿元。2017 年，郑州的主营业务税金及附加为 139 亿元，排名第八，与上海相差 932 亿元，与武汉相差 506 亿元，与排名第七位的重庆相差 124 亿元。

　　本年应交增值税的情况大体与主营业务税金及附加的情况相似，有六个城市的额度都在 500 亿元以下。上海、重庆与北京的本年应交增值税分别为 901 亿元、621 亿元与 566 亿元，在九个国家中心城市中位列前三。郑州的本年应交增值税为 255 亿元，与主营业务税金及附加的排名相同，仅高于位列第九名的西安 154 亿元，与上海相差 646 亿元，与重庆相差 366 亿元，与北京相差 311 亿元。

　　从利润总额来看，上海达到了 3350 亿元，在九个国家中心城市中稳居第一，超出排名第二位的北京 1820 亿元，超出郑州 2279 亿元。广州、重庆、天津与郑州的利润总额较为接近，分别为 1399 亿元、1333 亿

元、1201 亿元与 1071 亿元。其中，郑州以 1071 亿元的利润总额位居第六，与排名第五的天津相差 130 亿元。武汉、成都与西安的利润总额较低，均未超过 1000 亿元。其中，西安市的利润总额仅为 352 亿元，仅达到上海的 10.52%，低于郑州 719 亿元。

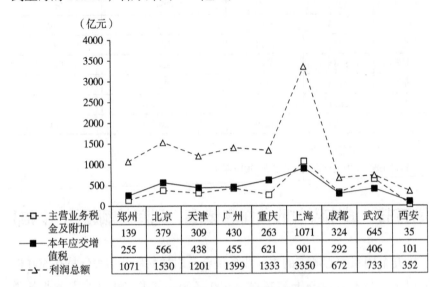

（亿元）	郑州	北京	天津	广州	重庆	上海	成都	武汉	西安
—□— 主营业务税金及附加	139	379	309	430	263	1071	324	645	35
—■— 本年应交增值税	255	566	438	455	621	901	292	406	101
—△— 利润总额	1071	1530	1201	1399	1333	3350	672	733	352

图 3-8 规模以上工业企业主要财务指标

注：郑州为 2017 年数据，其他城市为 2018 年数据。

资料来源：《中国城市统计年鉴》（2018~2019 年）。

第六节 研发经费投入明显不足，科技创新潜力亟须挖掘

R&D 经费指全社会研究与试验发展经费，主要用于基础研究、应用研究的经费支出，支持研究试验发展。R&D 经费的投入对科技创新的发展具有重要意义。总体来看，北京与上海是仅有的 R&D 经费超过 1000 亿元的两个城市，与其他城市相比具有绝对的优势。尤其是北京的 R&D 经费已经高达 1870 亿元，比上海还要高出 511 亿元。广州以 600 亿元的 R&D 经费位列第三，与北京相差 1270 亿元，与上海相差 759 亿元，高于郑州 415 亿元。西安与天津的 R&D 经费保持在 500 亿元左右，重庆、成都与武汉的 R&D 经费较为接近，大概在 400 亿元。

郑州的 R&D 经费仅有 185 亿元，与排名第八位的武汉相差 193 亿元，仅达到北京的 9.89%、上海的 13.61%，与其他国家中心城市的差距较大。应加快补齐科技创新短板，突出以企业为主体，以市场为导向的产学研深度结合，加速科研成果的产业化，深入推进创新驱动发展战略。

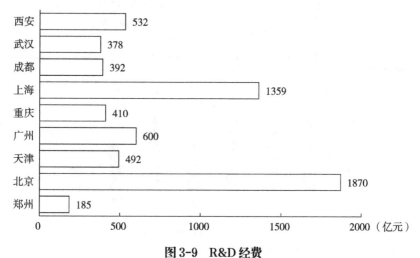

图 3-9 R&D 经费

资料来源：《中国城市统计年鉴》(2019 年)。

专利一般是由政府机关或者代表若干国家的区域性组织根据申请而颁发的一种文件，能够体现地区的创新发明与知识保护程度。专利申请发生在获得授权前，如果其能最终获得授权，则可以称为专利，并对其所请求保护的技术范围拥有独占实施权。专利授权需要具备新颖性、创造性、实用性、非显而易见性与适度揭露性。

由图 3-10 可知，北京、广州与上海不论是专利申请数，还是专利授权数都排列前三，授权率分别为 58.47%、51.89% 与 61.54%。其中，北京的专利申请数高达 211212 件，超过广州 38088 件，超过上海 60979 件。北京的专利授权数达到了 123496 件，超过上海 31036 件，超过广州 33670 件。成都与天津的专利申请数与专利授权数较为接近，授权率分别为 53.22% 与 55.21%。郑州与重庆的专利申请数仅相差 1993 件，而专利授权数则相差 14103 件，授权率分别为 45.04% 与 63.35%，相差 18.31%。武汉与西安的专利申请数与专利授权数均较少，授权率分别为 53.54% 与 56.09%。其中，郑州是九个国家中心城市中专利授权数与授权率最低的城市，这体现出郑州专利申请能力不强、质量不高的问题，科技创新能力有待加强。

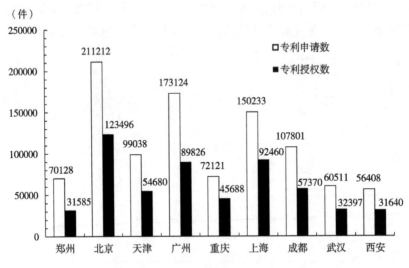

图 3-10　专利申请与授权情况

资料来源：《中国城市统计年鉴》（2019 年）。

第七节　房地产仍占有较大比重，地产行业整体较为平稳

　　房地产开发投资是以获得预期效益为目的而进行的土地开发工程投资，主要包括住宅、厂房、仓库、饭店、宾馆、度假村等房屋建筑物和配套的服务设施。城市区位作为房地产投资的三大要素之一，其发展情况、生活质量、便捷程度都能够在房地产开发投资中得以综合体现。从图 3-11 中可以看出，九个国家中心城市中的房地产开发投资均超过了2000 亿元。其中，重庆与上海的房地产开发投资额较高，皆超过了 4000亿元。其次是北京以 3873 亿元的房地产开发投资额位列第三，与重庆相差 376 亿元，与上海相差 160 亿元。郑州 2017 年的房地产开发投资额突破了 3000 亿元，与重庆相差 890 亿元，与上海相差 674 亿元，与北京相差 514 亿元，在九个国家中心城市中位列第四。

　　住宅投资包括新房建造以及现有住宅改善和维修上的支出，是房地

产投资的主要项目。从数量上来看，重庆是唯一超过 3000 亿元的城市，多数城市的住宅投资均保持在 2000 亿元左右。成都的住宅投资最低，仅有 1298 亿元。郑州的住宅投资为 2419 亿元，与重庆相差 594 亿元，在九个国家中心城市中位列第二。

　　总体来看，郑州的房地产开发投资规模与住宅投资规模较大，其中住宅投资仅次于重庆，比上海高出 193 亿元、比北京高出 393 亿元，在当地的房地产开发投资中占有较大比重。这也表明郑州的经济发展在较大程度上依赖于房地产业。

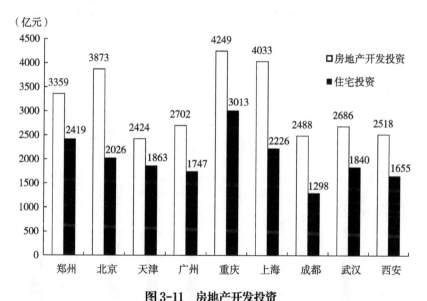

图 3-11　房地产开发投资

注：郑州、武汉、成都为 2017 年数据，其他城市为 2018 年数据。

资料来源：《中国城市统计年鉴》（2019 年）。

　　商品房的销售面积即购房者所购买的套内或单元内建筑面积与应分摊的公用建筑面积之和。商品房销售面积与宏观经济保持高度正相关，并呈现周期性波动，而稳定的经济增长是房地产业健康发展的重要因素。由图 3-12 可知，郑州的商品房销售面积为 3712 万平方米，住宅销售面积为 3331 万平方米，在八个国家中心城市中仅次于重庆（武汉数据缺失，不计入本次分析）。重庆的商品房销售面积高达 6536 万平方米，超出郑州 2824 万平方米，住宅销售面积高达 5425 万平方米，超出郑州 2094 万平方米。成都与郑州的商品房销售面积数值接近，仅低于郑州 30 万平方米，而郑州的住宅销售面积却比成都高出 672 万平方米。西安的商品房销售面积与住宅销售面积均超过了 2000 万平方米，上海、广州与天津的商品房销售面积与住宅销售面积超出了 1000 万平方米。北京是唯一一个两项面积均未超过 1000 万平方米的城市，商品房销售面积为 696 万平方米，是重庆的 10.65%，郑州的 18.75%；住宅销售面积为 527 万平方米，是重庆的 9.71%，郑州的 15.82%。

如前所述，郑州的经济发展较大程度依赖于房地产业，而相较于京沪广等城市，其依赖程度较高。若要实现高质量增长，郑州有必要进一步优化产业结构，并进一步培植高技术制造业等产业，逐步转移经济增长重心。

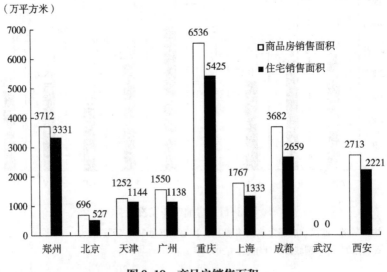

图 3-12　商品房销售面积

注：武汉数据缺失。

资料来源：《中国城市统计年鉴》（2019 年）。

第八节　金融等高端服务业发展不足，金融行业发展环境有待优化

金融是现代经济的核心，是国民经济的重要枢纽。在全球化经济

环境下，金融业日益受到国际形势的影响，中国金融业的开放程度与国有金融机构的国际化程度都显著提升，所面临的机遇与挑战也更加丰富。并且，互联网与金融的结合越来越紧密，推动了金融版图不断扩展，也使金融行业的影响力更加发展壮大。金融业具有指标性、垄断性、高风险性、效益依赖性和高负债经营性的特点，能够反映国民经济的整体和个体状况。因而，金融稳定直接关系到国家经济发展的前途和命运。根据图 3-13 可知，北京、上海与其他国家中心城市的年末金融机构人民币各项存款余额出现了断层。北京以 157092 亿元的年末金融机构人民币各项存款余额稳居第一，领先排名第二的上海44476 亿元，超出郑州 135325 亿元。排名第三的广州的余额仅达到了52647 亿元，与排名第二的上海相差 59969 亿元。除北京、上海与广州外，其余六个城市的年末金融机构人民币各项存款余额主要在 2 亿～4 亿元。其中，成都与重庆的年末金融机构人民币各项存款余额超过了 35 亿元，西安的年末金融机构人民币各项存款余额仅有 20948 亿元，位列尾席。郑州的年末金融机构人民币各项存款余额为 21767 亿元，低于排名第二的上海 90849 亿元，低于排名第三的广州 30880 亿元，仅高于排名最后一位的西安 819 亿元，位居第八。

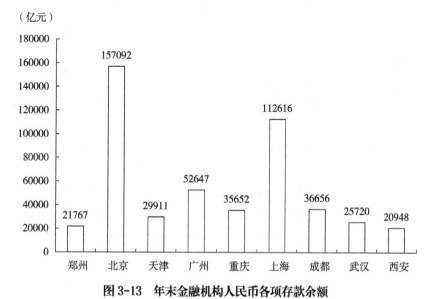

图 3-13　年末金融机构人民币各项存款余额

资料来源：《中国城市统计年鉴》（2019 年）。

从图 3-14 中可以看出，郑州的住户存款余额在九个国家中心城市中最低，仅达到了 7157 亿元，九个国家中心城市中仅有西安、武汉与郑州三个城市的住户存款余额不足 9000 亿元。北京的住户存款余额高达 34019 亿元，是九个国家中心城市中唯一一个住户存款余额超过 30000 亿元的城市，比郑州高出 26862 亿元。上海的住户存款余额为 27072 亿元，与北京之间相差 6947 亿元，位居第二，比郑州高出 19915 亿元。住户存款余额在 10000 亿~20000 亿元内的城市共有四个，分别是广州、重庆、成都与天津。其中，广州以 16042 亿元的住户存款余额位列第三，高出郑州 8885 亿元，重庆的住户存款余额也超过了 15000 亿元，高出郑州 8750 亿元。

（亿元）

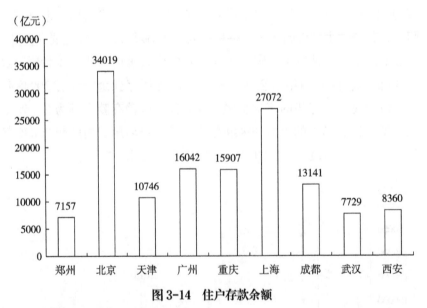

图 3-14 住户存款余额

资料来源：《中国城市统计年鉴》（2019 年）。

年末金融机构人民币各项贷款余额的分布差距较大，郑州的年末金融机构人民币各项贷款余额为 21202 亿元，仅高于西安 1472 亿元，在九个国家中心城市中位列第八，距排名第七的武汉相差 5637 亿元。北京与上海在九个国家中心城市中依旧实现了"领跑"。北京以 70484 亿元的年末金融机构人民币各项贷款余额位居第一，是郑州的 3.32 倍。上海的年末金融机构人民币各项贷款余额达到了 67568 亿元，与北京仅相差 2916 亿元，是郑州的 3.19 倍。排名第三的广州的年末金融机构人民币各项贷款余额为 39764 亿元，与上海相差 27804 亿元，与北京相差 30720 亿元，高于郑州 18562 亿元。天津、重庆与成都的年末金融机构人民币各项贷款余额较为接近，均在 31000 亿元以上。西安的年末金融机构人民币各项贷款余额最低，是唯一一个余额没有超过 20000 亿元的城市。

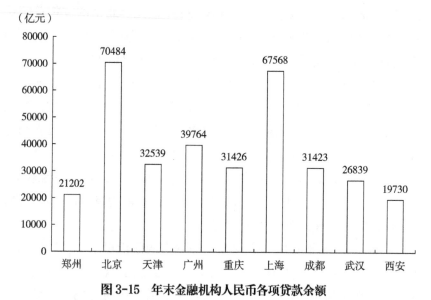

图 3-15　年末金融机构人民币各项贷款余额

资料来源：《中国城市统计年鉴》（2019 年）。

　　总体来看，北京与上海在金融行业的领先地位较为稳定，广州的表现也较为突出。在九个国家中心城市中，郑州的金融水平处于下游，高效多元的金融信息服务、开放健全的金融发展环境、科学完善的金融宏观调控体系有待进一步发展。

第九节　城市社会消费品零售总额垫底，内需增长潜力巨大

　　社会消费品零售总额是指企业（单位）非生产、非经营用的，通过交易售给个人或社会集团的实物商品金额，以及提供餐饮服务所取得的

收入金额。作为 GDP 的"三驾马车"之一，社会消费品零售总额是拉动一个地区经济增长的基本动力，能够在一定时期内，反映零售市场的规模大小、社会商品购买力的实现程度，以及人民物质文化生活水平的提高情况。

在九个国家中心城市中，上海与北京是仅有的两个社会消费品零售总额超过了 10000 亿元的城市。其中，上海的消费品零售总额达到了 12669 亿元，位列第一，高于郑州 8401 亿元。北京的零售总额达到了 11748 亿元，与上海相差 921 亿元，高于郑州 7480 亿元。广州以 9256 亿元的社会零售总额位居第三，与上海相差 3413 亿元，与北京相差 2492 亿元，几乎是郑州消费品零售总额的 2 倍。重庆的零售总额为 7977 亿元，属于中上游水平，高于郑州 3709 亿元。成都与武汉的社会零售总额较为接近，均在 6800 亿元以上。天津、西安与郑州的消费品零售总额较低，分别为 5533 亿元、4659 亿元与 4268 亿元。其中，郑州的零售总额在九个国家中心城市中最低且差距较大，仅为上海的 33.69%、北京的 36.33%，居民消费能力有待进一步提高，以拉动内需，实现经济的进一步发展。

根据对 2018 年我国九个国家中心城市的限额以上批发零售商贸企业数（法人数）的调查结果，郑州的限额以上批发零售商贸企业数（法人数）为 1935 个，在九个国家中心城市中位列第七，处于中等偏下的位置。与上海、北京、天津、重庆与天津的差距较大，同武汉的水平较为接近，两者的企业数（法人数）仅相差 314 个。上海是唯一一个限额以上批发零售商贸企业数（法人数）突破 7000 个的城市，是郑州企业数（法人数）的 3.66 倍。北京与广州的限额以上批发零售商贸企业数（法人数）也超过了 6900 个，分别与上海相差 97 个与 172 个，领先其他国家中心城市。重庆凭借 5492 个限额以上批发零售商贸企业（法人）位列第四，但与前三的差距较大，与上海相差 1590 个，与北京相差 1493 个，与广州相差 1418 个，领先郑州 3357 个。天津限额以上批发零售商贸企业数（法人数）为 4960 个，处于中游偏上的位置。武汉与郑州的限额以上批发零售商贸企业数（法人数）均在 2000 个左右，与排名第四的天津差距较大。其中，武汉与天津相差 2711 个，郑州与天津相差 3025 个。成

都与西安的限额以上批发零售商贸企业数（法人数）较低，尤其是
西安仅有 1292 个，与上海的差距高达 5790 个。

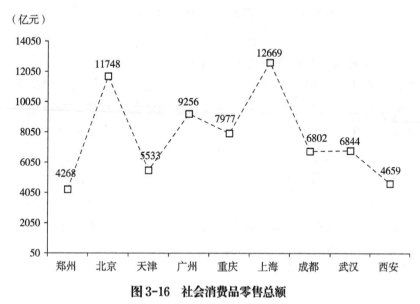

图 3-16　社会消费品零售总额

资料来源：《中国城市统计年鉴》（2019 年）。

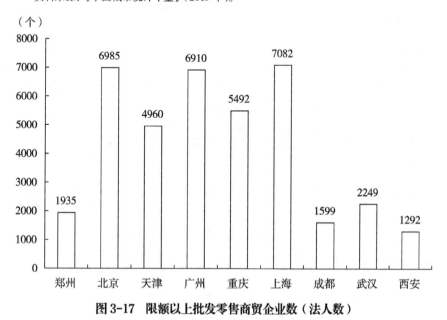

图 3-17　限额以上批发零售商贸企业数（法人数）

资料来源：《中国城市统计年鉴》（2019 年）。

　　从图 3-18 中可以看出，上海的批发零售业商品销售总额在限额以上的为 100517 亿元，是九个国家中心城市中唯一一个突破了 100000 亿元的城市，约为郑州销售总额的 17.37 倍。北京的限额以上批发零售业商品销售总额达到了 69467 亿元，超出郑州 63679 亿元，与其他城市的批发零售业商品销售总额形成断层，但与上海相比，差距十分突出，销售总额相差 31050 亿元。广州与天津的批发零售业商品销售较为接近，均保持在 30000 亿元左右，与排名第二的北京差距较大。重庆与武汉的限额以上批发零售业商品销售总额超过了 13000 亿元，成都与西安的批发零售业商品销售总额也高出了 8000 亿元。郑州的限额以上批发零售业商品销售总额仅有 5788 亿元，在九个国家中心城市中最低，仅占上海的 5.76%、北京的 8.33%。随着城市品质的不断增长、人民生活水平和收入水平的不断提高，郑州内需驱动城市经济发展空间较大。

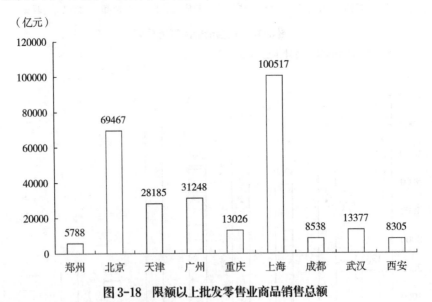

图 3-18　限额以上批发零售业商品销售总额

资料来源：《中国城市统计年鉴》（2019 年）。

　　职工平均工资指企业、事业、机关单位的职工在一定时期内平均每人所得的货币工资额。从个人的角度来看，职工平均工资指标关系到劳动者目前乃至退休后的切身利益，对人口就业起到导向作用。从社会的角度来看，职工平均工资反映了地区经济水平，并通过消费和投资机制与经济发展密切联系。根据2018年的职工平均工资调查结果，郑州的职工平均工资仅达到了80963元，与北京相差68880元，与上海相差62020元，在九个国家中心城市中位居尾席。北京以149843元的职工平均工资排名第一。排名第二的上海职工平均工资为142983元，与北京市相差6860元。广州与天津的职工平均工资皆超过了100000元，两者相差7908元。其中，广州的职工平均工资为111839元，高于郑州30876元，在九个国家中心城市中位列第三，同排名前两位的北京、上海差距较大，与北京相差38004元，与上海相差31144元。武汉、成都与西安的职工平均工资较为接近，均在87000~88500。排名第七的重庆与郑州的职工平均工资相近，仅高出郑州801元。落后的职工平均工资水平严重影响了郑州居民的生活质量与消费水平，成为郑州区域经济发展的阻碍之一。

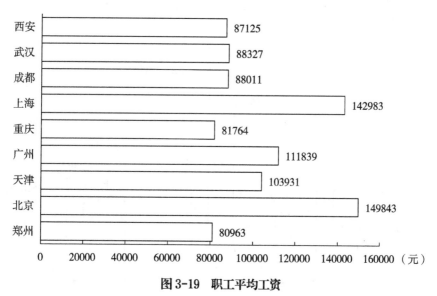

图3-19 职工平均工资

资料来源：《中国城市统计年鉴》（2019年）。

第十节 城市水电资源利用有限，燃气等新能源使用水平较高

郑州的售水量是九个国家中心城市中最少的城市，仅有34923万

吨，与排名第八位的天津都有 38545 万吨的差距，是上海售水量的
14.34%，是广州售水量的 17.24%。上海与广州是九个国家中心城市
中仅有的售水量超过 200000 万吨的城市。其中，上海的售水量高达
243514 万吨，超出广州售水量的 40955 万吨，是售水量最多的城市，
将近郑州售水量的 7 倍。重庆、武汉与北京的售水量在 100000 万吨以
上。其中，重庆的售水量为 124504 万吨，与上海相差 119010 万吨，与
广州相差 78055 万吨，在九个国家中心城市中排名第三，达到了郑州
售水量的 3.57 倍。武汉与北京的售水量较为接近，武汉仅比北京高出
106 万吨，位居第四。成都、西安与天津的售水量均在 70000 万 ~95000
万吨，三者均未达到上海与广州售水量的 1/2。其中，成都的售水量为
94611 万吨，西安的售水量为 87516 万吨，天津的售水量为 73468 万
吨，皆达到了郑州市售水量的 2 倍以上。

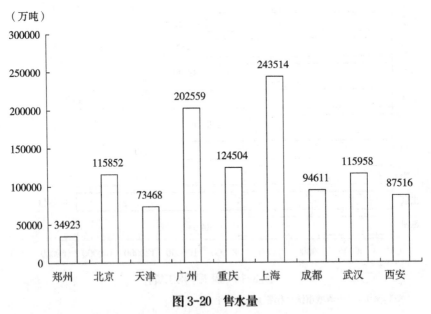

图 3-20　售水量

资料来源：《中国城市统计年鉴》（2019 年）。

由图 3-21 可以看出，郑州的全社会用电量为 5603221 万千瓦
时，在九个国家中心城市中位列第八，仅高于西安 1635756 万千瓦
时。上海的全社会用电量高达 15666595 万千瓦时，接近郑州市
全社会用电量的 3 倍，是九个国家中心城市中唯一一个全社会用

电量超过 15000000 万千瓦时的城市。北京与重庆的全社会用电量也突破了 10000000 万千瓦时，分别达到了 11423809 万千瓦时与 11144706 万千瓦时，位列第二、第三。其中，北京与上海的用电量相差 4242786 万千瓦时，高于郑州 5820588 万千瓦时，重庆与上海的用电量相差 4521889 万千瓦时，高于郑州 5541485 万千瓦时。广州 9369013 万千瓦时的全社会用电量与天津 8614388 万千瓦时的全社会用电量也处于一个中等偏上的水平。成都、武汉与郑州的全社会用电量均在 5000000 万千瓦时之上。西安的全社会用电量最低，仅有 3967465 万千瓦时，低于郑州 1635756 万千瓦时。

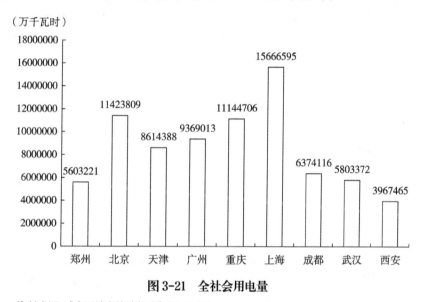

图 3-21　全社会用电量

资料来源：《中国城市统计年鉴》（2019 年）。

随着我国城市化的迅速发展，燃气成为城市发展不可或缺的重要能源。我国是仅次于美国和俄罗斯的第三大天然气消费国，燃气需求量巨大。从燃气供应手段出发，在满足生活需求、保证生产的同时强调环境保护，对我国经济的可持续发展具有重要意义。

煤气供气是一种较为传统的供气方式。从图 3-22 中可以看出，郑州的煤气供气总量仅为 136187 万立方米，还未达到排名第六的西安供气总量的一半，是九个国家中心城市中煤气供气总量最低的城市。北京

与上海的煤气供气总量较高。尤其是北京的煤气供气总量高达 1915978
万立方米，超过郑州 1779791 万立方米，在九个国家中心城市中稳
居第一。上海的煤气供气总量达到了 892863 万立方米，与北京相差
1023115 万立方米，高出郑州 756676 万立方米。天津的煤气供气总量
为 501030 万立方米，与上海的供气总量差距高达 391833 万立方米，是
郑州供气总量的 3.68 倍。重庆与天津的煤气供气总量较为接近，仅低
于天津 8528 万立方米。成都的煤气供气总量为 358046 万立方米，在九
个国家中心城市中位列第五，与位列第四的重庆相差 134456 万立方米。
西安、武汉与广州的煤气供气总量较低。其中，西安的煤气供气总量为
280615 万立方米，高于郑州 144428 万立方米；武汉的煤气供气总量为
219038 万立方米，高于郑州 82851 万立方米；广州的煤气供气总量为
210419 万立方米，高于郑州 74232 万立方米。

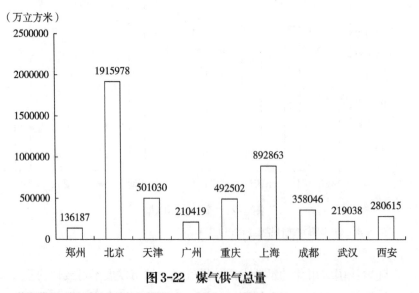

图 3-22 煤气供气总量

资料来源：《中国城市统计年鉴》（2019 年）。

从九个国家中心城市 2018 年的液化石油气供气总量来看，郑州的
液化石油气供气总量为 59808 吨，在九个国家中心城市中位列第七。广
州、北京与上海的液化石油气供气总量呈现出断层式分布的特征，广
州以 656206 吨的供气总量位列第一，将近郑州供气总量的 11 倍，是
唯一一个液化石油气供气总量超过 600000 吨的城市。北京的液化石油

气供气总量达到了 481775 吨，位列第二，与广州的液供气总量相差 174431 吨，是郑州液化石油气供气总量的 8 倍。上海的液化石油气供气总量达到了 313578 吨，在国家中心城市中也处于较高的水平，与广州相差 342628 吨，与北京相差 168197 吨，高于郑州 253770 吨。武汉的液化石油气供气总量为 172726 吨，约为广州液化石油气供气总量的 26.32%。成都的液化石油气供气总量达到了 126674 吨，与武汉仅相差 46052 吨，在九个国家中心城市中位列第五。重庆、天津与郑州的液化石油气供气总量较为接近，集中在 55000~65000 吨，几乎是排名第五的成都供气量的一半。西安的液化石油气供气总量为 28726 吨，将近郑州总量的 1/2。

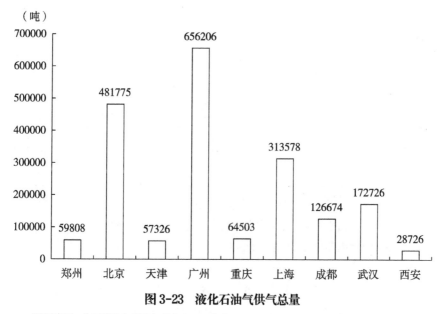

图 3-23　液化石油气供气总量

资料来源：《中国城市统计年鉴》（2019 年）。

第十一节　城市公共交通运行不强，交通枢纽区位优势明显

从图 3-24 所反映的年末实有公共汽（电）车营运车辆数来看，郑州的营运车辆数在九个国家中心城市中最少，仅有 6373 辆，反映出

郑州公共交通基础设施有待发展，公共交通分担率较低的问题。北京
共有营运车辆24076辆，是郑州的3.78倍，是仅有的营运车辆数突破
20000辆的国家中心城市。上海、成都、广州与天津的营运车辆数介于
13000~20000辆，皆达到了郑州营运车辆数的2倍以上。武汉与重庆的
营运车辆数较为接近，分别为9710辆与9216辆。其中，郑州与武汉的
营运车辆数相差3337辆，与重庆的营运车辆数相差2843辆。西安共有
营运车辆8743辆，位居第八，比郑州的营运车辆多2370辆。

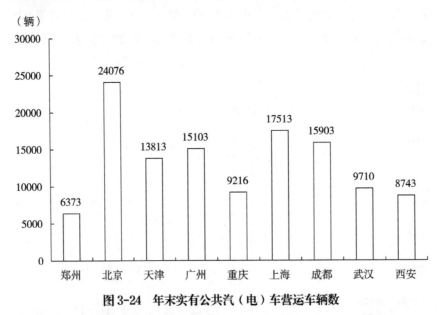

图3-24 年末实有公共汽（电）车营运车辆数

资料来源：《中国城市统计年鉴》（2019年）。

　　从图3-25中可以看出，九个国家中心城市的年末实有出租汽车
营运车数与年末实有公共汽（电）车营运车辆数排名情况较为类似。
郑州的年末实有出租汽车营运车数为10908辆，是营运车数最少的
国家中心城市。北京年末实有70035辆出租汽车营运，高出郑州营
运车辆59127辆，是九个国家中心城市中唯一一个年末实有出租汽
车营运车数超过70000辆的城市。上海的营运车数为41881辆，与
北京相差28154辆，位列第二，将近郑州营运车辆的4倍。排名第
三的天津的营运车数为31940辆，与北京相差38095辆，与上海相
差9941辆。武汉、重庆、成都与西安的营运车数较为相近，均保持

在 14000 辆以上。其中，西安共有营运车辆 14212 辆，在九个国家中心城市中位列第八位，高出郑州 3304 辆。

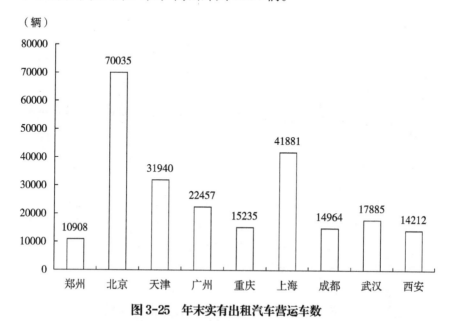

图 3-25　年末实有出租汽车营运车数

资料来源：《中国城市统计年鉴》（2019 年）。

郑州地处中国地理中心，是重要的交通枢纽与物资集散地。而从图 3-26 所反映的全年公路客运总量来看，郑州的公路客运量仅有 8236 万人次，在九个国家中心城市中仅排名第八，与重庆、北京、广州的差距较大。重庆的全年公路客运总量高达 52150 万人次，超出郑州市 43914 万人次，是唯一一个公路客运量突破 50000 万人次的国家中心城市。北京的公路客运总量为 44175 万人次，位居第二，与重庆相差 7975 万人次，高出郑州 35939 万人次。排名第三的广州与北京的客运量出现了较大的差距，广州的公路客运量为 25725 万人次，仅占北京公路客运量的 58.23%。西安与天津的公路客运量较为接近，分别为 15555 万人次与 12259 万人次。其中，郑州与西安的公路客运量相差 7319 万人次，与天津的公路客运量相差 4023 万人次。成都的公路客运量为 9434 万人次，高于郑州 1198 万人次，位列第六。武汉的公路客运量为 8867 万人次，与郑州的公路客运量相差 631 万人次。上海的公路客运量最低，仅为 3151 万人次，与郑州相差 5085 万人次。

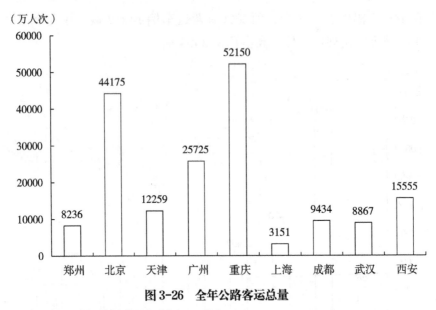

图 3-26　全年公路客运总量

资料来源:《中国城市统计年鉴》(2019 年)。

目前，郑州正在重点建设中原城市群核心圈加密路段、跨省通道、紧密圈联通路段，加快高速公路、快速路、普通国省干线公路建设，完善三网融合、高效衔接、内捷外畅的现代综合交通网络，充分发挥区位优势。

根据图 3-27 中所反映的民用航空客运量，在九个国家中心城市中，仅有郑州的客运量未超过 1500 万人，为 813 万人，与其他城市相比差距较大。北京与广州的民用航空客运量接近，大致在 9000 万人左右，与其他城市之间形成断层。其中，北京的民用航空客运量为 9123 万人，是郑州的 11.22 倍，广州的民用航空客运量为 8913 万人，是郑州的 10.96 倍。上海的民用航空客运量为 5921 万人，与排名第二的广州相差 2992 万人，是郑州的 7.28 倍。成都、西安与重庆的民用航空客运量均较高，分别为 5295 万人、4465 万人与 3047 万人，将近郑州民用航空客运量的 3.5~6.5 倍。排名第七的天津民用航空客运量为 1915 万人，超出郑州 1102 万人，排名第八的武汉民用航空客运量为 1552 万人，超出郑州 739 万人。

面对目前较低的民用航空客运量，郑州积极推进航空枢纽建设和航线开拓，通过"开美、稳欧、拓非、连亚"，打造贯通全球的航空运输通道，努力将郑州建设成为国际航空大都市。

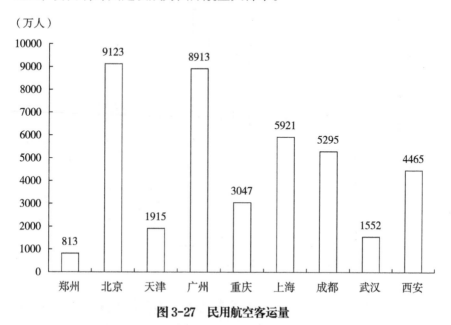

图3-27　民用航空客运量

资料来源：《中国城市统计年鉴》（2019年）。

　　从图3-28中可以看出，郑州的公路货运量为25679万吨，在九个国家中心城市中位列第八，仅高于北京5401万吨，与重庆、广州的差距较大。重庆的公路货运量高达107064万吨，超出郑州81385万吨，是唯一一个公路货运量超出100000万吨的国家中心城市。广州的公路货运量为82032万吨，与重庆相差25032万吨，位列第二，郑州的公路货运量仅占其31.3%。上海、武汉的公路货运总量较为接近，两者仅相差961万吨。其中，排名第三的上海的公路货运总量仅达到了39595万吨，与排名第二的广州相差较大，还未达到广州货运总量的1/2。天津的公路货运总量为34711万吨，高于郑州9032万吨，成都的公路货运总量为28207万吨，高于郑州2528万吨。西安的公路货运总量与郑州较为接近，仅高出郑州12万吨。北京的公路货运总量仅达到了20278万吨，在九个国家中心城市中位列尾席。

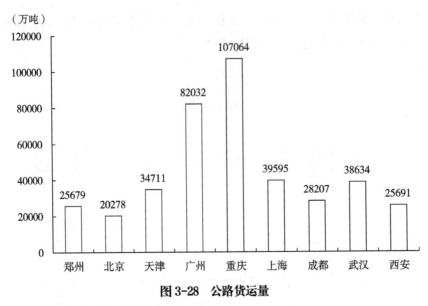

图 3-28 公路货运量

资料来源：《中国城市统计年鉴》（2019 年）。

图 3-29 所反映的民用航空货邮运量，郑州仅达到了 315100 吨，在九个国家中心城市中位列第五，处于中等偏下的位置。上海的民用航空货邮运量达到了 4175700 吨，与其他八个国家中心城市相比具有显著的优势，郑州仅占其民用航空货邮运量的 7.55%。北京的民用航空货邮运量为 1765757 吨，与上海相差 2409943 吨，达到了郑州民用航空货邮运量的 5.6 倍。排名第三的广州的民用航空货邮运量为 1370800 吨，超出郑州民用航空货邮运量 1055700 吨。成都的民用航空货邮运量还未达到广州的 1/2，仅有 665000 吨，超出郑州民用航空货邮运量 349900 吨。西安与郑州的民用航空货邮运量较为接近，仅低于郑州 2461 吨，位列第六。武汉、重庆与天津的民用航空货邮运量均未超过 200000 吨，其中重庆与天津的民用航空货邮运量还未及郑州民用航空货邮运量的一半，武汉与郑州之间相差 116626 吨。

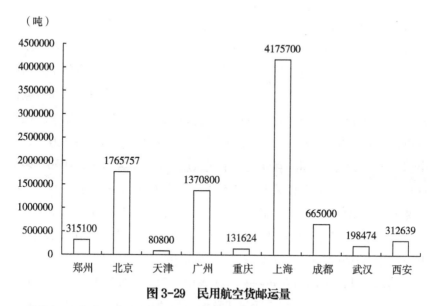

图 3-29　民用航空货邮运量

资料来源：《中国城市统计年鉴》（2019 年）。

第十二节　信息化水平偏低，城市邮政物流凸显中心城市作用

　　根据图 3-30 可知，北京与广州的移动电话年末用户突破了 4000 万户，在九个国家中心城市中位居前列。北京的移动电话年末用户为 4009 万户，超出广州 1 万户，位居第一。郑州与北京的移动电话年末用户相差 2417 万户，与广州的移动电话年末用户相差 2416 万户。上海与重庆的移动电话年末用户超过了 3000 万户。其中，上海共有移动电话年末用户 3722 万户，是郑州移动电话年末用户数的 2.34 倍，重庆共有移动电话年末用户 3651 万户，是郑州移动电话年末用户数的 2.29 倍。成都的移动电话年末用户数与排名前四的城市差距较大，仅达到了 2867 万户，超出郑州 1275 万户。西安、武汉、天津与郑州的移动电话年末用户数均未超过 2000 万户。郑州的移动电话年末用户数仅为 1592 万户，与西安相差 266 万户，与武汉相差 92 万户，与天津相差 88 万户，在九个国家中心城市中数量最少。

　　郑州共有互联网宽带接入用户 430 万户，在九个国家中心城市中位列

第八。重庆的互联网宽带接入用户高达 1274 万户，是唯一一个互联网宽带接入用户突破 1000 万户的国家中心城市，超出排名第二的上海 399 万户，将近郑州互联网宽带接入用户数的 3 倍。上海的互联网宽带接入用户数为 875 万户，高出郑州 445 万户，位居第二。成都与北京的互联网宽带接入用户均超过了 600 万户。其中，成都的互联网宽带接入用户数为 679 万户，高出郑州 249 万户，北京的互联网宽带接入用户数为 635 万户，高出郑州 205 万户。广州的互联网宽带接入用户数为 544 万户，比郑州多出 114 万户。武汉与天津的互联网宽带接入用户仅差 2 万户，武汉共有互联网宽带接入用户 493 万户，高出郑州 63 万户，天津共有互联网宽带接入用户 491 万户，高出郑州 61 万户。西安的互联网宽带接入用户仅有 393 万户，低于郑州 37 万户，在九个国家中心城市中位居尾席。

郑州在移动电话与互联网宽带接入用户数上都处于九个国家中心城市的下游，为公共信息的传播与智慧城市的建设造成极大阻碍，需要进一步提升民众办理相关业务的热情，政策扶持中介机构或服务商，切实有效地建设发展城市信息化，使信息来自民众，服务于民众。

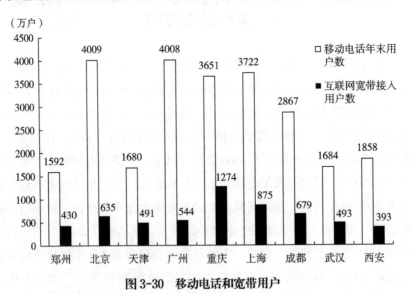

图 3-30　移动电话和宽带用户

资料来源：《中国城市统计年鉴》（2019 年）。

从图 3-31 中可以看出，郑州的邮政业务收入达到了 759 亿元，在九个国家中心城市中稳居第一。排名第二的广州邮政业务收入为 518 亿元，与郑州相差241亿元。北京也属于邮政业务收入水平较高的国家中心城市，达到了384亿元，低于郑州375亿元。成都、武汉、重庆与天津的邮政业务收入均在100亿元以上，仅达到郑州邮政业务收入的13.8%~16.99%。上海与西安的邮政业务收入皆未超过80亿元，其中西安的邮政业务收入仅为62亿元，在九个国家中心城市中位居尾席，郑州的邮政业务收入是其12倍之多，凸显出区位优势带来的中心城市作用。

相较于邮政业务收入，郑州的电信业务收入有了明显的下降，仅达到139亿元，是电信业务收入最低的国家中心城市。北京、上海与广州的电信业务收入是仅有的超过300亿元的国家中心城市。其中，北京的电信业务收入突破了600亿元，高达619亿元，是郑州电信业务收入的4.45倍；上海的电信业务收入达到了579亿元，位居第二，是郑州电信业务收入的4.16倍；广州的电信业务收入与北京、上海的差距较大，仅达到了360亿元，位列第三，是郑州电信业务收入的2.59倍。重庆与成都的电信业务收入也超过了200亿元，在九个国家中心城市中位列第四、第五位。天津、武汉与西安的电信业务收入数额接近。其中，天津与武汉的电信业务收入同为153亿元，高出郑州14亿元，西安的电信业务收入为150亿元，高出郑州11亿元。

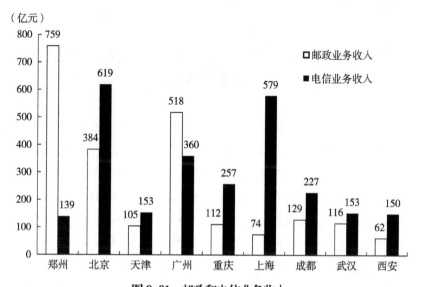

图3-31 邮政和电信业务收入

资料来源：《中国城市统计年鉴》（2019年）。

第 四 章

郑州城市社会发展的进步与短板

郑州在经济发展进入"快车道"、经济质量不断提升、产业结构不断优化的同时，需要重视和关注城市在社会、民生领域的发展。在中国城市化的进程中，超大城市和特大城市普遍存在城市的社会发展滞后于城市的经济发展，由此带来了诸多的城市社会治理难题和被称为"城市病"的顽疾。重视城市社会发展是确保城市健康、有序、科学发展的重要条件，因而需要关注郑州城市社会发展的短板和潜在的突破点，形成城市经济社会协调发展的良性局面。

第一节　就业平稳增加，扩大就业和提高就业质量需突破

就业是民生之本，既是人民群众改善生活的财富之源，也是社会和谐稳定的重要保障。从表4-1中所反映的劳动力就业状况来看，在九个国家中心城市中，北京的城镇单位从业人员期末人数达到了8193019人，具有绝对的优势地位，高出排名第二的上海1786362人。上海与成都的城镇单位从业人员期末人数也突破了6000000人，其中上海高出成都271256人，位列第二，成都以6135401人的城镇单位从业人员期末人数排名第三。重庆的城镇单位从业人员期末人数为3912033人，与排名第三的成都相差2223368人。广州的城镇单位从业人员期末人数为3486454人，在九个国家中心城市中位列第五，低于重庆425579人。

天津与武汉的城镇单位从业人员期末人数超过了 2000000 人。西安与郑州的城镇单位从业人员期末人数较为接近，西安高出郑州 82994 人。郑州的城镇单位从业人员期末人数为 1879346 人，低于北京 6313673 人，在九个国家中心城市中排名最后。

北京的城镇私营和个体从业人员最多，共有 7503000 人。上海的城镇私营和个体从业人员是当地劳动力的主要组成部分，数量达到了 7166584 人，但低于北京 336416 人。重庆的城镇私营和个体从业人员为 6597300 人，位列第三，与北京相差 905700 人，与上海相差 569284 人。成都共有城镇私营和个体从业人员 3054922 人，位列第四，与排名第三的重庆相差 3542378 人。武汉的城镇私营和个体从业人员数量为 2461100 人，郑州、天津与西安的城镇私营和个体从业人员数量接近，均在 2000000 以上。其中，郑州共有城镇私营和个体从业人员 2085738 人，位列第六，在八个国家中心城市（广州的数据缺失，不计入本次分析）中处于中等偏下的位置。

天津与成都是仅有的两个城镇登记失业人员数超过 200000 人的城市。其中，天津共有 258100 人的城镇登记失业人员，超出成都 53382 人，在九个国家中心城市中位列第一。上海与广州的城镇登记失业人员数量也较高，分别达到了 194100 人与 180883 人。重庆、西安与北京的城镇登记失业人员人数皆超过了 100000 人，其中西安失业人员比重庆少 6103 人，北京失业人员比西安少 22403 人。武汉共有城镇登记失业人员 81900 人，比郑州多出 13623 人。郑州仅有 68277 名城镇登记失业人员，在九个国家中心城市中数量最少，低于天津 189823 人。

表 4-1　　　　　　　　　　　劳动力就业情况　　　　　　　　　　单位：人

城市	城镇单位从业人员期末人数	城镇私营和个体从业人员	城镇登记失业人员数
郑州	1879346	2085738	68277
北京	8193019	7503000	102400
天津	2599869	2058063	258100
广州	3486454	—	180883
重庆	3912033	6597300	130906
上海	6406657	7166584	194100

城市	城镇单位从业人员期末人数	城镇私营和个体从业人员	城镇登记失业人员数
成都	6135401	3054922	204718
武汉	2097735	2461100	81900
西安	1962340	2020051	124803

注：广州的数据部分缺失。

资料来源：《中国城市统计年鉴》（2019年）。

从表4-2可以看出，在九个国家中心城市之中，成都、上海与北京的年末城镇单位中从事第一产业的就业人员数量较多，是仅有的三个第一产业就业人员数量超过25000人的城市。其中，成都的第一产业就业人员数量高达54220人，位列第一。上海比成都的就业人员数量降低了23225人，位列第二。北京共有第一产业就业人员26639人，与成都相差27581人，与上海相差4356人。其余的六个城市第一产业就业人员数量均在10000以下，其中重庆共有第一产业就业人员8708人，位列第四，与排名第三的北京相差17931人。郑州的第一产业就业人员数量为1609人，在九个国家中心城市中位列第七，与成都相差52611人，与上海相差29386人，与北京相差25030人。

从年末城镇单位就业人员在第二产业的分布数量来看，在九个国家中心城市中，有2/3的城市第二产业就业人员超出了1000000人。其中，成都市的第二产业就业人员数量为1973831人，在九个国家中心城市中数量最多。上海共有第二产业就业人员1962586人，仅比成都少11245人，位列第二。重庆的第二产业就业人员也较多，高达1789338人。郑州、武汉与西安的第二产业就业人员较少，尤其是西安仅有728303人，与成都相差1245528人。郑州共有第二产业就业人员930576人，不到成都与上海的1/2。

从年末城镇单位就业人员在第三产业的分布数量来看，九个国家中心城市中仅有郑州的第三产业就业人员数量未超过1000000人。北京的第三产业就业人数最多，数量高达6810780人，是唯一一个突破6000000人的城市，体现了北京先进合理的经济发展方式。上海与成都的第三产业就业人数也超过了4000000人。其中，上海共有4413076名

第三产业就业人员，比成都多 305726 人，位列第二。成都以 4107350
名第三产业就业人员的数量位列第三。郑州的第三产业就业人员仅有
947161 人，与北京相差 5863619 人，与上海相差 3465915 人，与成都
市相差 3160189 人，产业转型有待进一步推进。

表 4-2　　　　　　　　**按产业划分的年末城镇单位就业人员**　　　单位：人

城市	第一产业	第二产业	第三产业
郑州	1609	930576	947161
北京	26639	1355600	6810780
天津	5002	1011718	1583149
广州	1363	1057553	2427538
重庆	8708	1789338	2113987
上海	30995	1962586	4413076
成都	54220	1973831	4107350
武汉	3408	901760	1192567
西安	1582	728303	1232455

资料来源：《中国城市统计年鉴》（2019 年）。

从表 4-3 中所反映的按产业划分的年末城镇单位就业人员构成来
看，九个国家中心城市的劳动就业岗位主要由第三产业提供，第二产业
所吸纳的从业人员比重也较为客观，从事第一产业的人员较少。

九个国家中心城市的第一产业从业人员比重大多集中在 0.5% 以
下，仅有成都的从业人员比重超过了这一数值，达到了 0.88%。上海以
0.48% 的第一产业从业人员比重位居第二，低于成都 0.4%。北京的第
一产业从业人员比重为 0.33%，与成都相差 0.55%，与上海相差 0.15%。
重庆的第一产业从业人员比重比北京下降了 0.11%，在九个国家中心城
市中位列第四。天津与武汉的第一产业从业人员比重均在 0.15%~0.2%。
郑州与西安的第一产业从业人员比重较为接近，郑州的从业人员比重为
0.09%，仅比西安高出 0.01%。广州的第一产业从业人员比重最低，仅
有 0.04%，与郑州相差 0.05%。

在九个国家中心城市中，仅有郑州、重庆与武汉的第二产业从业
人员比重超过了 40%。其中，郑州是第二产业从业人员比重最高的城

市，达到了 49.52%，比排名第二的重庆高出 3.78%，比排名第三的武汉高出 6.53%。天津与西安的第二产业也较为发达，吸引了 38.91% 与 37.11% 的从业人员。上海与广州的第二产业从业人员比重较为接近，上海仅高出广州 0.3%。北京的第二产业从业人员比重仅有 16.55%，低于郑州 32.97%。

第三产业是吸纳从业人员的主要产业。北京的第三产业从业人员比重高达 83.13%，是唯一一个从业人员比重超过 80% 的城市。在其余的八个城市中，广州、上海、成都、西安、天津的第三产业从业人员比重都集中在了 60%~70%。其中，广州的第三产业从业人员比重达到了 69.63%，低于北京 13.5%，位居第二。上海以 68.88% 的从业人员比重位列第三，仅低于广州 0.75%。武汉、重庆与郑州的第三产业从业人员比重都超过了 50%，是当地从业人员的主要流向，但与其他国家中心城市相比还有很大的进步空间。尤其是第三产业从业人员比重仅有 50.40% 的郑州，与北京相差高达 32.73%，与广州相差高达 19.23%。

根据郑州第一、第二、第三产业的年末城镇单位就业人员的数量与构成，郑州的第一产业从业人员比重较低且数量较少，应加强现代农业支撑体系构建，实施现代化农业产业化集群培育工程。郑州第三产业从业人员的数量与比重优势均不明显，数量仅高出第二产业 16585 人，比重仅高出第二产业 0.88%，体现出当地新型工业化进程较慢，应对战略性新兴产业进行积极培育，发展先进制造业、服务业等行业，促进经济发展的优化转型。

表 4-3　　　　　　按产业划分的年末城镇单位就业人员构成　　　　单位：%

城市	第一产业从业人员比重	第二产业从业人员比重	第三产业从业人员比重
郑州	0.09	49.52	50.40
北京	0.33	16.55	83.13
天津	0.19	38.91	60.89
广州	0.04	30.33	69.63
重庆	0.22	45.74	54.04
上海	0.48	30.63	68.88
成都	0.88	32.17	66.95

续表

城市	第一产业从业人员比重	第二产业从业人员比重	第三产业从业人员比重
武汉	0.16	42.99	56.85
西安	0.08	37.11	62.81

资料来源：《中国城市统计年鉴》（2019年）。

从表4-3可以看出，郑州的第一产业就业人员数量最少，仅有1609人，与第二产业就业人员总量相差928967人，与第三产业就业人员总量相差945552人。第二产业中，就业人员主要集中在制造业与建筑业上。其中，制造业共吸纳就业人员483048人，比建筑业的就业人数高出108284人，占第二产业总就业人员总量的51.91%。电力、热力、燃气及水生产和供应业仅有就业人员31547人，是第二产业中就业人员最少的行业，仅占第二产业总就业人员总量的3.39%。

第三产业是吸纳就业人员最多的产业，高出第二产业就业人员16585人。其中，公共管理、社会保障和社会组织共有就业人员153321人，是第三产业中吸纳就业人员数量最多的行业，比排名第二的教育行业高出2392人。教育行业也是诸多就业人员的选择，共有就业人员150929人，占第三产业就业人员总量的15.93%。从事卫生和社会工作的就业人员数量也超过了100000人，比排名第二的教育行业少41367人，占第三产业就业人员总量的11.57%。批发和零售业与金融业的就业人员数量较为接近，两者仅差1127人，所占比重也仅有0.12%的差距。在第三产业的14个行业之中，有13个行业的就业人员都超过了20000人，仅有居民服务、修理和其他服务业的就业人员为2932人，与排名第13的文化、体育和娱乐业的就业人员相差20244人，是吸纳就业人数最少的行业。

总体来看，郑州从事科学研究、技术服务和地质勘查业与信息传输、计算机服务和软件业等新兴产业的人员较少，就业人员主要还是集中在制造业、建筑业、公共管理、社会保障和社会组织以及教育行业等传统产业，居民的就业理念与经济发展方式有待进一步转变。

表 4-4　　　　　　郑州按行业分组的年末城镇单位就业人员　　　　单位：人

行业类别		就业人员
第一产业（农、林、牧、渔业）		1609
第二产业	（1）采矿业	41217
	（2）制造业	483048
	（3）电力、热力、燃气及水生产和供应业	31547
	（4）建筑业	374764
第三产业	（1）批发和零售业	82547
	（2）交通运输、仓储和邮政业	70949
	（3）住宿和餐饮业	26939
	（4）信息传输、计算机服务和软件业	52964
	（5）金融业	81420
	（6）房地产业	57839
	（7）租赁和商务服务业	48458
	（8）科学研究、技术服务和地质勘查业	55377
	（9）水利、环境和公共设施管理业	30748
	（10）居民服务、修理和其他服务业	2932
	（11）教育	150929
	（12）卫生和社会工作	109562
	（13）文化、体育和娱乐业	23176
	（14）公共管理、社会保障和社会组织	153321

资料来源：《中国城市统计年鉴》（2019 年）。

　　从九个国家中心城市的在岗职工人数来看，郑州的在岗职工平均人数仅达到了 171 万人，是在岗职工平均人数最低的国家中心城市。九个国家中心城市中，仅有北京与上海的在岗职工平均人数超过了 550 万人。其中，北京的在岗职工平均人数高达 772 万人，超出上海 180 万人，高于郑州 601 万人，是在岗职工平均人数最多的城市。上海的在岗职工平均人数为 592 人，高于郑州 421 万人，位列第二。重庆与广州的在岗职工平均人数也较多，分别达到了 355 万人与 331 万人，重庆比广州高出 24 万人，位居第三,是郑州在岗职工平均人数的 2 倍之多。成都与天津的在岗职工平均人数较为接近,成都仅比天津高出 5 万人,两者的在岗职工平均人数都超过了 240 万人。武汉、西安与郑州的在岗职工平均人数接近,均未超过 200 万人。其中,武汉的在岗职工平均人数为 193 万人,高于郑州 22 万人,西安的在岗职工平均人数为 186 万人,高于郑州 15 万人。

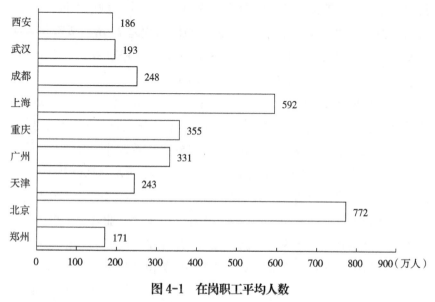

图 4-1 在岗职工平均人数

资料来源:《中国城市统计年鉴》(2019 年)。

第二节 教育公平得到保障,高等教育数量和质量均有待提升

教育是民族振兴、社会进步的重要基石,是功在当代、利在千秋的德政工程,对提高人民综合素质、促进人的全面发展、增强中华民族创新创造活力、实现中华民族伟大复兴具有决定性意义。党的十九大做出了优先发展教育事业、加快教育现代化、建设教育强国的重大部署。作为国之大计、党之大计,"努力办好人民满意的教育"成为各级政府所追求的目标,也是郑州科技创新之源。

从表 4-5 可以看出,九个国家中心城市的教育体系都比较完善,覆盖了小学、中学、中等职业教育学校以及普通高等学校等不同的教育层

次。从普通高等学校来看，北京的建设数量高达 92 所，是唯一一个拥有普通高等学校数量超过 90 所的城市。武汉与广州的普通高等学校数量也超过了 80 所，分别为 84 所与 82 所，两者之间仅相差 2 所，但与北京还有较大差距，武汉与北京相差 8 所，广州与北京相差 10 所。重庆、上海、西安与郑州的普通高等学校数量较为接近，均在 60~65 所。其中，郑州共有普通高等学校 61 所，在九个国家中心城市中位列第七，与北京相差 31 所，与武汉相差 23 所，与广州相差 21 所。成都与天津的普通高等学校较少，均未超过 60 所。天津仅有普通高等学校 56 所，低于郑州 5 所，是数量最少的国家中心城市。

从中等职业教育学校来看，九个国家中心城市中仅有重庆与郑州的数量超过了 150 所。其中，重庆的中等职业教育学校数量达到了 183 所，超出郑州 32 所，位居第一。郑州共拥有 151 所中等职业教育学校，位居第二。排名第三的西安中等职业教育学校为 147 所，与郑州相差 4 所。武汉与北京的数量均超过了 100 所。成都、广州与上海的中等职业教育学校数量相近，均在 80~90 所以内。天津共有中等职业教育学校 74 所，低于重庆 109 所，低于郑州 77 所，在九个国家中心城市中数量最少。

从普通中学来看，重庆依旧以显著的优势位列第一，市内共有普通中学 1122 所，是九个国家中心城市中唯一一个数量超过 1000 的城市。排名第二的上海共有普通中学 833 所，低于重庆 289 所，高于排名第三的北京 189 所。北京与成都的普通中学数量均超过了 600 所，其中北京 644 所、成都 609 所，北京高出成都 35 所。天津与广州的普通中学数量较为接近，天津仅比广州高出 9 所。郑州、西安与武汉的普通中学数量均未超过 500 所。其中，武汉仅有 374 所普通中学，是普通中学数量最少的国家中心城市。郑州共有普通中学 468 所，与重庆相差 654 所，与上海相差 365 所，在九个国家中心城市中处于中等偏下的位置。

从普通小学来看，九个国家中心城市中，仅有重庆与西安的普通小学数量超过了 1000 所。重庆的普通小学数量高达 2893 所，几乎是排名第二的西安数量的 2.56 倍。北京、广州与郑州的普通小学数量均超过了 900 所。其中，北京共有普通小学 970 所，位列第三，广州共有普通小学 965 所，位列第四。郑州共有普通小学 940 所，位列第五，与重庆相差 1953 所，与西安相差 190 所，与北京相差 30 所。天津共有普通小学 879 所，与郑州相差 61 所。上海的普通小学数量为 721 所，武汉的普通小学数量为 621 所。成都仅有 590 所普通小学，在九个国家中心城市中数量最少。总体来看，郑州的基础教育与职业教育发展较好，但对于高等教育的支持力度依旧不够，与其他国家中心城市的教育发展仍有很大差距。

表 4-5　　　　　　　　　　　各类学校数量　　　　　　　　　　单位：所

城市	普通高等学校	中等职业教育学校	普通中学	普通小学
郑州	61	151	468	940
北京	92	113	644	970
天津	56	74	536	879
广州	82	82	527	965
重庆	65	183	1122	2893
上海	64	80	833	721
成都	57	86	609	590
武汉	84	124	374	621
西安	63	147	456	1130

资料来源：《中国城市统计年鉴》（2019 年）。

教育工作者是提升教育质量的保障。北京共有 70491 位专职教师从事普通高等学校教育，在九个国家中心城市中数量最多。排名第二的广州共有 62732 位专职教师，与北京相差 7759 位。武汉共有 58586 位专职教师，在九个国家中心城市中排名第三，与北京相差 11905 位，与广州相差 4146 位。郑州的专职教师共 51083 位，与北京相差 19408 位，与广州相差 11649 位，与武汉相差 7503 位，同排名前三的城市还具有较大差距，在九个国家中心城市中处于中等偏上的位置。成都与西安的数量较为接近，二者仅相差 430 位专职教师。上海的专职教师共 44585 位，重庆的专职教师共 42946 位。天津是唯一一个从事普通高等学校教育的专职教师中没有超过 40000 位的国家中心城市，仅有 31362 位专职教师，与北京的数量差距高达 39129 位。

重庆与郑州是仅有的从事中等职业教育学校教育的专职教师数量超过 10000 位的国家中心城市。其中，重庆的专职教师数量高达 19120

位，而排名第二的郑州专职教师数为 11346 位，两者相差 7774 位，重庆以绝对的优势占据第一。排名第三的成都市共有专职教师 9453 位，与重庆相差 9667 位，与郑州相差 1893 位。上海共有专职教师 8083 位，在九个国家中心城市中位列第四，比郑州少 3263 位专职教师。广州、北京与天津的专职教师数量均在 7500~8000 位。武汉共有专职教师 6296 位，西安共有专职教师 4907 位，在九个国家中心城市中从事中等职业教育学校教育的专职教师数量较少。

从事普通中学的专职教师数量上来看，重庆共有专职教师 117159 位，是排名第二的北京专职教师数量的 1.7 倍，排名第五的郑州专职教师数量的 2.5 倍，在九个国家中心城市中稳居第一。北京的专职教师数量达到了 68898 位，上海的专职教师数量达到了 59346 位，分别位列第二、第三。成都共有专职教师 51776 位，与重庆相差 65383 位，与北京相差 17122 位，与上海相差 7570 位。郑州、天津与广州的专职教师数量保持在 40000 位以上，其中郑州共有专职教师 46865 位，与重庆相差 70294 位，与北京相差 22033 位，与上海相差 12481 位。西安与武汉的专职数量较少，尤其是武汉的专职教师仅有 31711 位，与其他国家中心城市的差距较大。

从事普通小学的专职教师数量上来看，重庆依旧保持着较大的优势，专职教师数量达到了 126513 位，是唯一一个数量突破 100000 位的国家中心城市。广州、上海、北京与成都的专职教师数量都保持在 50000~60000 位，其中广州的专职教师数量最多，共有 57160 位，与重庆相差 69353 位。天津与郑州的专职教师数量均超过了 40000 位，其中郑州共有专职教师 41143 位，低于天津 3642 位，与重庆相差 85370 位。西安共有专职教师 36878 位，武汉共有专职教师 30576 位，数量较少，皆不足重庆专职教师数量的 1/3。

表 4-6　　　　　　　　　　　专职教师数　　　　　　　　　　　单位：位

城市	普通高等学校	中等职业教育学校	普通中学	普通小学
郑州	51083	11346	46865	41143
北京	70491	7764	68898	54531
天津	31362	7585	44075	44785

续表

城市	普通高等学校	中等职业教育学校	普通中学	普通小学
广州	62732	7866	43519	57160
重庆	42946	19120	117159	126513
上海	44585	8083	59346	56803
成都	49448	9453	51776	53673
武汉	58586	6296	31711	30576
西安	49018	4907	37539	36878

资料来源：《中国城市统计年鉴》（2019 年）。

　　"985"工程是指中国共产党和中华人民共和国国务院在世纪之交为建设具有世界先进水平的一流大学而做出的重大决策。"985"院校的建设分布对当地形成人才洼地、经济社会发展具有重要意义。

　　北京市共有 10 所"985"院校，是分布数量最多的国家中心城市，北京大学、清华大学、中国人民大学等排名较为靠前的院校多坐落于此，为当地发展形成了人才储备。上海共有 4 所"985"院校，排名第二，数量不及北京的 1/2，但分布院校质量较高，一定程度上弥补了数量上的缺憾。西安、天津、成都、武汉、广州的"985"院校均为 2 所，在当地的教育领域发挥引领带动作用。重庆仅有重庆大学一所"985"院校，分布数量处于中下游。在九个国家中心城市中，仅有郑州没有"985"院校分布，极大地限制了当地的可持续发展。

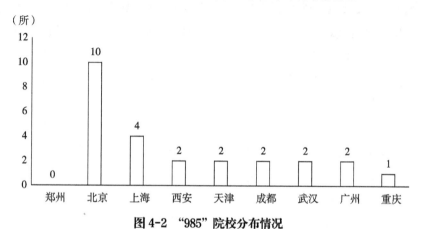

图 4-2　"985"院校分布情况

资料来源：《中国教育统计年鉴》（2019 年）。

第三节　民生保障有较大完善，但城市公共产品仍较匮乏

　　根据表 4-7 所反映的医疗条件情况，九个国家中心城市中仅有成都与重庆的医院数量超过了 800 个。其中，成都共有医院 892 个，比重庆的医院数量多出 92 个，比郑州的医院数量多出 646 个，是医院数量最多的国家中心城市。北京共有医院 736 个，在九个国家中心城市中排名第三，比成都少 156 个，比重庆少 64 个，比郑州多 490 个。天津共有医院 420 个，位列第四，与排名第三的北京相差 316 个，高于郑州医院数 174 个。武汉、上海与西安的医院数量皆在 300~400 个。广州与郑州的医院数量较少，尤其是郑州仅有 246 个医院，在九个国家中心城市中数量最少。

　　从医院床位数来看，九个国家中心城市中，重庆、成都、上海与北京的医院床位数突破了 100000 张。其中，重庆的医院床位数高达162147 张，是医院床位最多的国家中心城市，比排名第二的成都超出26335 张床位，比排名第五的郑州超出 75995 张床位。上海共有床位129007 张，北京共有床位 116279 张，两者相差 12728 张，分别位列第三、第四。郑州的医院床位数为 86152 张，位列第五，与排名第四的北京相差 30127 张。广州的床位数达到了 86011 张，与郑州较为接近，两者仅相差 141 张。武汉共有 81765 张床位，在九个国家中心城市中位列第七。西安与天津的床位数均未达到 65000 张，其中天津仅有 60337 张床位，与重庆相差 101810 张，与郑州相差 25815 张，是医院床位数量最少的国家中心城市。结合各个城市的医院数与医院床位数来看，只有上海、郑州与广州的平均医院床位数超过了 300 张。其中，郑州平均每个医院拥有 350 张床位，比上海少 4 张床位，比广州多 13 张床位。

　　北京的执业（助理）医师数达到了 109376 人，是唯一一个超过 100000人的城市。位列第二、第三的重庆与上海执业（助理）医师数量相近，分别有 76361 人与 74948 人，两者仅相差 1413 人。其中，重庆与北京相差33015 人，上海与北京相差 34428 人。成都共有执业（助理）医师 61548 人，在九个国家中心城市中位列第四。广州的执业（助理）医师数量为 54134人，还未达到北京执业（助理）医师数量的 1/2。天津、武汉与郑州的执业

（助理）医师数量较为接近。其中，郑州共有执业（助理）医师 42051 人，位列第八，与北京相差 67325 人，与重庆相差 34310 人，与上海相差 32897人。西安的执业（助理）医师数为 33776 人，仅为北京执业（助理）医师数的 30.88%，数量最低。结合各个城市的医院数与执业（助理）医师数来看，郑州平均每个医院拥有 171 个执业（助理）医师，在九个国家中心城市中排名第三，与排名第一广州相差 41 人，与排名第二上海相差 35 人。

总体来看，郑州的医院数量虽较少，但建设规模较大，平均医院床位数与平均执业（助理）医师数均处于前列。随着我国卫生改革的积极推进，郑州应逐渐加快规模小、数量多的社区卫生服务中心建设。

表 4-7 医疗条件

城市	医院数（个）	医院床位数（张）	执业（助理）医师数（人）
郑州	246	86152	42051
北京	736	116279	109376
天津	420	60337	43020
广州	255	86011	54134
重庆	800	162147	76361
上海	364	129007	74948
成都	892	135812	61548
武汉	398	81765	42271
西安	343	63365	33776

资料来源：《中国城市统计年鉴》（2019 年）。

根据图 4-3 中所体现的加入各类社保人数，在城镇职工基本养老保险中，北京与上海的参保人数均在 1500 万人以上，尤其是北京达到了 1591 万人，超出上海 18 万人，是九个国家中心城市中参保人数最多的城市。上海的参保人数达到了 1573 万人，位列第二。重庆共有参保人数 946 万人，与北京相差 646 万人，与上海相差 628 万人。成都与广州的参保人数较为接近，均在 800 万人左右。天津的参保人数为 683 万人，在九个国家中心城市中位列第六。武汉、郑州与西安的参保人数较少，其中西安仅有参保人数 389 万人，是参保人数最少的国家中心城市。郑州的参保人数为 416 万人，在九个国家中心城市中位列第八，与北京相差 1176 万人，与上海相差 1158 万人，与重庆相差 530 万人。

在城镇职工基本医疗保险中，北京与上海的参保人数规模最大，尤其是北京的参保人数高达 1629 万人，是唯一一个参保人数超过 1600 万人的城市。上海的参保人数达到了 1525 万人，与北京相差 104 万人，位列第二。除北京与上海外，其余七个城市参保人数均未超过 900 万人，并呈现出阶梯式下降。郑州的参保人数是九个国家中心城市中数量最少的城市，仅有 168 万人参保，与北京参保人数相差 1461 万人，与上海参保人数相差 1357 万人，差距比较明显。

在失业保险中，北京与上海的参保人数依然呈现出断层式的领先。其中，北京参保人数为 1241 万人，上海参保人数为 977 万人，两者相差 264 万人。排名第三的广州共有参保人数 609 万人，与北京相差 632 万人，与上海相差 368 万人。在九个国家中心城市中，仅有郑州与西安的参保人数均未过 200 万人。其中，西安仅有 168 万人参保，是参保人数最少的国家中心城市。郑州仅有 190 万人参保，与北京相差 1050 万人，与上海相差 787 万人，与广州相差 418 万人。

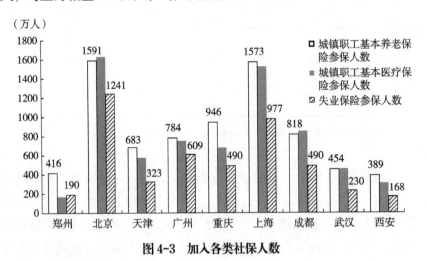

图 4-3　加入各类社保人数

资料来源：《中国城市统计年鉴》（2019 年）。

从图 4-4 可以看出，北京、上海与广州在城镇职工基本养老保险、城镇职工基本医疗保险以及失业保险的参保比例上排位稳定，都处于九个国家中心城市的前三位。其中，北京与上海的城镇职工基本养老保险与城镇职工基本医疗保险的参保比例均超过了 100%，体现出北京与上海企事业单位发展规范程度高，居民的参保意识强烈。广州的社保参保比例也较为可观，城镇职工基本养老保险与城镇职工基本医疗保险的参保比例均超过了 80%，失业保险的参保比例达到了 65.59%，与上海仅相差1.25%。郑州在九个国家中心城市中社保参保比例较低。在城镇职工基本养老保险上，郑州的参保比例为 48.1%，仅高于西安与重庆的参保比例，与北京相差 67.56%，与上海相差 59.52%，与广州相差 36.33%。在城镇职工基本医疗保险上，郑州市参保比例仅达到了 19.42%，是九个国家中心城市中比例最低的城市，与北京相差 98.96%，与上海相差 84.88%，与广州相差 61.61%。在失业保险上，郑州的参保比例为 22.02%，位列第七，与北京相差 68.15%，与上海相差 44.82%，与广州相差 43.57%。

结合加入各类社保人数与加入各类社保在户籍人口中的比例来看，郑州参加城镇职工基本医疗保险的人数在九个国家中心城市中最少，整体参保水平也较低，与北京、上海的差距较大。居民的参保意识有待提升，企事业单位的保险制度有待完善。

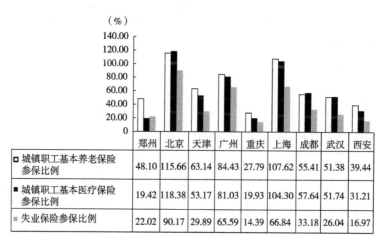

（%）	郑州	北京	天津	广州	重庆	上海	成都	武汉	西安
□城镇职工基本养老保险参保比例	48.10	115.66	63.14	84.43	27.79	107.62	55.41	51.38	39.44
■城镇职工基本医疗保险参保比例	19.42	118.38	53.17	81.03	19.93	104.30	57.64	51.74	31.21
▨失业保险参保比例	22.02	90.17	29.89	65.59	14.39	66.84	33.18	26.04	16.97

图 4-4　加入各类社保在户籍人口中的比例

资料来源：《中国城市统计年鉴》（2019 年）。

第四节　城市人口资源优势明显，但人才洼地制约较大

从城市人口规模来看，九大城市的人口密度可以分为四个梯队，分

别是人口密度高于 2000 人 / 平方千米的第一梯队、1000~2000 人 / 平方千米的第二梯队、500~1000 人 / 平方千米的第三梯队以及 0~500 人 / 平方千米的第四梯队。2018 年，郑州的常住人口数量突破了千万大关，不断增加的人口数量推动着其人口密度不断攀升。当前，郑州的人口密度已经达到 1160 人 / 平方千米，在九个国家中心城市中排名第三，仅低于上海与广州。其中上海市以 2306 人 / 平方千米的人口密度处于绝对领先的位置，几乎是郑州人口密度的 2 倍。广州与郑州的人口密度最为接近，仅相差 88 人 / 平方千米。在其余的六所城市中，成都与武汉的人口密度均超过了 1000 人 / 平方千米，与郑州的人口密度较为相近。天津、北京与西安紧随其后，人口密度均高于 800 人 / 平方千米。重庆市位列末尾，人口密度仅为 413 人 / 平方千米，与其他城市的人口密度相差较大。排名第一的上海市人口密度是重庆市人口密度的 5.58 倍。除第一、第四梯队的上海市与重庆市以外，其余七所城市的人口密度分布较为平均，保持在 1000 人 / 平方千米左右。因而，位于第二梯队的郑州市，虽人口密度排名较高，但具体数值与广州市、成都市、武汉市相差不大，说明郑州已经完成了人口、人才等城市发展基本要素的初步聚集。

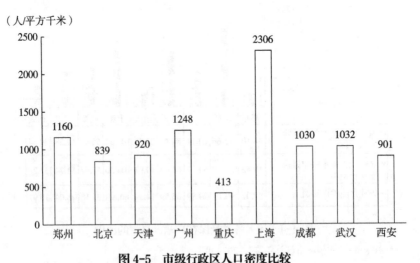

图 4-5　市级行政区人口密度比较

资料来源：《中国城市统计年鉴》（2019 年）。

　　户籍人口是指公民已在其经常居住地的公安户籍管理机关依《中华人民共和国户口登记条例》登记了常住户口的人。从图 4-6 可以看出，重庆的户籍人口高达 3404 万人，是九个国家中心城市中户籍人口规模最大的城市。成都、上海、北京与天津的户籍人口规模均突破了 1000 万人，西安与广州的户籍人口规模也超过了 900 万人。武汉的人口规模为 884 万人，郑州的人口规模为 864 万人，两者人口规模最小，数量也较为接近，仅相差 20 万人。九个国家中心城市的户籍人口平均为 1384.78 万人。

2018 年，郑州在九个国家中心城市的人口规模排名中处于末位，与九个国家中心城市的户籍人口平均值相差 520.78 万人，与排名第一的重庆相差 2540 万人。2019 年，郑州宣布将在 2017 年户籍制度改革的基础上放宽两项、增加一项户口迁入郑州落户条件。居民凡是满足在郑州中心城区持居住证满 1 年，参加城镇社会保险满 6 个月，或租赁住房满 1 年的条件，都可落户郑州。在这种相对宽松的落户政策下，已经加入"人口千万俱乐部"的郑州户籍人口规模的未来发展形势需要受到持续、密切的关注。

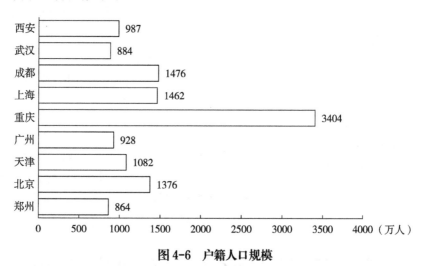

图 4-6　户籍人口规模

资料来源：《中国城市统计年鉴》（2019 年）。

人口增长主要分为自然增长与机械增长两种方式，其中自然增长反映了一个地区内人口自然繁殖和死亡的情况。自然增长率由出生率和死亡率共同决定，呈现了人口自然增长的程度和趋势，是反映种群数量发展速度和制订人口计划的重要指标。由图 4-7 可以看出，广州的自然增长率为 12.8‰，高于其他八个国家中心城市，西安与郑州的自然增长率均超过了 10‰，位列第二、第三名，武汉以 8.09‰的自然增长率紧随其后。北京、天津、重庆与成都的自然增长率均保持在 3‰~4‰，九个国家中心城市中仅有上海呈负增长趋势。

在九个国家中心城市中，郑州的自然增长率较高，与排名第一的广州仅相差 2.77‰，正向的人口发展趋势反映出郑州居民对未来的生活预期较为乐观，城市化进程有待推进。由于自然增长率与人口基数有关，结合考虑图 4-6 与图 4-7，郑州的人口自然增长规模较大，仅次于广州、重庆与西安，人力资源丰富，但实现人力资源优势向人才优势的转变，将郑州建设成为中部地区的"人才洼地"还有很长的路要走。

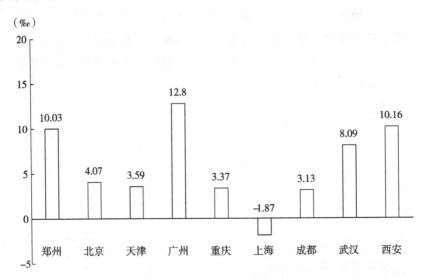

图 4-7　自然增长率

资料来源:《中国城市统计年鉴》(2019 年)。

第五节　城市建设投资不足，教育和科技占比较低

从应用在城市市政公用设施建设上的固定资产投资来看，武汉与北京的投资额已经超过了 1000 亿元。其中，武汉的投资额为 1106 亿元，位列第一。北京的投资额为 1025.89 亿元，与武汉相差 801.11 亿元。成都以 920.7 亿元的投资额位居第三。郑州的投资额为 503.24 亿元，在七

个国家中心城市中排名第五（重庆与西安的数据缺失，不计入本次分析），与排名第四的广州相差 145.32 亿元，与武汉相差 602.76 亿元，与北京相差 522.65 亿元。

从年末实有城市道路面积来看，在九个国家中心城市中，有八个城市的面积都超过了 1 亿平方米，尤其是重庆的面积都已突破了 2 亿平方米，达到了 2.04 亿平方米。仅有郑州的道路面积为 6118 万平方米，与排名第八的北京相差 4210 万平方米，与排名第一的重庆差距高达 1.43 亿平方米。

从排水管道长度来看，在九个国家中心城市中，有四个城市的管道长度超过了两万千米，排名第一的上海长度更是高达 2.75 万千米。重庆、成都与武汉的管道长度也达到了 1 万千米。郑州共有排水管道 4676 千米，在九个国家中心城市中居末位，与上海相差 2.28 万千米，与广州相差 1.96 万千米。

总体来看，郑州在城市市政公用设施建设固定资产投资、年末实有城市道路面积以及排水管道长度三个方面均处于偏下游的位置，城市市政公共事业发展较为落后。

表 4-8　　　　　　　城市市政公共事业发展

城市	城市市政公用设施建设固定资产投资（万元）	年末实有城市道路面积（万平方米）	排水管道长度（千米）
郑州	5032424	6118	4676
北京	10258935	10328	21878
天津	2649621	14742	21369
广州	6485652	18743	24239
重庆	—	20378	18911
上海	4579981	11821	27483
成都	9206995	11899	11647
武汉	11060046	12084	10245
西安	—	10601	5973

注：重庆与西安的数据缺失。

资料来源：《中国城市统计年鉴》（2019 年）。

根据图 4-8 所反映的地方公共财政收支情况，上海与北京无论是在一般公共预算收入上，还是在一般公共预算支出上都远超其他国家中心城市。在其他七个国家中心城市中，一般公共预算收入可以分为三个梯队。重庆与天津的一般公共预算收入水平较为接近，均在 2000 亿 ~2500 亿元。广州、武汉、成都与郑州属于第二梯队，一般公共预算收入在 1000 亿 ~2000 亿元。西安的一般公共预算收入仅有 685 亿元，在 1000 亿元以下，属于第三梯队。郑州的一般公共预算收入为 1152 亿元，在九个国家中心城市中位列第八，与上海相差 5956 亿元，与北京相差 4634 亿元，几乎是重庆预算收入的 1/2。

一般公共预算支出与一般公共预算收入的排名相同，上海与北京依旧以显著的优势位列前二。重庆的公共预算支出达到了 4541 亿元，位列第三，但在九个国家中心城市中其收支差距最大，达到了 2275.41 亿元。郑州的一般公共预算支出为 1763 亿元，仅高于西安一所城市，与上海相差 6588 亿元，与北京相差 5704 亿元。

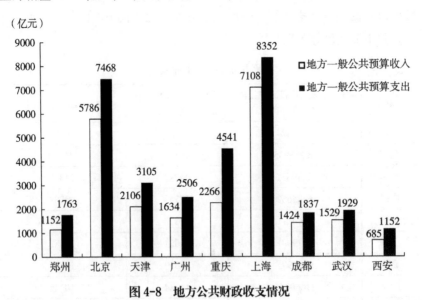

图 4-8　地方公共财政收支情况

资料来源：《中国城市统计年鉴》（2019 年）。

根据图 4-9，广州的一般公共预算支出中教育和科技占比在九个国家中心城市中排名均较高，表现较为突出。从科学技术在地方一般公共预算支出中的占比来看，九个国家中心城市中，仅有武汉与广州超过了 6.5%，其中武汉的科技支出占比达到了 6.97%，高于广州 0.44%，位列第一。北京与上海的科技支出占比也较高，均在 5% 以上。西安、成都与天津的科技支出占比集中在 3%~4.5%。郑州的科技支出占比为 2.05%，在九个国家中心城市中位列第八，仅高于重庆 0.54%。

从教育在地方一般公共预算支出中的占比来看，广州以 17.59% 的比例位居首位。重庆的教育支出占比达到了 15%，低于广州 2.59%。成都与天津的教育支出占比较为接近，分别为 14.47% 与 14.39%，两者仅相差 0.08%。北京、西安与武汉的教育支出占比达到了 13% 以上。郑州的教育技术支出占一般公共预算支出的 12.07%，在九个国家中心城市中位居第八，仅高于上海 1.08%。

总体来看，郑州的一般公共预算支出中科技和教育占比都较低，在九个国家中心城市中处于下游位置，不利于为当地发展培育新的动力。面对这一问题，郑州现已积极与国内外知名高等院校和科研院所开展合作，开展科技成果交易中心和转化高地建设，不断提升一般公共预算支出中的教育和科技占比。

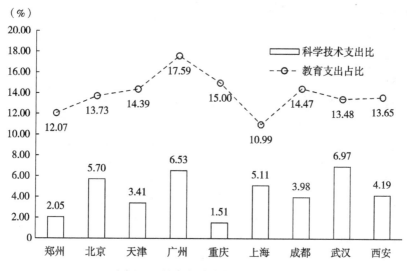

图 4-9　教育和科技在支出中占比

资料来源：《中国城市统计年鉴》（2019 年）。

公共文化体育设施是指向公众开放用于开展文化体育活动的公益性

的图书馆、博物馆、纪念馆、美术馆、文化馆（站）、体育场（馆）等建筑物、场地和设备，由各级人民政府举办或者社会力量举办。公共文化体育设施的建设不仅能够丰富居民的日常生活，还凝聚着一个地区的历史、风格和精神，是城市文化底蕴的体现。

从图 4-10 中可以看出，在九个国家中心城市中，仅有郑州与武汉的公共图书馆图书藏量未达到 1000 万册。其中，郑州的公共图书馆图书藏量仅达到了 980 万册，在九个国家中心城市中位列第八，仅比武汉多 142 万册。上海的公共图书馆图书藏量为 7894 万册，是郑州藏书量的 8 倍之多，是九个国家中心城市中藏书量最高的城市，也是唯一一个藏书量超过 7000 万册的城市。排名第二的北京虽与上海的公共图书馆图书藏量相差 1117 万册，但也达到了 6777 万册的藏书量，超出郑州藏书量 5797 万册，在九个国家中心城市中领先地位稳固。广州的公共图书馆图书藏量为 2922 万册，排名第三，与北京相差 3855 万册，与上海相差 4972 万册。成都的公共图书馆共有藏书 2293 万册，在九个国家中心城市中位列第四。天津与重庆的公共图书馆图书藏量接近，两者均在 1800 万册以上。西安的公共图书馆图书藏量为 1407 万册，排名第七，处于中等偏下的水平，但也超出郑州藏书量 427 万册。

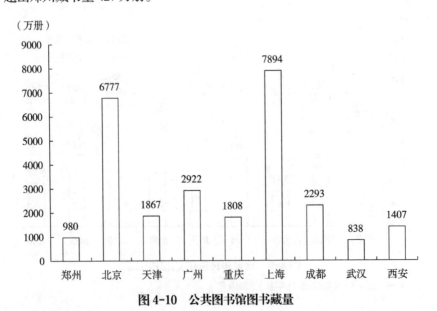

图 4-10　公共图书馆图书藏量

资料来源：《中国城市统计年鉴》（2019 年）。

　　从图 4-11 中可以看出，北京的博物馆个数高达 179 个，与其他国家中心城市相比，北京的博物馆数量具有显著的优势。上海共有 131 个博物馆，与北京的博物馆个数相差 48 个，排名第二。西安与重庆的博物馆数量十分接近，仅有一个之差，分别位列第三、第四。武汉市的博物馆个数为 71 个，与排名第四位的重庆市相差 29 个。天津市的博物馆个数为 65 个，与武汉市相差 6 个，与重庆市相差 35 个。郑州市、成都市与广州市的博物馆数量较少，均未超过 40 个。其中，广州市仅有 31 个博物馆，是九个国家中心城市中博物馆个数最少的城市。郑州市共有博物馆 38 个，与排名第一的北京相差 141 个，与排名第二位上海市相差 93 个，与排名前一位的天津相比也有 27 个的差距。

　　从公共图书馆图书藏量与博物馆个数来看，郑州市的公共文化体育设施较为落后，规划建设标准有待提高。目前，郑州市对公共文化体育设施的重视程度逐步提高，并同党的十九大所提出的"乡村振兴战略"相结合，开展"双基"建设，希望通过加强建设基础设施和基本公共服务设施，改善农民生存环境，提高生活质量，使其有幸福感和获得感，实现城乡一体化与乡村融合发展。

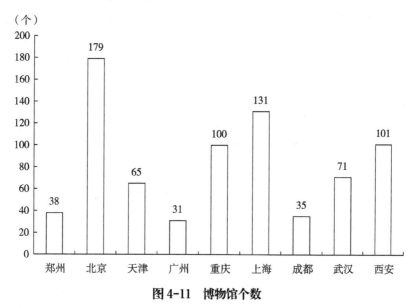

图 4-11　博物馆个数

资料来源：《中国城市统计年鉴》（2019 年）。

第六节　水资源总量有限，城市承载能力不容乐观

水资源既是基础自然资源，也是生态环境建设的控制性要素，同时又是战略性经济资源，为综合国力的有机组成部分。伴随城市化水平的不断提高，城市的生存发展离不开水资源这一重要物质基础，水资源对于保障城市多功能作用的发挥，实现城市经济效益，城市社会生产正常运转，人民生活稳定运行具有重要的保障作用，是城市化发展不可缺少的资源之一。

我国的水资源地区分布不均，在九个国家中心城市中，郑州的水资源总量最少，仅有72788万立方米，不及排名第八的天津水资源总量的1/2，与重庆的水资源总量更是相差了5169650万立方米。重庆的水系十分发达，境内江河纵横，水网密布。长江干流自西南向东北横穿全境，此外还有嘉陵江、吴江、涪江等多条河流流经，水流量大，水质较好，全市水资源总量高达5242438万立方米。成都也凭借明显的优势位居第二，排名第三的广州水资源总量为747559万立方米，几乎是成都市水资源总量的一半。上海、北京与武汉的水资源总量较为接近，西安与天津虽然水资源总量较少，但也超过了170000万立方米。

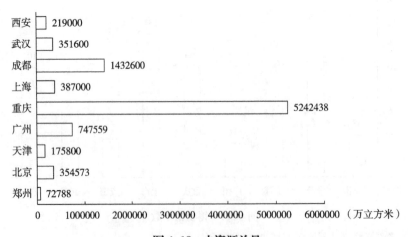

图4-12　水资源总量

资料来源：《中国城市统计年鉴》（2019年）。

　　人均水资源的排名分布几乎与水资源总量的情况类似，唯有武汉的排名有所提升，郑州以 84 立方米 / 人的人均水资源位于末尾，仅占重庆市人均水资源量的 5.45%。由此可见，郑州的水资源较为紧缺，若不能良好地解决这一问题，水资源将会成为制约郑州可持续发展的重要因素之一。为此，郑州水利局积极开展引黄工程，设立引黄灌溉工程管理处，开发黄河的水利资源，缓解城市用水压力，并从防淤、减淤等方面对黄河进行治理与维护，取得了一定的成效，但长期来看，破解水资源的硬约束依然是郑州城市发展亟待解决的突出问题。

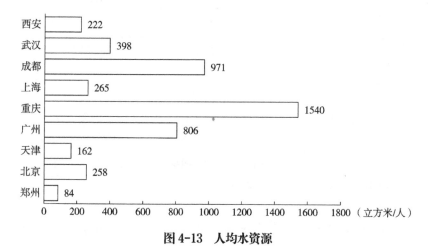

图 4-13　人均水资源

资料来源：《中国城市统计年鉴》（2019 年）。

第七节　生态建设有所进步，实现生态文明城市还需努力

　　城市绿地是指覆盖绿色植物，用以栽植花草树木和布置配套设施，并承担一定的功能与用途的场地。城市是人口高密区，绿地建设能够改善城市环境，维持生态平衡，发挥环境保护的作用；降污降噪，提高城市生活质量；调试环境心理，增加城市地景的美学效果；促进城市防震减灾，抵御放射性污染。因而，绿地面积能够反映一个时期内地区生态保护、经济发展、城市居民生活福利保健水平的情况。从绿地面积来

看，在我国中心城市绿地建设的行列中，仅有广州与上海的绿地面积超过了 10 万公顷。北京与重庆的绿地面积保持在 5 万 ~10 万公顷以内，天津、成都、西安、武汉与郑州属于第三梯队，绿地面积均小于 5 万公顷。其中，郑州绿化面积为 21544 公顷，排名最后，广州的绿地面积将近郑州的 7 倍。

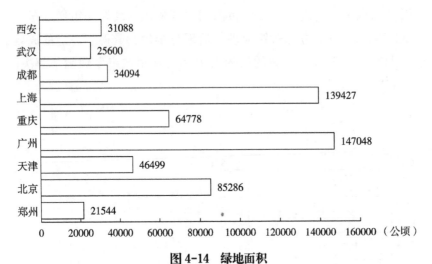

图 4-14　绿地面积

资料来源：《中国城市统计年鉴》（2019 年）。

　　建成区绿化覆盖率是指在城市建成区的绿化覆盖率面积占建成区的百分比，是反映一个国家或地区生态环境保护状况的重要指标，也是中国环境保护模范城市和创建文明城市考核的重要指标。从图 4-15 中可以看出，九个国家中心城市的建成区绿化覆盖率大概都保持在 40% 左右。北京以 48.44% 的建成区绿化覆盖率稳居第一，广州以 45.13% 的建成区绿化覆盖率位居第二，排名第三的成都以不足 0.5% 的细微差距领先郑州。郑州的绿化覆盖率为 40.83%，在九个国家中心城市中排名第四，与北京相差 7.61%，与广州相差 4.3%。

　　2018 年，郑州的建成区绿化覆盖率在九个国家中心城市中属于中游偏上的水平，生态建设方面的成就值得肯定。目前，郑州市依旧围绕着"国家生态园林城市"的建设要求，突出绿色、低碳、循环发展理念，扎实做好序化、绿化、洁化、亮化的"四化工程"，坚持建管结合、以管为主，点面结合、以点为主，条块结合、以块为主，通过公园改造，建设生态廊道、公园游园等措施不断提升绿化水平。

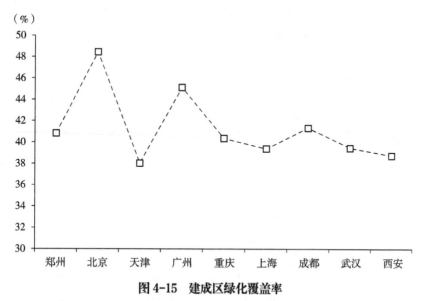

图 4-15　建成区绿化覆盖率

资料来源：《中国城市统计年鉴》（2019 年）。

　　郑州是我国中原地区重要的工业化城市，而工业作为第二产业，是我国污染物排放量最大的产业。工业废水作为"三废"之一，是工业化发展的必然产物，主要来自工艺生产过程，其中含有随水流失的工业生产用料、中间产物、副产品以及生产过程中产生的污染物，是造成环境污染，特别是水污染的重要原因。工业废水的排放状况与经济发展也具有密切的关系，相关研究分析对促进郑州经济可持续发展和经济结构的转变具有一定的意义。

　　根据 2018 年的工业废水排放量调查，郑州的排放量为 7766 万吨，仅占上海排放量的 26.65%，在八个国家中心城市中位列第七（武汉数据缺失，不计入本次分析），处于中下游，比排放量最少的西安高出3603 万吨。位于沪宁杭工业基地的上海的排放量最高，以 29144 万吨的工业废水排放量居首位，这与上海自身的经济规模与结构关系密切。重庆是中华人民共和国成立前全国三大重工业城市之一，当下的经济结构也深受历史因素影响，具有浓厚的工业色彩，其工业废水的排放量超过了 2 亿吨，环境保护问题亟待解决。天津与广州的工业废水排放量分

别为 17729 万吨与 14020 万吨，位列第三、第四名。北京、成都与郑州
的工业废水排放量较为接近，其中北京的排放量为 8422 万吨，高出郑
州 656 万吨；成都的排放量为 7911 万吨，高出郑州 145 万吨。

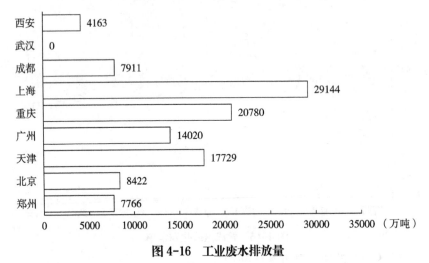

图 4-16　工业废水排放量

注：武汉数据缺失。

资料来源《中国城市统计年鉴》（2019 年）。

　　工业二氧化硫与工业氮氧化物均属于"三废"中的工业废气，在生
产工艺或燃料燃烧过程中产生并排入空气中含有的污染物气体。二者皆
是大气主要污染物，二氧化硫经过氧化形成硫酸能够引发酸雨，氮氧化
物也同样是形成酸雨和光化学烟雾的一个重要原因。其还可以通过不同
的途径进入人体，产生直接危害，甚至具有蓄积作用，严重危害人体健
康，例如，二氧化硫易被湿润的黏膜表面吸收生成亚硫酸、硫酸，对眼
及呼吸道黏膜有强烈的刺激作用，氮氧化物可刺激肺部，使人较难抵抗
感冒之类的呼吸系统疾病，甚至可能会导致肺部构造改变。其中，二氧
化硫还能对植物产生急性危害，影响植物产量，间接打击经济发展与食
品安全。

　　根据图 4-17，八个国家中心城市中（武汉数据缺失，不计入本次
分析），重庆、天津与郑州的工业二氧化硫排放量位列前三，远超其他
国家中心城市。重庆的工业二氧化硫排放量达到了 132012 吨，与排名
第二的天津相差近乎 10 万吨。排名第三的郑州工业二氧化硫排放量为

17701 吨，比天津的排放量降低了近一半，虽然在总量上低于国家中心城市工业二氧化硫的平均排放量，但在八个国家中心城市之间仍然处于中上游的位置。自排名第四的上海开始，其余五个国家中心城市的工业二氧化硫排放量均控制在了 1 万吨以内，尤其是北京的排放量为 1554吨，仅是重庆排放量的 1.18%、郑州排放量的 8.78%。

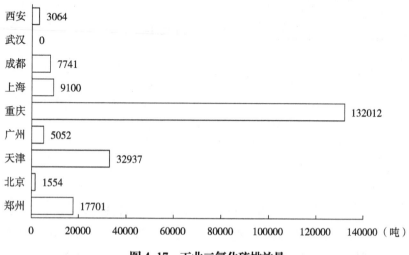

图 4-17 工业二氧化硫排放量

注：武汉数据缺失。

资料来源：《中国城市统计年鉴》（2019 年）。

根据图 4-18，郑州的工业氮氧化物排放量在八个国家中心城市（武汉数据缺失，不计入本次分析）中位列第四，排放量为 20251 吨，低于八个城市的平均排放量。重庆与天津的工业氮氧化物排放量均超过了 6 万吨，稳居前两位，尤其是重庆的排放量已经接近 10 万吨，工业废气的排放压力较大。上海的工业氮氧化物排放量为 26714 吨，与排名第二的天津相差 36005 吨。广州、成都与北京的工业氮氧化物排放量较为接近，保持在 15000 吨左右，西安的工业氮氧化物排放量为 5575 吨，仅占重庆排放量的 6%、郑州排放量的 27.53%，是排放量最低的城市。郑州的工业二氧化硫排放量排名第三，工业氮氧化物排放量排名第四，工业废气排放水平处于八个国家中心城市的中上游。需要进一步贯彻可持续发展战略方针，宏观调节经济发展与环境保护之间的关系。

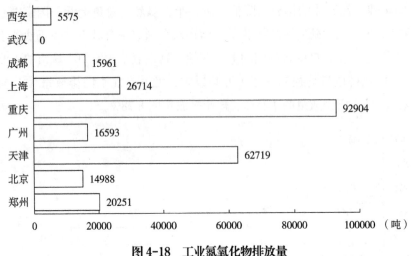

图 4-18　工业氮氧化物排放量

注：武汉数据缺失。

资料来源：《中国城市统计年鉴》（2019 年）。

工业烟（粉）尘是指在燃料燃烧或生产工艺过程中，企业产生的排入大气的含有污染物的颗粒物，主要产生于机械粉碎和研磨固体物料，混合、筛分、包装及运输粉状物料等过程，往往含有各种金属、非金属细小颗粒以及氮氧化物、二氧化硫及碳氢化合物的有害气体。我国工业粉尘由于现代工业的快速发展，其化学成分有害程度增加、粉尘的颗粒度更小、分散程度更高、粉尘浓度进一步提升，对人体健康、环境状况的危害更加严重。

从图 4-19 可以看出，郑州的工业烟（粉）尘排放量为 12915 吨，在八个国家中心城市（武汉数据缺失，不计入本次分析）中位列第五，处于中等偏下的位置。重庆以 84075 吨的工业烟（粉）尘排放量稳居第一，排名第二的天津工业烟（粉）尘排放量比重庆降低了 49238 吨。上海与北京的工业烟（粉）尘排放量高于 15000 吨，但均不足天津排放量的 1/2。成都与广州的工业烟（粉）尘排放量较为接近，两者相差不过 423 吨。西安是工业烟（粉）尘排放量最低的城市，仅有 2323 吨，与重庆相差 81752 吨，与郑州相差 10592 吨。

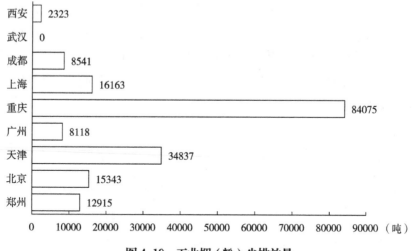

图 4-19　工业烟（粉）尘排放量

注：武汉数据缺失。

资料来源：《中国城市统计年鉴》（2019 年）。

一般工业固体废物是指未列入《国家危险废物名录》或者根据 GB5085—2007《危险废物鉴别标准》鉴别标准、GB5086—1997《固体废物浸出毒性浸出方法》及 GB/T15555—1995《固体废物腐蚀性测定》鉴别方法，判定不具有危险特性的工业固体废物。作为工业"三废"之一的一般工业固体废物，依旧保有许多工业有害物质，能够对大气、水和土壤造成污染，并且这种污染具有长期性、呆滞性，很容易对其所在环境造成持续污染和破坏，大大增加了二次污染与复合污染的可能性。为实现资源的充分利用，切实维护生态环境安全，间接创造经济效益，加快一般工业固体废物的减量化、资源化、无害化利用处置成为一种趋势。

从 2018 年的调查结果来看，郑州的一般工业固体废物综合利用率为 71.59%，在八个国家中心城市中位列第五，与成都的水平相近，但与天津、上海的差距较大。天津与上海的一般工业固体废物综合利用率均超过了 90%，其中天津的综合利用率更是达到了 98.9%，高于郑州 27.31%，几乎实现了对一般工业固体废物的充分利用。广州的一般工业固体废物综合利用率超过了 80%，成都与郑州的利用率超过了 70%，北京与重庆的利用率超过了 60%。西安的一般工业固体废物综合利用率为 59.54%，与排名第七的重庆仅差 1.44%，位列第八。整体而言，我国八个国家中心城市（武汉数据缺失，不计入本次分析）的一般工业固体废物的平均综合利用率达到了 75.91%，郑州低于平均水平 4.32%，综合利用工业固体废物还具有广阔的发展空间，丰富的可借鉴技术经验。

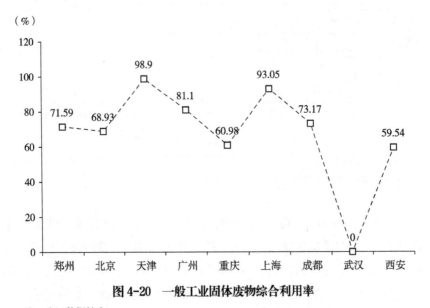

图 4-20　一般工业固体废物综合利用率

注：武汉数据缺失。

资料来源：《中国城市统计年鉴》（2019 年）。

　　可吸入颗粒物是指空气动力学直径小于或等于 10 微米的颗粒物，也称可吸入颗粒物或飘尘，是衡量空气质量的重要指标与影响大气能见度的重要因素。可吸入颗粒物对人体具有很强的危害作用，一旦被吸入呼吸系统，容易累积引发诸多呼吸道疾病。可吸入颗粒物还具有较强的吸附能力，一旦吸附有污染物的可吸入颗粒物沉积于肺部，直接参与血液循环，可吸入颗粒物则成为污染物的"载体"和"催化剂"，成为导致各类疾病的致病因。因而，降低可吸入颗粒物浓度对于城市的空气质量、生活质量、居民健康皆具有一定的意义。

　　根据图 4-21，郑州与西安是仅有的两个可吸入细颗粒物年平均浓度超过 60 微克/立方米的城市，尤其是郑州的年平均浓度已经达到了

63 微克 / 立方米，在九个国家中心城市中浓度最高，空气质量问题突出。天津、北京、成都与武汉的可吸入细颗粒物年平均浓度均在 50 微克 / 立方米左右。重庆的可吸入细颗粒物年平均浓度为 40 微克 / 立方米，位列第七。上海与广州的可吸入细颗粒物年平均浓度均未超过 40 微克 / 立方米，其中广州的可吸入细颗粒物年平均浓度仅为 35 微克 / 立方米，与郑州相差 28 微克 / 立方米，空气质量最好。

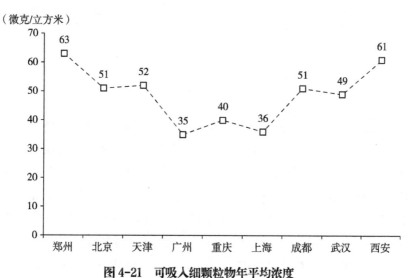

图 4-21　可吸入细颗粒物年平均浓度

资料来源：《中国城市统计年鉴》（2019 年）。

第 五 章

全球城市治理经验和规律总结

    城市既是人类文明发展的重要产物，也是人类重要的经济单元、居住之所和权力空间。自工业革命以降，全球范围内城市化速度加快，逐渐出现了许多人口密集的大型城市。城市日益成为全球经济发展的主题。大都市区人口在全球人口中的比例已从 1950 年的 29% 增加到如今的 50% 多，这一比例在 21 世纪中叶有望达到 60%。而随着经济全球化、工业化、信息化、网络化的发展，全球开始不断出现人口、经济规模巨大的超大城市、特大城市、巨型城市、国际化城市、都市圈、城市群等新形态。这些空间新形态既为人类经济社会发展提供强劲动力，也带来了环境污染。社会不平等、风险积聚等诸多新问题、新挑战，对国家和城市的治理体系和治理能力提出了新的需求。许多历史悠久的发达国家中的国际化巨型枢纽城市如伦敦、纽约、巴黎、东京等在全球化国际网络中聚集大量企业总部，寻找新的位置发挥新的作用，成为全球最大发达经济体的指挥和控制中心。在城市治理方面也不断尝试运用新技术和新理念，兼顾居民幸福和经济发展。而发展中国家大都市区的快速发展则是"二战"后全球城市化的主要增速来源，但是发展中国家的城市人口快速扩张也为城市治理带来了诸多挑战，非洲、拉美、东南亚等超大城市的高速人口流动，使地方政府在提供基础住房、交通、能源、水务、排水等基础设施方面的能力显得不足。尽管如此，发展中国家的新兴门户城市也在不断提高自己的社会经济实力，在城市治理中结合本国实际，发展新的城市治理模式。梳理国际化特大城市和发展中国家新兴城市的治理经验，总结城市治理的历程经验和教训，可以为郑州特大城市治理现代化提供国际化经验。

在世界城市的研究中，最为权威的榜单是由美国拉夫堡大学的"全球化与世界城市研究网络"（GaWC）对世界城市的定义和分类。其中最高层级的"全球城市"为 α++ 级，伦敦和纽约一直在榜。第一梯队的"世界城市"，包括 α+、α 、α- 三级。2016 年榜单中，α+ 城市包括新加坡、香港、巴黎、北京、东京、迪拜和上海。α 城市 19 个、α- 城市 22 个，在世界经济中连接着大的经济区或国家。

美国布鲁金斯学会也根据都市的经济竞争力将世界城市进行了分类。分类包括七类：全球巨型枢纽城市、亚洲支柱城市、新兴门户城市、中国制造中心、知识中心、美国中等都市、国际中等都市。其中全球巨型枢纽城市包括伦敦、洛杉矶、纽约、大阪—神户、巴黎和东京六个城市。亚洲支柱城市包括北京、香港、莫斯科、首尔—仁川、上海与新加坡六个亚太、俄罗斯地球的大规模商业金融节点城市。新兴门户城市包括安卡拉、开普敦、重庆等 28 个新兴经济体主要国家的大型商业与交通枢纽点。

2000 年以来，我们可以看到中国的城市发展突飞猛进，世界城市快速崛起，从 2000 年进入 GaWC 世界城市榜单的 6 个城市增加到 2016 年的 33 个，中国拥有的世界城市总数仅次于美国。其中北京、上海已经进入第一梯队世界城市，具备了冲击顶级世界城市的条件，广州于 2016 年首次进入第一梯队世界城市行列，深圳于 2018 年首次进入第一梯队世界城市行列，成都、杭州、天津、南京、武汉在 2018 年处于第二梯队并进入世界城市百强。2018 年，郑州也入榜了 γ+ 级别世界城市。γ+ 级世界城市是相对连接较小的地区或国家融入世界经济的城市，或者虽然是主要的世界城市，但其主要的全球能力不是先进的生产性服务业。

而在美国布鲁金斯学会的世界城市分类中，新兴门户城市中的中国城市有重庆、广州、杭州、济南、南京、宁波、深圳、天津、武汉和西安。我们将中国制造中心城市作为一类，这一类中包括长春、长沙、常州、成都、大连、东莞、佛山、福州、哈尔滨、合肥、南通、青岛、沈阳、石家庄、苏州、唐山、温州、无锡、徐州、烟台、郑州和淄博。这些中国的城市既有位于中国东部沿海的大都市，也有位于内陆的城市。城市的平均人口规模为 800 万，平均经济产值为 2050 亿美元。2000~2015 年，这些城市的经济产出量和就业量的增长幅度分别达到令人咋舌的 12.6% 和 4.7%，高居 7 类城市之首。同期，其人均名义 GDP 增长了近 4 倍，从 2500 美元增长至 12000 美元。使这些城市进入全球城市体系中的"中产阶层"队伍。一方面，中国制造业中心城市对制造业有巨大的依赖，其经济产值的 40% 来自制造业；另一方面，这些城市的商业、金融与专业服务业发展相对滞后，在总资产值中仅占 12%，而其他类型城市的这一比例平均达到 32%。经济多样性的缺乏使这些城市在 FDI 流动、风险资本、国际旅客数据在 7 类城市中位居末席，城市的专利拥有情况也仅达到每万名雇员 0.03 个专利的水平。

近年来，中国城市中超大城市和东南沿海城市基本维持稳定，中西部省会城市正在大量快速崛起，这些城市处于低等级世界城市，或仍处于世界城市的门槛阶段，但已经为中国高等级世界城市的崛起提供了重要基础。郑州近年来也着重强调国际化之路，2016 年，以自贸区郑州片区为新抓手，郑州公布了《郑州市进一步扩大对外开放全面提升国际化水平三年行动计划（2016—2018 年）》，明确提出以"融入国家'一带一路'倡议、发展开放型经济、打造内陆开放高地"为总目标，着力将郑州建设成为国际交流中心、国际商贸物流中心、国际高端产业集聚中心。

2020 年，郑州市委书记徐立毅强调郑州应积极与"一带一路"沿线国家谋求务实合作，拓宽"四条丝绸之路"，完善通道功能、贸易功能、集疏功能；坚持"引进来""走出去"相结合，积极推动电子信息、铝精深加工、汽车以及装备制造等优势产业的国际合作与产业承接，形成双向发力、更高质量的对外开放；以黄河文化为纽带，讲好"黄河故事""中国故事"，积极打造好国际文化交流平台，推动文明交流互鉴，拓展文化、旅游、教育、科技等多领域对外合作，努力形成更多成果；以"放管服"改革为抓手，深入推进"一网通办""一次办成"改革，加快构建法治化、国际化和便利化营商环境；重点办好世界城地组织亚太区第八届会员大会，继续办好世界旅游城市市长论坛、跨境电商大会等活动，形成更多更好的对外开放窗口和桥梁，吸引各种高端国际资源集聚，促进城市品质、开放水平不断提升。

国际综合枢纽、国际物流中心建设是郑州建设国家中心城市的重要组成部分，在郑州迈向国际化的过程中，还需要总结学习具有代表性的国际化城市的治理经验和特点，在梳理国内外城市治理模式的基础上总结城市治理现代化过程中的普遍挑战，并基于此为郑州特大城市治理能力的提升提供了借鉴。

第一节　全球巨型枢纽城市（Global Giant）

一、伦敦

伦敦作为工业革命的策源地，既是近代工业文明的开创者，又是近代文明的开创者，还是近代城市文明的奠基者，是最早出现现代意义上的城市并最早经受"城市病"折磨的城市。在工业化初期，伦敦发展和治理具有盲目性，由于长期信奉自由放任的政策，对城市并未实施有效治理和调控，导致城市发展出现严重问题。为了解决这些城市问题，英国政府逐步开始介入城市管理，在城市治理过程中承担起更多的社会责任。英国议会于 1835 年通过了《市政机关法》，要求中央政府设置卫生总局、济贫法委员会、地方政府委员会、工厂视察员办公室、铁道部、教育部等机构。议会职能也在政府职能专门化的同时，从政治议题逐渐拓展到文化、经济、环境以及社会等多方面，多个特别委员会陆续设置。伦敦城市治理经过一个多世纪的发展，在传统功能不断完善的同时，也紧跟时代发展和技术进步，形成了具有特色的城市治理模式。

1. 智慧城市与大数据库

伦敦在 2013 年 3 月推出第一个智慧城市规划《智慧伦敦规划——使用新技术的创造力去服务伦敦和改善伦敦人的生活》（以下简称《智慧伦敦规划》），2018 年 6 月发布了第二个智慧城市规划《共建智慧城市——让伦敦向世界最智慧城市转型的市长路线图》（以下简称《共建智慧城市》）。针对每一个实施路径，《智慧伦敦规划》都列出了可评估的具体措施。为落实"以伦敦人为核心"的实施路径，伦敦增加使用数字技术参与政策制定的伦敦人数量；召开并鼓励伦敦人和企业参与黑客马拉松，解决城市挑战；填补数字技能鸿沟，实施泛伦敦数字包容战略，对全体民众开展数字素养和技能培训，便利个体生活发展数字经济；到2016年，增加1倍技术学徒人数，线研究社区注册人数每个行政区达到1000人。这些具体措施规划目标明确，效果也非常突出（楚天骄，2019）。

在智慧城市建设的重点领域，伦敦已经取得的成果也非常具有示范意义。伦敦创新"清洁技术"产品，城市内有传感器产生大量的实时数据，可以实时访问空气质量监测网络，还可通过和利用排放预测技术和先进的建模手段，研究污染预防和气候变化，并及时采取行动，使用数字技术助力环保。大伦敦市政府建设了研发低成本空气质量传感技术的C40空气质量网络，在伦敦直接测量数千个地点的空气质量。利用数据和数字技术分析，伦敦大都会警察可以分析犯罪的时间和地点，加强监控重点区域，及时调整巡逻模式。伦敦配备的佩戴式摄像机覆盖2.2万名警察，协助其收集数据，并建成了公共安全部门里的公共交互式仪表板，保障城市安全（楚天骄，2019）。

2. 市民需求与公共服务

（1）教育。在公共教育服务领域，伦敦充分发挥政府职能，平等而高效地满足每一个居民接受基础、高等、学徒制及专业技能教育及各项相关服务的需求。除高等教育外，目前免费教育政策在英国的公立学校普遍实行，同时也有收费较高、师资设备较好的私立学校满足不同社会阶层的受教育需求（黄燕芬等，2018）。

同时，伦敦也为学生提供了教育相关的公共服务优惠。政府提供优惠贷款服务缓解学生资金压力，鼓励更多学生读大学或参与职业技能培训，也在一定程度上解决了技能人才短缺的问题。在交通方面，学校提供免费巴士，接送有特殊需求、残疾学生，以及8岁以下居住在离学校2千米外以及8岁以上3千米以外的学生。伦敦市教育部门从2014年起出台了免费提供公立小学在校午餐的政策，学校的免费营养午餐也为大学前身患疾病或残疾的学生提供。伦敦的学校教育水平在伦敦市政府和各相关部门的高度重视和大力投入之下，在英国地区中排名最高。小学和初中学生的成绩表现也均高于全国平均分数线，在全国范围领先。

（2）卫生与健康。伦敦市政府对于公共医疗和卫生服务也给予了高度重视。公民可以享受到英国国家健康服务体系为其提供部分免费医疗保障服务，社区全科门诊课题为患者提供免费的健康咨询、常规检查、疫苗接种、心理辅导以及大病转诊等服务，也治理简单疾病并提供药物处方。公立医院可以为需要就医或是住院的患者提供免费治疗，同时也存在私人医院提供专家服务，可供患者自费或是自行购买私人医疗保险选择。除了约 8% 购买了私人保险的伦敦公民，享用国家医疗保险接受免费医疗服务是绝大部分人的选择。在健康医疗服务上，伦敦政府每年花费高达约 220 亿英镑（黄燕芬等，2018）。

（3）社会保障。伦敦社会保障服务可以使公民在遭受残疾、疾病、意外、失业、老年等困难的情况下受到帮助，尽可能保障人们独立、充分并且安全地生活。公共服务不断市场化，获得政府许可的私人机构组织，逐步替代地方政府、民营机构和慈善组织成为社会保障服务的主要提供者。政府负担符合最低家庭财产（14250 英镑／年）划分的老年人服务费用，如果老年人的家庭财产高于 23250 英镑／年，需要完全自费购买服务，或者选择更高端和专业的养老服务。收入在最低和最高界限之间的老人和政府共同负担养老服务费用。残疾人和失业保障服务同样实行政府购买符合条件服务机构服务的"合同制"。伦敦政府还对各项服务建立了完整的工作管理流程、监管机制和评估指标，开设监察评估的专门机构，激励服务机构优质且低价地提供服务。

（4）住房。在住宅商品化程度较高的情况下，伦敦政府为保障低收入者的基本居住，提供了保障性住宅以及可负担的房屋政策。伦敦作为英国首都，其国内最高的住宅和租赁费用，以及远超工资水平的房价增长速度，增大了人们在伦敦生活的困难。伦敦市政府为缓解公民住房压力，实施"真正负担得起"（genuinely affordable）的房屋政策，计划投入 31.5 亿英镑，截至 2021 年建造至少 9 万所经济适用房，满足了社会大多数人购买或租赁的需求。

（5）文化与体育。为了能使每一个伦敦市民拥有参与体育活动的机会，激发居民开展体育锻炼的动力，伦敦在全市范围内对社区体育场地进行投资建设，并与社区组织和各运动俱乐部展开合作，免费提供运动场地，组织体育比赛活动。政府实施了"免费运动"（Free Sport）项目，目的在于鼓励群众积极参体育项目，尤其是鼓励不经常参加体育活动的人，该项目提供每年两次 1500 英镑的资金补贴给大约 150 个体育组织，这些体育组织向市民免费开放得到补贴的运动项目，提供组织体育活动至少 8 个小时，其中参与者应有 20% 平时运动少于半小时，以及至少 10% 的残疾人。另外，伦敦政府还大力发展大众体育，为每一个区投资数百个体育项目共计 700 万英镑。

伦敦同时还致力于公共文化服务发展，博物馆、档案馆、历史名迹事件、图书馆等组成了伦敦人民文化生活的重要部分。政府在 2013 年为丰富伦敦公共文化投入了约 2.32 亿英镑，同时大力提倡"街头艺术"等让文化真正融入城市的城市文化服务，鼓励人人可享受到的服务形式。伦敦还组织各种能够提高生活归属感和幸福感的文化活动，不断丰富城市文化。

（6）交通。伦敦自 2000 年直选市长一职以来，历任市长均将交通发展与拥堵治理作为施政重点，通过发布《伦敦市长交通战略》，提出交通发展规划，推出具体政策措施。《2018 伦敦市长交通战略》倡导"健康街道、健康市民""良好公交体验""新住所、新就业"三大交通发展战略，提出要进一步限制私家车使用，到 2041 年将步行、自行车和公共交通出行的比重从目前的 60% 提高到 80%。可以看出，伦敦已经超越了"治堵"阶段，通过以全新交通理念引领、整体交通规划先行，促进城市交通的可持续发展（黄燕芬等，2018）。

（7）城市生态环境。伦敦市政府致力于打造健康绿色、资源有效并且能够实现持久发展的城市，颁布实施了从生活用水、空气质量、垃圾处理、温度变化、绿地规划和噪声治理等方面整治伦敦环境的综合性战略。伦敦积极增加城市绿化覆盖范围，提出"绿色伦敦"口号，拥有占城市总面积 20% 的超过 800 万棵树木，绿色屋顶总面积超过 17.5 公顷，既有效防止洪涝灾害，又实现了美化城市景观的作用。另外，伦敦还采取了垃圾分类处理的先进方法，对可再生物品进行有效回收，减少填埋垃圾的数量，提高资源利用效率，为 23 个区的居民提供食物回收服务，并提倡有关企业对剩余食物进行可合理有效的回收利用。

二、纽约

纽约既是世界特大都市之一，也是美国最大的商业、金融和文化中心。纽约有两个概念，一是小纽约，即 930 平方千米面积的完整行政区

域；二是大纽约，即拥有 32400 多平方千米面积，包括纽约市所属的五
个区：布鲁克林、布朗克斯、皇后、曼哈顿和斯坦塔岛，以及纽约州、
新泽西州和康涅狄格州的 26 个县的人们概念中的纽约。工业革命的发
展、城市经济的繁荣以及不断迁入的外来人口，使纽约人口从 19 世纪
末到 21 世纪初逐年增加。

1. 城市管理与社区自治

美国是自由的市场经济国家，城市管理主要依托城市规划和社区自
治的作用，但是政府也发挥了重要作用。①实施援助公路建设政策。面
对逆城市化浪潮和大量人口从城市中心迁往郊区的现实，美国政府于
1956 年颁布了《联邦资助公路法》（张耀军等，2006），以改善人们的
生活、工作条件。美国政府也纷纷参与开展公路修筑的工作，使高速公
路网密度大大提高，交通便捷度提高，在郊区生活工作的方便程度与城
区几乎相同。②郊区住宅促进政策。1929 年，美国严重的经济危机影
响深远，但美国政府为鼓励中高收入者在郊区修建新房，帮助其获得住
宅抵押贷款，刺激建筑业发展，从而使 20 世纪 30 年代的郊区化加速进
行，纽约郊区以两倍于市中心的速度快速发展。20 世纪 50 年代，美国
政府提议在郊区建设小城市。美国国会于 1968 年通过了《新城市开发
法》，并对 63 个平均人口规模在 2 万人左右的新城市进行首次批建。20
世纪 60 年代后，实行分散型城市化的示范城市试验计划。

1995 年纽约全市 730 万人口，被分成了 59 个社区，由市镇中心、
小区邻里组合和住宅小区提供自治的公共服务，每个社区人口约在
11 万~18 万。社区委员会根据实际需要安排社区管理，组成专业委员
会，由社区委员会委员担任负责人，社区居民竞选担任其他成员，把工
作划分成环境保护、社区安全、社区教育、区域规划等方面，由专人负
责。非营利组织以满足社区居民的日常生活需要具体为基本宗旨，承担
社区的社会服务和管理。

纽约的公共防范和安全保障也是十分仰仗城市内社区的自治力量，
志愿者服务水平的提升和危机防范意识的提高也主要通过公民团的形式
进行组织。纽约制订了加强民间联系和提高城市整体防御应急水平的政
府与民间应急计划（PEPI）（顾林生，2005）。纽约建立了危机指挥协
调体系，成立核心指挥部门：纽约市紧急事态管理办公室（OEM），对

超过150个联邦、州、市及私人组织的危机应对活动负责协调，并统辖各个专业部门，如纽约城市医疗、城市健康局、警察局、消防局等。纽约构建起了一个安全的多层次的、有财力强大支撑的、由政府、民间机构、市民更共同参与的社会保障体系。

2. 综合执法与精细管理

纽约开展多年的反涂鸦行动作为经典案例，体现了国际大都市在精细化城市管理时明细化立法、专业化分工、信息化技术、多样化措施、人性化管理的基本特点。《纽约州及纽约市反涂鸦立法》明确定义城市涂鸦为犯罪行为，可操作性和针对性强，提供了规范的禁止性条款明确和充分的处罚依据，并且可以在纽约市政府网站的醒目位置找到（吕虹，2008）。

在纽约，主要由纽约警察局、"311"热线以及纽约社区辅助协会联合开展反城市涂鸦行为。三者分工明确、各司其职，其中纽约社区辅助协会协调各市政单位，与各社区组织直接合作，改善纽约的生活居住环境，被市长布隆伯格誉为在多样化的纽约社区中的"眼睛和耳朵"。"311"热线整合了环境、警务、交通等120个部门和16个呼叫中心，2003年由纽约市政府为市政服务系统开通，这个非紧急服务热线电话建构了一个平台系统，便于政府相关管理部门相互合作，为市民提供全天服务。纽约警察局在反涂鸦行动中担负着执法职责，被立法定义为犯罪行为的涂鸦行为将依法得到惩处。社区化和公民参与的原则始终贯彻在反涂鸦行动中，让纽约公民参与共同监督和管理。

3. 智慧城市

纽约在城市建设过程中，利用可视化技术，城市规划者可免费获取建筑物数字模型，观看城市面貌的外在变化，加速新开发提案的公共审查过程。另外，纽约非常注重智能交通的管理，目前已经建成一套智能交通信息管理系统，是全美最发达的公共交通运输系统之一。它可实时跟踪、检测纽约的交通状态变化，机动车司机可根据信息系统发布的交通信息选择最佳行驶路线，管理者也可根据信息系统提供的信息进行交通疏通管理。纽约积极推行停车系统的智能化，在市内广泛推行E-Zpass电子不停车收费系统，提高收费效率，每车收费耗时不到2秒，是人工收费通行能力的5~10倍。

纽约在 2005 年启动了电子健康记录系统，2009 年把该系统升级。纽约的各大医院和社区医疗保健机构普遍采用全套电子病历系统，便利医生对患者的病历查询和医疗会诊，提高医疗效率和优化医疗措施。纽约建立了网上医疗信息交换和信息共享平台，促进医疗信息交换和共享，同时也开发移动医疗程序，使居民能随时随地接受医疗服务。

纽约市目前发布了世界上第一套全面的智慧城市指导方针，以确保智慧城市技术有责公平部署。白宫也对这些指导方针表示认可，目前已经有 20 多个主要城市采用此指导方针。在与物联网的结合过程中，其不仅要求企业提供物联网工具，同时在营商环境上也要求企业遵守物联网的原则、运营政策以及责任要求。该指导方针强调了隐私度和透明度的有机结合，根据新颁布的纽约数据分类政策，物联网设备收集的数据和信息应按照公共、敏感、私有或机密的方式进行分类和处理。所有个人身份信息（PII）应至少分类为私人。所有被归类为机密或个人身份的数据都应该受到保护，防止未经授权的使用和披露。因此，在政府收集到相关数据后，对数据进行分类与管理，并根据使用目的和使用范围来进行公开发布。

数据是任何物联网系统的核心。优秀的智慧城市解决方案应当确保物联网和实时数据被采集、存储、融合，并以最大化公共利益的方式提供。在纽约政府主导的数据门户网站中，商业、政务、教育、环境、医疗、住建、公共安全、交通、娱乐、社会服务等模块的政府数据可实现下载和在线数据可视化。

4. 市民需求与公共服务

纽约作为美国经济最发达的城市，在公共服务供给中的公共服务购买流程上一直是美国国内的典范。纽约州综合服务办公室的合同由州政府以及州内各个地方政府共同签订和管理，是最核心的采购中心。州法律对纽约市予以授权，对纽约州综合服务办公室（OGS）的合同准予通过，购买公共产品和公共服务可以节约行政成本，同时享受价格优惠和纽约州政府建立的合同条款。综合服务行政署（GSA）建立和管理采购合同，是联邦政府的采购部门。

纽约市购买产品或服务的合同，由联邦政府或者纽约州政府主导定制，使纽约市在价格上获得大量优惠，并且节省了合同的制定时间，是对政府间采购方式的创新性使用。纽约在 2014 年采用这种政府间采购的方式签订了大约 3% 的合同，其中基于纽约州综合服务办公室的合同大约 70%，基于美国综合服务行政署联邦供给计划的合同大约 30%。

纽约宪章及购买政策委员会规定，机构在预签订超过 10 万美元的合同金额之前，必须举行公众听证会，使民众了解合同内容并获取民众支持。纽约公开化购买公共服务过程，举办公众听证会就是重要途径之一，公众听证小组由市长办公室合同服务中心成立，对整个听证会进行管理及实施。在听证会上，民众对于纽约所购买的公共服务项目及合同的意见，将会被购买主体机构的代表认真听取，并作为修改完成服务项目合同签订的重要依据。

纽约市政府为了引导公民参与，在举办公众听证会之外，还对每年购买报告进行发布。每年年末市长办公室合同服务中心在纽约市政府的官方网站，发布该年度的服务购买报告，以详细的数据、图片、图表等形式，对包括购买公共服务内容、购买流程、公共基础设施、人力资源服务以及政府自身运营的采购等内容，进行购买方式、服务效果、资金流向、听证情况等信息的全面公开，报告公开的内容能够为民众提供信息，更合理地在政府"需求计划"环节表达诉求（孙荣、季恒，2016）。

三、巴黎

巴黎是法国的首都，全国的政治、经济和文化中心。狭义上的巴黎指巴黎市区，广义上的巴黎还包括近郊的三个省和远郊的四个省，俗称"大巴黎"。巴黎的城市规划编制以保护为导向，对城市进行精细化的规划管理，在城市治理过程中发动了广泛的社会参与，采用有效的技术手段，制定了严格的管理制度。使巴黎保留了 2000 年城市发展历程中留下的丰富历史遗产，形成了独特的风貌（刘健，2017）。

1. 城市空间精密规划

巴黎市区 1872~1962 年人口逐渐增加，从 1962 年开始就逐年减少。进入 21 世纪以后，巴黎市区人口出生率不断增加，人口出现回升。巴黎主要采取经济手段，以行政手段为辅进行人口调控，并积极发展城市周围乡村以及改造旧城区，通过城乡的协调发展与改造减轻人口大量流入城市的压力。

巴黎城市工业布局变化正经历着企业的自然兴衰、工业搬离市区、外迁离开巴黎地区三种形式。其中由于自身和外在因素引起的工业搬迁决定了巴黎地区的工业布局变化的总趋势。自身因素一般是指企业为了解决巴黎日益高涨的地价问题，或更好的原料供给和交通运输，以自身发展为出发点进行对外迁移。外在因素则是市政当局借助行政手段进行城市规划和产业调控。

在严格限制巴黎市内工业区发展的同时，对建筑杂乱无章、功能单一的旧工业区域规划，在单一的城市空间里重新设计组合全面城市，使已发展的区域融入城市居住、商业、文化、工作功能。对老建筑强调精心维护和利用，允许建设新建筑但要求尊重老建筑，尽量保持新建筑与老建筑风格上的协调。并进行多功能化改造，将大型建筑改造成集能源、交通、绿化、工作休闲、城市居住功能于一体的综合设施，降低人员流动频率与强度，减少用于通勤的时间和交通支出。

2. 智慧城市与绿色生态城市

巴黎建设"智慧城市2050"的总目标是尊重巴黎丰富的历史，最大可能保持巴黎历史建筑完整度，最低限度地降低对环境的负面影响。巴黎是欧洲人口密度最高的城市，在其高密度城市中构建绿色基础设施面临着巨大的挑战。巴黎首先充分挖掘现有绿色空间资源，对于计划增加的绿色空间，除了通过传统绿化方式以外，还特别重视与交通基础设施及建筑相结合等新方式。比如，巴黎屋顶绿化的发展，以及对建筑立面的绿化。

巴黎提倡便捷的绿色出行，推进共享单车和电动汽车的服务。2011年巴黎市在市政府的主导下开始实施电动汽车共享计划，使巴黎成为全球首个大规模推行公共电动汽车租赁服务的城市。并建立智能巴士厅，提供无线上网、自动售卖服务和自助式图书借阅，帮助市民在等车过程中便捷获取资讯，提高市民生活质量。

巴黎以地方法规规定，对公共和私人绿地以及建筑工地的树木进行鼓励保护。巴黎有市级大公园、区级公园、社区公园和广场绿地等公共绿地，以及塞纳河、运河边的公园和绿地等。除道路高度绿化外，居民拥有并被要求管理好住宅旁的绿地。在欧洲历史上，巴黎是第一个有效保护树木的城市。为了便于管理，巴黎已经为每一棵树建立了辨认卡片和档案。目前，巴黎公园绿地的地理信息系统已经建设完毕，该系统将对全市公园绿地的植物、喷泉和基础设施等实行信息化管理。

在大型城市综合体装配大型的能源设备，集约、智能地满足大建筑的能耗需求，实现自给自足。巴黎政府通过立法对购置郊区土地的条件进行了严格规定，必须使用绿色能源进行城市边界土地的开发。吸引市民到郊外参与生态农业活动，在郊区进行温室、城市公园建设，以促进城乡结合（欧阳李文，2013）。

3. 城市共建与社区自治

作为长期以来各国移民理想的目的地，巴黎城市文化的异质程度高。20 世纪下半叶以来，社区营造是社区发展集体行动最有效的组织方式，在保留原住民及其生活环境的同时，也为传统街区找到了新的发展空间，凝聚了公众力量。

20 世纪 90 年代末，政府通过控制优先购买权，对倒闭店铺的后继经营者提出"维持传统店铺的经营内容和特色"的规定，并从 2004 年开始，对传统街区编制《街区商铺的保护与更新规划》。通过积极参与官方规划，巴黎市民保住了属于自己的社区。巴黎经验显示，上下合力是法国社区营造的重要特点——既有来自政府的政策引导和财政支持，也体现了来自社区居民强烈的归属感和良好的自治能力。

2011 年开始，巴黎居民能够就他们所居住社区的公共区域设计方案进行投票选择，这一公共区域设计的投票选择方式已上升到巴黎这一层级，成为参与式预算制定的一种方式。不只长期居住的居民，一些流动居民或者路人也可参与设计过程，使参与式预算与景观设计更贴近不同类型使用者的需求，也促使使用者们更自觉地保护公共区域的绿地和相关设施。

4. 公共文化服务建设

巴黎文化政策的特点是：重视文化遗产保护，弘扬民族文化；促进文化的民主化，文化惠民向青少年倾斜。政府对面向年轻人的文化表演给予补贴，并制订了培养青少年影视才能的教育计划；坚持时尚之都的打造；文化规划辐射到多个城市副中心，加快巴黎外城的发展；吸引私人和团体投资公共艺术。巴黎拥有 300 多个文艺中心、400 个大小型公园、135 座博物馆、170 多家歌舞厅、350 个电影院、141 个剧院和 64 所市属公共图书馆。约有 1.4 万座古代建筑和遗址被列为历史古迹，其中受保护的古建筑有 3115 座。

巴黎重视当代艺术，其中著名的活动有当代艺术国际博览会和"巴黎艺术"两个著名的大型国际展会。"巴黎不眠夜"是以现代艺术为主题的在夜间举行的大型活动，每年参与者超过 150 万人次，辐射全国 20 多个城市，有效地推动了巴黎乃至法国的经济。巴黎摄影展、巴黎海滩活动、"点亮巴黎"、"首都之夜"、巴黎设计周、巴黎时装周等活动也有很大的影响力。

四、东京

东京是日本首都，承担着政治功能，作为世界级大都市，同时是日本的经济、文化、教育中心和交通枢纽，也是亚洲的金融与时尚文化中心。围绕东京形成的"东京都市圈"生活着日本人口的约 1/3。大东京区主要城市管理特点在于环状多极布局都市圈规划。1 个中心区、7 个副中心、多座卫星城共同组成了世界上规模最大的都市圈之一"东京都市圈"，东京的城市功能得到有效疏解。

1. 城市安全与风险防范

东京处于自然灾害多发地区，因此城市安全与风险防范是东京城市管理的重点之一。2002 年，东京采取政府行动一元化管理体制，取消以防灾和健康主管等为主的部门管理方式，提出了"建设面对各种危机能够迅速、正确地应对的政府体制"的战略（顾林生，2005）。

日本在神户大地震后加强预防，提出了"自己的生命自己保护""自己的城市和市区自己保护"等防灾基本理念，同时建立起了行政、地区和社区（居民）、企业以及志愿者团体等在灾害发生时携手合作和相互支援的社会体系。东京学习神户大地震的经验和教训，重视建设由社区和政府共同组成的市民自主防灾组织，以"自救、共救、公救"的理念引导，还建立了企业自身防灾应急体系。同时做好充分准备，在市内积极进行市民避难圈建立，对外展开首都圈相互应急救援协作机制制定（顾林生，2006）。建立发言人制度，以政府为主导，友好和有效地与媒体合作，与市民进行危机信息沟通。

2. 城市规模与人口控制

"二战"后，随着工业建设的快速推进，东京在 1950~1955 年的六年间，人口迅速增长173万人。东京市在1955年发布"首都圈构想草案"，规定了市区控制工业用地规模以疏解产业和人口；为提高土地利用率建设高层建筑。1955~1970年经济高速增长期间，由于各类产业设施的进一步聚集，东京和首都圈地区的城市病问题随之加重，恶劣的居住环境、不完善的基础设施以及拥堵的城市交通严重阻碍了城市发展。因此，东京于1958年发布"第一次首都圈整治规划"，1963年发布"东京都长期规划"，均以"控制并疏解过度集中的人口和产业设施"为首要任务。随着东京人口增长明显放慢，城市问题并未得到解决，东京政府在20世纪60年代后期转变了消极控制的城市政策，走向积极引导，由过去控制大城市的理念转向建设大都市圈。20世纪70年代以后的很长一段时间东京人口规模都维持在1100万人左右。

1985年日元的升值使东京与纽约、伦敦一样成为世界金融中心，这一时期，证券、金融、房地产、建筑等第三产业的就业人口迅速增长，住房价格上升。在发展副中心的设想基础上，东京逐渐形成"多核心型"的城市结构理论，以解决日益突出的"一极集中"矛盾（张耀军等，2006）。

3. 智慧城市与大数据库

日本东京"I-Japan计划"：日本政府早在2000年就开始加速推进国家的ICT计划，以"安心且充满活力的数字化社会"的建设为目标，并制定了从"E-Japan"到"E-Japan Ⅱ"，再到"U-Japan"，然后到"I-Japan"的阶梯式战略。

东京智慧城市建设以物联网应用为主要抓手，"东京无处不在计划"取得了较大成功。该计划将ID识别功能广泛应用于市内主要场所和物品，通过系统平台将各种信息传输到公众的手持终端上，公众可通过红外扫描、蓝牙传输等方式读取场所和物品的资讯，实现服务的便捷化和高效率。在医疗领域，医院采用移动终端，方便医生移动查房和护士床边操作，实现了医护的网络化和移动化。同时，通过在家设置无线网络和感应器等，智慧系统可随时将患者的生理健康数据传输到医院的数据平台，为患者提供更快速、便捷的远程医疗服务。

在交通方面，如何简化优化城市交通系统是智慧城市建设的重点任务。东京提出的"智能化高速公路"计划包括汽车和高速公路的优化。

其中，汽车方面要实现高度的信息化，即车载终端可利用外部信息进行智能判断，选择最佳行驶方案，从而避免追尾、碰撞障碍物或违规行驶。高速公路方面则采用信息技术进行技术控制和监测，随时为公众提供信息服务，避免交通拥堵，从而提升公路的安全管理水平。

4. 城市共建与社区自治

东京政府为社区发展提供规划、指导和经费支持，整体氛围宽松，民间自治与政府管理交织在一起却也各行其是。东京都政府的主要职责是制定城市的发展规划、协调事务等，与各机构并不是纯粹意义上的领导与被领导的直接隶属关系。东京都包括 24 个特别区、26 个市、7 个町和 8 个村。各自都有类似上海居委会的役所，管理社区建设和居民的生活。其最大的特点就是役所是居民投票选出的行政机构，不受东京都政府的直接领导。日本宪法规定地方实行自治，町内会便是其最小的细胞。

町内会承担社区的主要功能，具有行政和自治的双重性质。町内会的主要的功能有：维护社区环境；定期回收垃圾和管理垃圾收集站，防止非法投弃；宣传联络；防灾培训活动；举办活动；协助和扶植各类组织。町内会每年年初定期举行全体会议，主要审议上一年工作报告以及收支情况，提出新一年的工作预算，进行选举等。

地域中心在东京，专门设立"地域中心"进行管理。这一体制是为了社区管理工作适应特大城市的发展需要而在 1974 年确立的。政府根据当地的人口密度和管理半径进行划分，隶属于区政府地域中心部。它的主要功能包括意见的收集、支持非营利组织活动的开展，为其提供服务，满足区民的多种需要。一般来说，一是区民可提出申请，由地域中心工作人员在集会场所与区民讨论解决方法，或者在区长室，由所长替代区长当场解决、解释居民的疑问；二是一些法规、政策实行开放，居民可随意查阅；三是公开办事，包括户籍、婚姻登记、税金等居民常规活动。

地域中心依赖政府拨款，地域中心制作预算后上报区政府，经区议会审核通过后，分配经费，由所长根据工作计划进行安排。各项费用标准都有明确规定，需要依照区政府的各项规章和条例，按照预算和规定的标准进行经费的支出。地域中心与区域内的非营利组织有着良好的合作、支持关系。

5. 市民需求与公共服务

东京都根据市民的实际需要，分别针对各类特殊人群提供了公共服务的发展目标，以落实"福祉先进"战略。为儿童保育和老年人养老配置重点设施，以满足人口老龄少子化的人口发展趋势；将保育服务设施配置在车站近郊等便利的地点，方便监护者照顾病儿以及病后儿童；发起由集中型的福利设施向社区转移老年人、残疾人设施的号召，满足在社区的高龄老人安心养老的需求等（周琎，2018）。

在地方自治体的层面上，东京都全面且精细化地制定了一套设施评估体系，以应对财政收入减少、设施老化和人口结构变化等问题。评估内容对设施的建筑物年限、抗震等级、使用人数以及需求、运营所需的人力和资金成本等现状进行综合考虑，提供变更设施用途，规划合并功能等直接依据，方便政府进行决策更新（张敏，2017）。

东京城市交通建设出了一个立体快速交通网络，其治理交通拥堵的根本举措，就是建设健全的贯联了地面、地下、地上的公共交通网络。东京都政府向民间融资，通过发行债券加大轨道交通修建规模（张暄，2014）。除此之外，换乘方便和准时也是东京地铁的一大特点。东京有99%的线路换乘均可在3分钟内完成，有的更是简单地到站台对面换乘即可。另外，东京都政府严格限制小汽车出行，高昂的停车费让私家车望而却步，进一步凸显公共交通的优势。

第二节　区域支柱型城市（Asian Anchors）

一、首尔

首尔位于朝鲜半岛的中部，韩国西北部的汉江流域，是韩国的首都和政治、经济、文化以及科技中心，行政区内人口已达1000多万。韩国首都圈以首尔为中心，包括仁川广域市和京畿道的大部分地区，居住了近一半的韩国人口，达2300万。韩国都市圈内大型商圈数量和铁道系统密度等皆位居世界各大型都会区前茅。首尔以韩国国土面积的0.6%占GDP的21%。

《2030首尔规划》提出，要创造全体市民共同守护的安全城市，改善危急状况的应急机制，确保危机应急响应的及时性，提高应变能力，加强城市的安全治理，预防气象灾害，提升环境治理的能力。

1. 城市规模与人口控制

鼓励并引导人口向周边地区疏散，限制外来人口继续进入首尔。政府对半工业区以及市内工厂的发展进行了严格的控制，制定免税等相关政策，引导市内工业园更多地建在首尔周边地区，迁出市中心。对城市规划法规进行重新修订，对扩张市区居住区域以及和城市无序膨胀的活动进行限制，将"绿色带"建设在首尔周边。向外扩展首尔，推动卫星城的建立。通过教育政策与行政和税收措施，减少首尔学生、职工以及工厂数量。

为了有效疏导人口，政府在周边卫星城市大量建设基础设施，政府将远离首尔市区的五个区域城市中心规划为增长极，将几个沿海地区规划为重工业发展区促进地区间更为均衡地发展（张耀军等，2006）。

2. 城市共建与社区自治

韩国将社区营造称为"村庄创建"，"村庄"是指居民在日常生活中共同享有的空间、环境、经济、文化及社会关系网等，即社区。近年来，韩国居民居住观念受经济危机冲击发生改变，大规模城市开发建设也因为韩国经济持续低迷而走向停滞，政府难以继续建设其主导的各种大型项目，以人为核心，同时注重管理、整治、保护以及提升硬软件的社区营造城市再生策略，成为韩国城市规划的发展方向。

20世纪90年代社区营造在韩国萌芽，并在2000年以来被不断尝试推动，形成了在政府支持下实行居民自治的发展特色，其初期活动主要致力于传统建筑的保护和住房以及社区的发展。由于城市开发共同体消失，高层住宅泛滥，2009年首尔发起了"营造美好社区的地区单位规划"，以促进居民参与社区共同体文化营造，保护低层和独立住宅。

首尔发展社区营造的核心推动力产生于2011年，朴元淳担任首尔市长之后，提倡停止新城开发和大规模城市更新，进而替代以社区营造的城市建设方式。2012年初，朴元淳发布《首尔市新城整顿事业新政策构想》，市政措施的核心内容变为"恢复社区共同体"，施政重点变为对市民的生活品质与幸福的关注（魏寒宾等，2015）。

社区居民、居民集会和行政组织均可参与首尔市共同体项目，3个人以上均可向政府提出支援申请。政府依据项目发育程度对其进行划分并提供相应帮助，将其分为种子阶段即居民集会形成的阶段、幼苗阶段即营造项目实施阶段、成长阶段即确立和执行社区规划的阶段。政府举办"寻访社区共同体"的讲座，对居民的社区认知进行提升，建立"成长学校"培养社区活动家，开展"咨询员教育"和"社区领导教育"引导居民自治，提升居民规划能力。社区教育由中央政府、地方政府主导，由市民社会或地区团体具体开展。

在社区共同体建设项目的运行过程中，行政机构、居民和民间团体以及支援组织建立起了联系网络，为运行提供支撑。首尔重组了行政组织架构，对相关条例进行制定发布，对委员会和支援中心进行创设，推动共同体营造运动的开展。首尔市社区共同体委员会由居民、专家、市议员和公务员构成，每月召开社区共同体政策讨论会，对项目经验进行分享。首尔市社区共同体支援中心是首尔2012年正式成立的由居民主导的对社区共同体活动进行发掘与中间支援的组织，是政府与居民合作支持地区成长和居民参与，对社区内人力及物力资源进行强化连接的重要机构和平台（魏寒宾等，2015）。

3. 交通精细管理

首尔市政府一方面坚持不懈地发展公共交通，另一方面持之以恒地引导私家车减少出行。首尔市发展公共交通一是不断扩充硬件设施，使地铁线路延伸得更长，公共汽车跑得更快；二是不断完善软件配套，提高公共汽车舒适度与市民乘坐意愿。公共汽车运营实行三项重大改革：改革公交运营机制，由完全私营改为公私合营；投入巨资对首尔市内道路进行改建；在交通枢纽地区建立换乘中心。

2009年7月，首尔在建设和运营地铁的过程中引进民间资本。这一尝试在首尔地铁9号线上首先得到实现。2017年，首尔在已有9条干线的基础上增建8条总长为70千米的轻铁，使地铁的覆盖程度更高，市民们乘坐地铁更加方便。此外，首尔市政府还计划联合中央政府以及邻近的地方政府将地铁延伸到周边卫星城市。

4. 公共文化服务体系

21世纪以来，为了顺应低碳经济的国际潮流，以及"低碳绿色成长"的国家课题，韩国文化观光体育部公布了更为详细的绿色文化发展战略。第一，为了实现可持续发展，解决日趋严重的气候变化问题，按照绿色文化城市、绿色观光城市、生态亲和城市、绿色能源城市四大主题，努力建设旅游及休闲胜地。第二，为了让大众接受低碳生活方式，建设能源节约体验区、碳素游乐场、市内绿色区域，开发诸如自行车道等生态观光项目，举行并支援绿色环保文化艺术活动与各地区的各种庆典活动。第三，在修建文化、体育、观光设施之时，如果建有自然采光、夜间电力等环境友好型附属设施，政府将提供奖励。第四，在城市建筑中使用绿色环保技术与材料，由相关部门提供环保材料指南。第五，对包括宾馆在内的观光旅游设施进行评价时，引进"绿色认证"制度，借此减少二氧化碳的排放量，实现绿色成长的政策目标。第六，为了让更多的绿色技术应用在城市建设中，引入市民参与制，建言献策。

2000 年首尔编制了《城市中心区管理规划》，以保存历史文化遗产作为规划重点，提出对城市中心区的历史文化展现增加公共投资，保护重要历史遗产及其周边景观，制定政策对近代历史遗产进行保护和财政支援，规划建设保护传统文化大街、历史文化探访路以及历史文化街区等。[①] 首尔将城市保护的对象从文化扩大到生活环境，将环境保护也纳入发展目标，用重视保护历史和文化的新政策取代开发为主的旧政策。

二、莫斯科

莫斯科是俄罗斯首都，是俄罗斯政治、经济、文化、教育、科技中心。与其他世界大城市相比，莫斯科于苏联时期完成了成长定型的主要阶段，因此建设时带有预先计划，政府的强力推动也是莫斯科城市治理的鲜明特征。莫斯科市面积约 876.5 平方千米，人口约 878.7 万。在苏联时期，高度集中的计划经济体制使莫斯科经历了快速工业化，但是对于城市工商业发展的相对忽视，和对改善人居环境的内在需求的缺乏重视，也使莫斯科暴露出在城市功能定位、空间布局、产业结构以及城市治理方面出现的"大城市病"问题。

---

① 刘剑刚：《中韩城市历史街区保护比较研究——以北京、首尔为例》。

1. 城市规模与人口控制

十月革命后，苏维埃政府对莫斯科进行了大规模的扩建与改造，一方面大力发展工业，另一方面注重城市规划。快速的工业化和城市规模的迅速扩大，给莫斯科的发展带来了一系列的问题。因此，当时的中央给莫斯科制定了 500 万人左右的极限规模，发展公共交通等十年发展的规划。但城市人口在 1959 年已远超 500 万人口的总规划目标，增加到 605 万人，之后，莫斯科市政府修改确定，将城市总人口控制在 800 万人以内，并采用多中心规划的方法，对莫斯科市综合规划区进行合理划分，平衡劳动地点和居住地点，避免人口在市中心过分集中，城市由功能复杂变得相对简单而又不紧张。但是到 1984 年，随着仍然较快的人口增长，莫斯科总人口已经达到 853 万人。期间莫斯科为疏散市区人口积极发展卫星城，莫斯科外围城镇在 1959~1981 年人口增长率为 76%，远超市区人口 1/3 的增长率（张耀军等，2006）。莫斯科卫星城镇对于交通尤其是地铁系统规划得较好，莫斯科地铁全线 262 千米，拥有 162 个车站，占市内交通 60% 的载客量，运载可达 900 万人次 / 天，居世界运营里程的第五位。全市有七条辐射线和一条位于市中心的环线地铁，环线与辐射线相连，沿途人口稠密。莫斯科地铁只需一小时可以从市区边缘到市区中心，运行效率高且票价低，很大程度上缓解了莫斯科交通紧张状况。

近年来，随着经济的转型，传统产业的经济贡献逐渐减少。为此，莫斯科市政府实施了置换第二、第三产业的计划，分期分批将市区的一些传统工业企业地迁到城市郊区的卫星城；或者干脆将土地变为绿地，以改善城市中心区生态环境，取得了以产业转移带动人口转移的效果。

2. 城市共建与社区自治

莫斯科在长期建设中，形成了相对完善的社区规划整体机制。社区注重住宅质量，建房和拆房要经过一系列的审批以及在居民代表同意的前提下才能通过。同时注重对于良好人居环境的建构，着力提升居住环境生态水平，合理布局绿地和建筑群。在莫斯科，家庭享有免费以及医保的权利，医院、学校在社区开设。快餐店、银行、理发店等服务性设施也在临街一层开设。

莫斯科的《莫斯科社区自治法》为社区自治提供法律依据。根据该

部法律，社区是非商业性机构的自愿性自治组织。社区群众大会和代表
大会是最高领导机构，组织机构为社区委员会和社区检查委员会，社区
委员会管理社区财政资金，合法使用政府拨款，参与规划改造城市社
区，由居民票选。社区检查委员会对社区委员会的财政活动进行监督，
对社区法执行情况进行检查，是社区检查监督性机构。这种社区自治模
式有效调动了居民的参与感和积极性。

莫斯科是最早在居民区安装电子监控器的城市。社区警察局建立的
中央监控系统有近千个镜头监控安全情况。建立统一警务网络系统，安
装防盗报警系统，将社区的各单位住宅纳入系统。

莫斯科社区建有退休基金会和居民社会保障服务委员会两大社会保
障机构，退休金的划拨和发放由退休基金会主管，居民社会保障委员会
使用莫斯科州社会保障处和地方财政预算提供的资金，下设"儿童中
心""慈善中心""家庭中心"等机构（胡娜，2008）。

3. 城市生态环境治理

工业化发展以来，莫斯科的城市生态环境不容乐观。为了遏制生态
环境的恶化，莫斯科政府出台了一系列的政策法规，加大了整治力度，
在环保问题上执法严格。1997年，俄罗斯全国对破坏生态的行为提出
300多件刑事案，其中150件就是莫斯科立案的。一般大城市预算中生
态保护费占3%，莫斯科达5%。围绕城市的垃圾问题、污水处理问题
及交通工具污染问题采取治理措施，莫斯科的工程师、设计师、科学家
们集思广益，建言献策。

为从根本上改变垃圾污染的状况，莫斯科实施了"废物利用"的计
划，采用技术、经济和政治决定的办法综合处理工业废料和垃圾的问
题。莫斯科近几年来建成了多座垃圾焚烧场，通过工业方式处理城市
60%的垃圾，40%的垃圾通过填埋的方法处理。同时，莫斯科还专门
成立了专家管理机构，承担检察官的责任，着手制定政策，考察现场，
建立生态保险。莫斯科针对垃圾的生产和使用实施了相应的法律，并且
采用经济手段，给予企业税收优惠等来刺激垃圾的处理。

交通工具的污染是莫斯科生态环境下降的主要原因。莫斯科政府、
市交通管理局和市自然委员会推出了大量措施，其中有两项特别措施非
常见效。一是淘汰老型汽车，更换环保车，采用天然气替代汽油。二是

推出一批环保型电动车。莫斯科政府加大投入生产进行电动车的开发与生产，给予改善生态环境做出贡献的生产企业一律税收优惠。此外，清洗汽车是汽车对环境造成的另一种污染。莫斯科通过改造汽车清洗站，安装新的循环水洗车设备，改变汽车污染城市水源的状况。

莫斯科还注重对原有生态环境的保护。莫斯科一向有"花园城市"之称，全市自然保护区总面积达 7200 公顷，再加上全市星罗棋布的街心花园和公园，使绿地面积共达 2.4 公顷，绿化覆盖率达 40% 以上，成为世界上绿化最好的城市之一。1935 年，莫斯科的森林带直径为 10 千米，后来扩大将 7 万多公顷的森林面积划入首都的管辖范围，组织人员进行管理。得益于独特的自然条件和祖先们对环境的用心保护，莫斯科大面积的森林保护带得以实现。森林保护带一方面改变了周围的生态环境，减少了噪声和污染；另一方面它所派生出的绿色产业促进了莫斯科的旅游业、服务业，为提供就业市场造就了新的契机。1999 年，莫斯科根据城市发展的需求，制定了 2020 年城市总体规划。主要目标就包括为了城市的生存和发展创造有利环境，保证生态安全，保护自然环境和文化遗产。规划指出，到 2020 年，人均自然环境面积从原来的 34 平方米增加到 40 平方米；绿地面积从 17.3 平方米增加到 24 平方米。

第三节　知识中心城市（Knowledge Capitals）

斯德哥尔摩是北欧最大的城市，拥有曲折的海岸线和良好的水环境。斯德哥尔摩在 20 世纪初经历了持续快速的人口增长，面对用地需求的极速增长和交通拥堵，城市管理面临严峻挑战。在可持续发展理念的指导下，斯德哥尔摩采取了合理的规划应对措施，特别是通过确立生态化的城市空间结构，大力推动斯德哥尔摩绿色城市治理能力提升。在城市规划指导下，斯德哥尔摩在规划城市绿地系统，保护自然地形的同时形成了星型绿楔的绿色城市，城市建成区沿放射状的交通廊道有序扩张，城市骨架由放射状交通引导。另外，斯德哥尔摩还通过发展紧凑的自我更新的生态社区，发展环保技术，可持续利用资源。在制定城市综合发展计划时斯德哥尔摩吸引了私人组织、公共机构和公民的广泛参与（荆晓梦、董晓峰，2017）。斯德哥尔摩的可持续发展理念值得借鉴。

一、欧洲绿色之都

斯德哥尔摩是首届欧洲绿色之都，拥有世界首屈一指的环境质量，无论是企业还是居民都自觉地严格控制对能源的消耗。它的目标是到2050年实现不再使用生物石油燃料，绝大部分斯德哥尔摩居民使用清洁能源汽车。智能化的交通解决方案和信息技术大幅提升了交通效率和城市的可通达性，也减少了废气排放。许多斯德哥尔摩居民出行选择公共交通和自行车。政府和企业大力推广环保节能型建筑，所有的新建筑都采用了环保节能技术和材料。城市人口的增长对环境没有带来任何负面影响，这也使斯德哥尔摩成为环境保护和可持续发展的国际典范城市。

斯德哥尔摩为实现节能环保的发展目的，利用了各种高新技术。从20世纪90年代开始，当地政府就开始对新型的、更具效率的通信方式进行规划，以达到节能的目的。现在斯德哥尔摩已有120万千米的光纤网络，对于有线和无线宽带实现了100%的覆盖。到2012年，光纤能够进入每家公司和每户住宅，加快了互联网的发展，改变了人们工作的方式和场所，减少了大量的能源消耗。

斯德哥尔摩在交通方面采取了许多措施和手段以促进节能环保。越来越多的居民搭乘公共交通出行，在高峰期78%的出行是公共交通。约90%的居民居住在距离公共交通站点300米以内的地方，在市中心68%的出行是徒步或骑自行车。斯德哥尔摩从2007年起电子化自动征收"交通拥堵税"，对象是所有在工作日6：30到18：29进出市中心的瑞典牌照车辆。这项措施使汽车交通量和废气排放量减少了10%~15%。清洁再生能源也在斯德哥尔摩的公共交通系统中大量使用。至2011年，一半巴士使用可再生能源。到2025年，石油燃料将在所有公共交通工具中停用（宋雪纯，2015）。

斯德哥尔摩鼓励自行车出行，在推进节能环保的同时也促进了人们的身体健康。过去十年中，使用自行车出行的居民数量增加了75%。政府修建了760千米的自行车专用道；为保障保证自行车骑行安全，斯德哥尔摩在城市道路设定了每小时30千米的限制，自行车租借点遍及城市且便宜，还有专门为自行车出行者提供斯德哥尔摩以及周边城市旅游规划的网站。

斯德哥尔摩的集中采暖系统以及制冷系统同样体现了环境意识，城市的集中供暖系统已经有半个多世纪的历史，系统主要由再生能源驱动。从 1990 年起，通过把传统的家庭采暖改造为区域集中采暖，城市的温室气体排放总量因此减少了 593000 吨。具有先进的污染控制装置和优化程序的区域集中采暖系统取代了大量小型、老旧的燃油采暖锅炉。这不仅减少了二氧化碳的排放量，还明显地减少了二氧化硫等对空气质量危害大的有害气体和物质的排放。

斯德哥尔摩的大型热电联供工厂生产再生能源，使用城市的废弃物。城市的集中采暖系统是用来污水处理产生的热能。天然水系的水体组成地源热泵系统，对城市集中制冷系统进行驱动，每年为城市减少 5 万吨的二氧化碳排放量（栾彩霞，2019）。斯德哥尔摩大量使用生态化的电力，目标是城市所有的电力都能符合生态环境标准。

二、知识型城市

根据《斯德哥尔摩 2030 城市战略规划》，斯德哥尔摩到 2030 年将成为一个多元化的国际大都市，能够为生活、居住、工作、旅游的人们提供各种个性化的选择。斯德哥尔摩发达的经济提供了充分的就业机会，人们在此能够容易地发现适合自身兴趣、学历、条件的工作。同时斯德哥尔摩还能提供一系列的学习机会，包括适应从幼儿到老年人的不同年龄的课程教育，覆盖义务教育、高等教育、职业技能、学术研究等各种需求的学校。这些教育和学习计划都可根据个人的需求和条件进行灵活调整和安排，以更好地支撑人们的发展。

斯德哥尔摩拥有发达的高科技产业，是经济发展的新引擎，为区域发展创造了新机遇，也提供了新的就业机会。高科技产业与创意产业同时造就了一批产业园区，其中有完善的管理、税收和服务体系，使相关企业能够在其中迅速地发展起来。斯德哥尔摩是北欧的经济中心，它的低税收政策、高效的交通体系、便捷的铁路、航空和海运，都为经济和商业的发展提供了有利条件。同时城市还提供了世界最佳的通信基础设施和能源设施。

斯德哥尔摩周边的小城市、城镇主要在斯德哥尔摩中心城区周边、西北部和南部。这些城镇发展各有特色，形成了发达和多元的城镇体系。在这些城镇中，根据城市功能的需求和社会经济发展的需求，发展形成了高科技产业城、服务业城镇、综合性新城或成为主城区向外围延伸发展的部分。各城镇与中心城区在功能、环境、经济、交通等各方面相互协调、互相促进，使斯德哥尔摩成为世界上最洁净和最安全的首都。

斯德哥尔摩的社会服务体系得到了公共财政的充分支持。整个社会服务体系的特色是其多元化、高效和高质量的人性化服务，以及对于市民和企业的全面服务。市民通过互联网即可挑选医疗卫生、教育等多种社会服务。这些服务都能够自主选择和决定，十分安全可靠，帮助市民提升了生活质量。政府作为社会服务体系的推动者和评估者，全力保障市民能够在高质量的环境中生活和工作。

第四节　新兴门户城市（Emerging Gateways）

里约热内卢历史悠久，风景独特，位于巴西东南部沿海地区，是巴西乃至南美的重要门户，是巴西的第二大工业基地，市境内的里约热内卢港是世界三大天然良港之一。随着巴西经济快速发展，里约热内卢也快速扩张，但是也带来了严重的贫民窟问题。里约热内卢的贫民窟数量在过去的一个世纪内从 20 世纪 20 年代的 26 个增长至 2010 年的 763 个。里约热内卢对贫民窟的政策虽然正呈现公平化和人性化的发展趋势，以原地更新升级替代消极无视和强制拆除，但经济衰退和政治腐败仍导致了对于贫民窟的低效治理，虽然没有强硬"清除"但也未能遏制蔓延。里约热内卢对贫民窟治理的实践和困境值得探讨。

一、贫民区"软性治理"

贫民窟治理的手段自 20 世纪 90 年代主要变为保留和原地升级，里约热内卢制定了"贫民窟—街区"和"安置里约人"作为贫民窟原地更新计划，主要目标是改造城市基础设施，在满足居民需求并且遵循地形条件的前提下，保留特色城市形态，除山体滑坡等自然因素一般情况下居民不必搬迁。规划师通过空间上"连接"贫民窟和周边街区，通畅人流、物流消除隔阂，改善居民生活条件。

里约热内卢贫民窟中的草根组织发展已久。部分贫民窟 1961 年成立了居民协会对政府强拆运动进行抵抗。之后，居民协会在几乎所有贫民窟社区中成立，代表贫民窟居民开展与政府的协商。尽管部分居民协会在20世纪80年代后受到了毒贩控制，但整体对治理贫民窟发挥了推进作用。[①]20世纪末至21世纪初，在贫穷、被边缘化的巴西贫民窟开始出现自下而上的非政府组织，如"瑞格舞""中部贫民窟""我们来自山上"等，这些组织从根本上不同于以往的非政府组织。不同于传统的自治组织，这些自下而上的非政府组织并非由外界人员所成立，它们在贫民窟产生，其工作人员和领导人员都是在贫民窟出生、长大，并继续生活在贫民窟。这些非政府组织与贫民窟保持密切的联系，因此这类组织不同于传统模式的一个显著特征就是其与贫民窟的有机联系，其特征、工作方法和结构行为都具有一定的独特性和创新性。

里约热内卢于2008年启动"警察平定组织"计划。政府在使用武装力量清除毒品交易之后，在贫民窟内设立警点24小时巡逻社区，立法对日常活动进行规范，一定程度上有效控制了暴力现象和毒品交易。2012年，里约州警察枪杀记录由2007年的1330起降至415起，里约热内卢的谋杀率也在2013年降至2005年的一半。贫民窟的居住环境变得相对安全，还因为吸引游客创造了就业。"警察平定组织"包含的社会计划未能得到大范围实施。在贫民窟实现"软发展"可以有效缓解社会矛盾、改善生活条件，因此要在公平执法、杜绝腐败，打击毒贩、帮派的同时对贫民窟居民进行教育文化以及经济等方面的扶助（李明烨、马格尔哈斯，2019）。

二、智慧城市与大数据库

里约热内卢的智慧城市运营成果已被世界公认为最具有借鉴性的经典案例，而这座城市也早已把城市治理创新列入了日程。在相关创新工具的决策和实施中，公众参与度明显提高，但与此同时，城市管理者对各类机构的管理控制仍在不断加强。在主题为"智慧城市改变世界"的第三届巴塞罗那智慧城市博览会上，巴西里约热内卢被评为"世界最佳智慧城市"，其运营管理中心是智慧城市建设范例。运营管理中心有400名员工全天候监控市内大量摄像头和传感器等实况传送在巨幅视频

---

① 李明烨、亚历克斯·马格尔哈斯：《从城市非正规性视角解读里约热内卢贫民窟的发展历程与治理经验》，《国际城市规划》2019年第34卷第2期。

墙上的数据，并通过众多显示屏和巨大控制屏对街道影像进行观察，对城市交通智能地图进行实况转播和预见性分析，通过"热点话题感知"，对社交媒体上的居民相关动态和关键词进行观察，及时解决问题。

城市管理部门对于谷歌地图上动态进行即时性关注，并与气象研究所合作，实现对于异常事件的立即发现和行动。政府还鼓励市民通过访问市民门户网站获得信息对管理流程进行了解，以社交媒体表达态度和意见参与城市运营管理。

里约热内卢市对30多个市、州和联邦机构的数据进行集成，共享汇总知识，使各个部门以及机构之间了解彼此运营，协调一致工作（刘琪，2014）。

第 六 章

中国大城市治理经验和借鉴

　　党的十九大报告中提出"坚持人人尽责、人人享有，突出重点、完善制度、引导预期，完善公共服务体系，保障群众基本生活，形成有效的社会治理以及良好的社会秩序"，在社会治理格局的打造上强调共建共治共享，加强制度建设，完善治理体制，强化党委领导，落实政府负责，建立法制保障，动员社会协同，号召公共参与，实现专业化、社会化、智能化、法制化。大力建设社区治理体系，并向基层下移社会治理重心，鼓励社会组织发挥作用，让政府治理与社会调节以及居民自治之间形成良性互动。

　　超大特大城市治理是普遍难题，也是社会治理的重中之重。国际上，根据《关于调整城市规模划分标准的通知》将我国所有城市划分为五类，分别为小城市、中等城市、大城市、特大城市、超大城市。根据标准，我国共有 6 个超大城市，分别为北京、上海、广州、深圳、天津、重庆。特大城市 21 个，分别为西安、杭州、沈阳、哈尔滨、汕头、济南、郑州、大连、苏州、长春、青岛、昆明、厦门、宁波、南宁、太原、合肥、常州、长沙、东莞和佛山。我国特大城市人口规模具有不断扩大、经济总量不断攀升、城市基础建设水平不断提高，但同时存在人口构成日益复杂、公共安全问题复杂性加剧、防控难度加大、人均自然资源和公共资源不足、交通拥堵严重、生态环境质量下降等诸多挑战。为了实现城市治理能力现代化，提高城市治理能力，满足人民的多样需求，国内各超大、特大城市都不断尝试创新实践，结合自身实际和发展战略，制定符合自身要求的城市治理方案，发展出各具特色的城市治理模式。郑州作为特大城市之一，向其他社会经济发展较快的超大城市和特大城市学习治理经验，扬长避短，有利于提高郑州城市现代化治理能力。

第一节　超大城市治理经验及借鉴

2015 年中央城市工作会议指出，城市工作是一项系统工程。需要同时顺应城市工作新形势，服从改革发展新要求，满足人民群众新期待，坚持以人民为中心。坚持集约发展，从中国国情出发，尊重自然规律，统筹协调突破重点问题，使城市发展更为持续以及宜居。对东部城市群进行优化提升，培育发展一批中西部地区城市群，建设中西部区域性中心城市，发展边疆中心城市、口岸城市。对建制镇和小城市全面放开落户限制，中等城市有序放开落户限制，大城市合理确定落户条件，特大城市严格控制人口规模。自愿、分类、有序推进农业转移人口市民化，因地制宜并且尊重农民意愿制定具体办法[①]。

在城市治理方面，政府要创新方式，加强精细化管理。引导市民提高文明素质，尊重市民的知情权、参与权、监督权，参与城市发展决策，鼓励企业和市民参与城市建设管理，实现共建共享共治。

中国城市随着经济发展迅速成长，城市规模快速增长，具体而言，资源环境、基础设施、公共服务、城市管理等方面的承载能力难以支撑城市人口的快速增长，导致了城市发展二元结构加剧、空气质量较差、交通拥堵严重、房价快速上涨、城市脆弱性突出等问题。此外，我国城市治理实践中理念不够先进，体制制约治理现代化，缺乏依法治理能力、市民参与欠缺、效率低下等困境。不过中国各大城市近年来为了提高城市治理水平，提高人民生活福祉，基于本市实际不断尝试创新，深入研究城市发展的要素、功能、结构等重大问题，系统周密地对各方面工作进行部署推进，形成了一些行之有效的城市治理模式。

---

① 《中央城市工作会议在北京举行》，http://www.xinhuanet.com/politics/2015–12/22/c_1117545528.htm，2015 年 12 月 22 日。

一、首善之区模式——北京

1. 管控型超大城市治理

近几年，北京房价高企、空气污染、公共设施服务不足、交通拥堵等问题日益凸显。北京市政府认为人口资源环境压力是各种矛盾根源，解决问题的关键是控制人口过快增长。北京自 2008 年奥运会起首次提出"健全房屋租赁和居住证管理体系"；2009 年，开始探索人口调控目标责任制；2010 年，开始建立综合调控机制，疏解城市功能，升级产业结构调整产业布局，鼓励人口有序迁移以及合理分布；2011 年，开始探索区域人口调控综合协调机制；2012 年，以"人口服务管理"替代"人口调控"；2013 年，将有序调控人口规模作为北京重点改革任务之一，建立健全区县责任制，同时启用居住证制度，对相关公共服务配套政策措施进行同步研究制定，探索人口评估试点的重大规划、政策和项目；北京市政府于 2014 年初第一个将"人口控制"列入政府主要工作，也是迄今为止全国唯一这样做的城市，旨在寻找控制人口规模的策略，减缓常住人口增速。自此，北京开始了人口规模系统调控阶段，将"以政管人、以业控人和以房管人"作为总体管理思路。各区县年度绩效考核将调控人口规模、转移低端就业人口列为硬指标；对产业准入目录进行节能、节地、节水、环境、技术、安全等标准的强化修订，对税收征管进行完善，优化升级服务业，对无序发展的低端产业进行严控，对违法建设和生产经营进行严厉打击；以房管人进行登记管理，支持房屋租赁条例的制定，对组织化管理模式进行推广，对出租房屋依法管理，对群租房问题继续治理（陈雪莲，2016）。

根据北京落户政策，目前获得北京户口可通过工作、作为高端人才被引进、成为北京市认可的英雄或劳模、新生儿落户、军人落户、亲属投靠六种渠道，北京居住证制度、积分落户政策出台后，也可通过积分落户。2016 年 8 月 11 日，北京市发展和改革委员会发布了《北京积分落户管理办法（试行）》，提出"4+2+7"的积分落户政策。

同时通过持续推进疏解非首都功能，整治促提升专项行动，深化背街小巷环境整治，构建疏解与提升同步推进的工作格局。完善腾退空间统筹利用机制，加大"留白增绿"力度，提升首都功能、人居环境、城市品质。坚持人随功能去留，创新政策机制，严控人口规模，推动功能、产业、人口合理布局。

为了实现首都功能精简，北京市政府大力完善对接中心城区功能和人口疏解的政策体系，提升综合承载能力。健全城市副中心规划实施机制，建立规划动态维护制度，强化规划实施全过程管理。创新城市副中心土地开发利用模式，健全城乡建设用地增减挂钩机制，建立存量土地盘活机制，创新产业用地供地方式、地上地下整体开发等政策。健全重点产业培育政策体系，完善城市副中心特色小镇规划建设体制机制。深化城市副中心与中心城区结对工作机制，建立健全城市副中心与河北廊坊北三县地区协同发展机制。

通过完善京津冀交通一体化，建设"轨道上的京津冀"，健全京津冀产业协作机制，深化政策衔接，推进园区共建，构建衔接配套、梯次发展、布局合理的产业链条。完善与河北雄安新区及天津滨海新区创新平台协同共建机制，系统推进京津冀全面创新改革试验区建设。持续推进区域市场一体化改革，破除限制生产要素优化配置的障碍。加强公共服务资源跨区域合作，强化就业、养老、社保政策衔接。

2. 城市共建与社区自治

北京市委、市政府高度重视基层社会治理，2019年北京市政府发布《关于加强新时代街道工作的意见》特别强化强化街道（乡镇）基层社会治理主体责任，从明确党建对基层治理的引领、改革街道管理体制、改善民生、更新街区、社区治理和激励基层干部干事创业6个方面提出30项改革举措。意见指出，坚持共建共治共享。转变治理理念，创新治理模式，从政府自上而下单向治理向多元主体协商共治转变，加强社会协同，扩大公众参与，促进社区自治，强化法治保障，激发基层治理活力。

北京市政府通过强化街道社区党组织政治功能。完善街道党工委对地区治理重大工作的领导体制机制，涉及基层治理的重大事项由街道党工委讨论决定，对街道党建治理以及服务的领导能力进行全面提升。2019年村（社区）"两委"换届选举，力争全部实现党组织书记与村（居）委会主任"一肩挑"，增强基层党组织领导力。

健全城市基层党建体系。将党建工作协调委员会落实到各区、街道以及社区，扩大非公企业、商务楼宇、商圈园区、网络媒体等新兴领域党建覆盖，建立三项清单制度以及"四个双向"机制，征集需求、提供服务、沟通反馈、考核评价，最大限度把辖区资源统筹起来，增强党组织的组织力。深化党建引领基层治理。注重把加强基层党组织建设与首都重大任务、中心工作紧密结合，在疏解非首都功能、推进城市副中心建设等重大活动和重点工作中，充分发挥党组织政治优势、组织优势和党员先锋模范作用。推进各级单位党组织和在职党员"双报到"制度化、常态化，总结推广"周末大扫除"等经验做法。积极推进"回天有我"社会服务活动，动员社会力量积极参与，探索大型社区共建共治共享的有效途径。

在城市治理中注重需求导向，着眼群众"七有"需求和"五性"特点，北京通过向政府、向市场、向社会要效益，做到"民有所呼，我有所应"。实现社区基本公共服务全覆盖。制定《北京市社区基本公共服务指导目录（试行）》，规范劳动就业、社会保险、养老、社会救助等10大类60个方面内容。建设"一刻钟社区服务圈"。从2011年起连续8年列入市政府实事项目，截至2018年底，累计建成1580个，覆盖92%的城市社区，基本实现居民步行一刻钟内解决商业、生活、文体娱乐等方面的服务需求。开展"社区之家"创建活动。从2017年开始，北京启动"社区之家"创建活动，鼓励党政机关、企事业单位等，有序向居民开放文化、体育、食堂、停车场等内部服务设施，目前，全市共创建408个。创新社区服务体系。出台《北京市城乡社区服务体系建设三年行动计划（2018—2020年）》，制定《北京市社区服务中心管理办法》，试点推进街道社区服务中心社会化运营、"一站多居"、"全能社工"等改革模式，提升了服务质量和效率。

3. 精细化管理

（1）统筹协调能力进一步增强。落实中央城市工作会议精神和市委、市政府决策部署，组建完成北京市城市管理委员会，发挥城市管理主管部门作用，加强对首都城市管理的统筹协调。突出环境建设重点，强化网格化管理，不断提升"四个服务"水平。加强城市运行服务保障，落实环境整治提升、环境景观布置等专项方案，圆满完成"一带一路"国际合作高峰论坛、党的十九大各项服务保障任务，展现了首都风范、古都风韵、时代风貌、开放包容的城市形象。还圆满完成了亚信论坛、全国"两会"等21次重大活动服务保障任务。

（2）市容环境面貌进一步改善。加快实施生活垃圾处理设施、建筑垃圾资源化处置设施建设。开展垃圾分类示范片区创建，加大餐厨垃圾规范管理力度。加强环卫作业管理，细化分级分类，增加清洗频次，加大道路清扫保洁作业力度，扩大作业机械化和冲扫洗收组合工艺覆盖范围，推进作业标准化，提高作业水平。坚持"以克论净"，城市道路尘土残存量年均值同比下降59%。实施公共厕所品质提升，圆满完成了节假日、重污染天气、扫雪铲冰等特殊环卫作业任务，确保了城市环境干净整洁。

（3）城市环境景观进一步提升。高标准实施长安街环境景观提升精品工程。习近平总书记做出了重要指示，强调"城市管理要向街巷胡同延伸"，开展"十无一创建"活动，推进三年行动计划对核心区背街小巷的环境进行整治提升。开展专项整治净化城市天际线，对违规户外广告牌匾进行清理，规范梳理架空线推进其入地，对节日景观布置进行精心组织，营造浓厚节日氛围[①]。

（4）能源运行保障进一步优化。稳步推进建设五大外受电通道，全市年用电量1020亿千瓦时。完成陕京四线天然气北京段工程建设，配套建设"煤改气"、南部四区平原地区"镇镇通"，全市年用气量163亿立方米。停机备用华能北京热电厂燃煤机组，超额完成压减燃煤任务。加快充电设施建设，充电桩数量领先全国。对联调联供热电气进行强化，推进建设尖峰热源和城市热网能力，确保温暖过冬。

（5）市政公用设施运行安全有序。进一步强化"管路互随"机制，做好防护工作，保障挖掘工程地下管线运作安全，全市百千米地下管线年事故数量继续保持同比下降趋势。保护管理石油天然气管道。加快推进综合管廊建设，排查清理整治安全生产，对城市运行应急保障体系进行完善，及时消除安全隐患，处置突发事件（孙新军，2018）。

二、超大城市精细化管理——上海

改革开放以来，上海经济发展取得诸多成就，得益于安定和谐的基

[①]《南锣鼓巷的新生》，《北京日报》2018年2月14日。

层基础。对超大城市社会治理的自觉探索则始于 20 世纪 90 年代中期的 "两级政府三级管理"。2017 年，习近平总书记提出，"上海这种超大城市，城市管理应该像绣花一样精细"，使精细化管理成为新时期城市管理的新议题、新任务和新目标。上海市委、市政府高度重视，对习近平总书记重要讲话的精神进行认真贯彻落实，把城市管理精细化作为推动高质量发展、创造高品质生活的突破口，发布《贯彻落实（中共上海市委、上海市人民政府关于加强本市城市管理精细化工作的实施意见）三年行动计划（2018—2020 年）》，用 "绣花精神" 不断深化社会治理创新，形成了超大城市精细化管理的上海模式。

1. 城市规模与人口控制

上海方面将调整低效建设用地，重点是调整约 850 平方千米的工业仓储用地，并且保持 2500 万的人口控制。为实现这一治理目标，上海调整落后产能，合理调控就业年龄段人口；改善基本公共服务政策，疏导非就业人口；综合治理城市社会治安，对无序流动人口调控；对建筑总量进行控制，防治过快增长，并对人口过度涌入进行抑制。

对于外来人口和流动人口，通过全面整治群租和规模租赁以及进一步规范居住证办理工作进行全面调控。同时依托城市管理网格化体系建设，将信息采集和治安管理的两套网格合并，把实有人口信息采集工作与治安管理网格化工作相互对接，从而实现对各类人口信息的及时发现、及时汇总，并由相关人员做好信息的录入、维护或核销工作。

2. 精细化管理

精细化治理是一种在管理形态上对粗放式管理的超越。改革开放后，随着经济和社会的快速发展，单位人变成社会人，城市管理对象越来越多，也越来越复杂多变，管理的压力越来越大，各种矛盾日益突出。上海是全国最早自觉进行社会治理体制改革的地区之一。从 20 世纪 90 年代中期开始，上海不断探索城市管理，进行 "两级政府、三级管理、四级网络" 的实践。相关的探索以社区管理为抓手，依托党政机关以及社会组织，逐步建立起全覆盖和人对人的工作机制，实现了权力和资源的下沉，提高了基层治理的效率性和有效性。2013 年，上海便出台了《上海市城市网格化管理办法》，旨在加强城市综合管理，整合公共管理资源，并提高管理效能和公共服务能力。

　　上海在 2018 年发布了《〈中共上海市委、上海市人民政府关于加强本市城市管理精细化工作的实施意见〉的三年行动计划（2018—2020年）》，该计划提出到 2020 年，全面提升上海的城市设施、环境、交通、应急（安全）等方面的常态长效管理水平，明显提高市民对城市管理的满意度，城市更加有序安全干净、宜居宜业宜游，生活更加方便，舒心美好，并强调要把握"一个核心"，以"三全四化"为着力点，不断推进"美丽街区、美丽家园、美丽乡村"的建设。

　　精细化管理起步之时，提出了几点要求：道路路面要平整，设施要完好；河道水体要清澈、水岸要整洁；建筑立面整体有设计、视觉要美观；绿化布置色彩要丰富、搭配要讲究等。制定完善了一批标准和规范，特别是结合架空线入地与合杆整治工程实施过程中形成的经验和发现的问题，制定了《市政道路建设及整治工程全要素技术规定》和升级版的《文明施工规范》，全面提升市容市貌品质。

　　坚持党建引领、多元共治，把社会化作为重要基础。把街镇作为精细化管理的主要阵地，城管、市容绿化、市场监管、房管、公安等力量下沉街镇。街镇和居村党组织统筹抓总，快速调动力量，直接解决问题。积极探索在小区业主委员会中组建党支部或党的工作小组，创建了409 个住宅小区党建联建示范点，以党建引领社区建设，进一步激活了基层治理的"神经末梢"。与此同时，更加注重发挥居民自治功能，以深度参与提高居民社区治理的意识。

　　坚持智能感知、互联互通，把智能化作为技术支撑。目前，上海城市网格化管理已形成"1+16+214+5902"的城市综合管理非紧急类监督指挥体系（1 个市数字化城市管理中心、16 个区网格化综合管理中心、214 个街镇网格化管理中心、5902 个居村工作站），实现了城市管理公共空间全覆盖。2018 年以来，以现有的城市网格化管理系统为基础，积极布局城市管理"神经元系统"，升级建设"城市大脑"，综合运用大数据、云计算和人工智能技术，推动实现智能发现、自动指令、快速处置、实时反馈的全流程精细化管理。

　　坚持依法从严、管治结合，把法治化作为根本保障。注重加强立法保障，一批涉及历史风貌保护、航道管理、排水管理、户外招牌管理、景观照明管理、液化石油气管理和房屋使用安全管理等方面的法律法规已经制（修）订或正在抓紧制（修）订。同时，开展各类专项执法，进一步突出法治刚性，持续保持对城市顽疾难症治理的高压态势。

上海城市精细化管理工作开展一年多来，城市面貌不断改善。特别是 2018 年，上海以一流的城市环境，为成功举办首届中国国际进口博览会提供了优质的市政市容方面的保障，受到国内外一致好评。

3. 智慧城市与大数据库

2016 年出台的《上海市推进智慧城市建设"十三五"规划》指出，到 2020 年，上海要以"精细化的智慧治理"等为重点，进一步完善智慧城市的体系和框架。2020 年 2 月 10 日，上海市发布《关于进一步加快智慧城市建设的若干意见》，提出建设目标为：到 2022 年，将上海建设成为全球新型智慧城市的"排头兵"，国际数字经济网络的重要枢纽；引领全国智慧社会、智慧政府发展的先行者，智慧美好生活的创新城市。坚持全市"一盘棋、一体化"建设，更多运用信息技术，借助先进的大数据、人工智能、互联网等手段，推进城市治理制度、模式以及手段创新，使城市管理更加科学、精细和智能。科学集约的"城市大脑"基本建成，全量汇聚的数据中枢运行高效；政务服务"一网通办"持续深化，群众办事更加方便，营商环境进一步优化；城市运行"一网统管"加快推进，城市治理能力和治理水平不断提高；数字经济活力进发，新模式、新业态创新发展；新一代信息基础设施全面优化，网络安全坚韧可靠，制度供给更加有效；城市综合服务能力显著增强，成为辐射长三角城市群、打造世界影响力的重要引领（《经济日报》，2020）。

推动政务流程革命性再造。从以政府部门管理为中心向以用户服务为中心转变，梳理优化部门内部操作流程、办事及处置流程。聚焦群众使用频率高的办理事项，加快电子证照、电子印章和电子档案应用，推进减环节、减证明、减时间、减跑动次数。

不断优化"互联网 + 政务服务"。完善"一网通办"总门户功能，扩大移动端"随申办"受惠面，不断拓展各类服务场景，健全政务应用集群。将"企业服务云"作为企业服务"一网通办"重要组成，面向全规模、全所有制、全生命周期企业，加强为企服务统筹协调、惠企政策资源共享。

着力提供智慧便捷的公共服务。聚焦教育、医疗、养老、旅游、文化、体育等重点领域，将公共服务纳入智能服务设计中，努力实现卫生信息互通互认，提高医疗养老助残托幼信息精准化服务。同时提高教育、文化艺术市场智能程度，。整合区域商业、文化、旅游公共资源，打造"一部手机游上海"示范项目，拓展游客和居民对上海的体验感、感知度。一体化建设城市运行体系。紧扣"一屏观天下、一网管全城"目标，依托电子政务云，加强各类城市管理运行系统的互联互通，全网统一管理模式、数据格式、系统标准，形成统一的城市运行视图，实现硬件设施共建和共用，加快形成跨部门、跨层级、跨区域的协同运行体系。

提升快速响应和高效联动处置能力水平。基于城市网格化综合管理需求，建社信息共享的指挥中心，实现相互推送、快速反应、联勤联动。同时探索职责匹配的事件协调处置流程。对全城运行数据进行实时分析，为综合研判提供数据支持，增强城市综合管理的监控预警、应急响应和跨领域协同能力，实现高效处置"一件事"。

深化建设"智慧公安"。高标准推进平安城市建设，实现感知泛在、研判多维、指挥扁平、处置高效，构筑全天候、全方位安全态势。实施科技强警，再造现代警务流程，切实提高数据利用能力，推动信息新技术在大人流监测预警、城市安防、打击犯罪等领域深度应用，打造国内智慧警务标杆。

建设运行应急安全智能应用体系。在消防、防灾减灾、安全生产、危险化学品管理等城市安全重点领域，实现全环节、全过程预警监管处置。推动物联传感、智能预测在给排水、燃气、城市建设领域的应用，全面提升城市运行安全保障能力。持续提升智能电网灵活性和兼容性，满足输电多样化需求。加强公共卫生安全信息化保障，建设食品药品信息追溯体系和公共卫生预警体系。推动实时数据分析、计算机视觉等在智能交通领域的应用，提升服务效率。

优化城市智能生态环境。加强对水、气、林、土、噪声和辐射等城市生态环境保护数据的实时获取、分析和研判，提升生态资源数字化管控能力。积极发展"互联网＋回收平台"，完善生活垃圾全程分类信息体系，实现全程数字化、精细化、可视化管控。推动气象数据与城市运行应用联通，提升气象精准预测、预防能力。

提升基层社区治理水平。加强党建引领，建设"社区云"，推进街镇、居村各类信息系统建设，为居村委会减负增能。有效开拓市、区协同处置主体，支持基层综合管理应用，完善基层事件发现机制。创新社区治理O2O模式，建设数字化社区便民服务中心助力共建共享共治①。

三、市域社会治理新路径——天津

天津是我国第三大城市和四大直辖市之一，拥有丰富的自然资源和优越的地理环境，是一座历史文化名城。天津作为我国重要港口城市、北方经济和工业中心，需在港口、能源、环保、工业物联网等领域着手，其城镇化发展格局呈现出"乡村工业化"发展阶段的特质，辖区内海域、陆地兼备，港区、油区、园区兼有，既有国际化、现代化的高端社区，又有经济欠发达、管理难度大的渔村、乡村，治理主体多元、治理要素多样、治理结构复杂，这是天津的市域现状。

1. 城市规模与人口控制

天津充分考虑资源、环境方面的制约因素，坚持集中紧凑的城市发展模式，防止盲目扩大城市规模。合理开发利用岸线和城市地下空间，强化集约和节约用地，对耕地尤其是基本农田进行切实保护，对土壤沙化水土流失进行治理。《天津市城市总体规划（2005年—2020年）》也确定了人口和建设用地控制目标。天津在2020年实现了1350万人左右居住人口的实际控制，以及1450平方千米以内的城镇建设用地规模控制；其中630万人左右生活在580平方千米以内的中心城区和滨海新区核心区。

2. 智慧城市与大数据库

在过去的20年中，天津城镇化进程逐渐由中期过渡到成熟期。在此期间，先后经历了振兴东北老工业基地、京津"双城记"、京津冀协同发展及城乡统筹的战略决策，塘沽城区与天津中心区互动发展构成了天津城镇化建设的主旋律。与此同时，天津也面临着大量同北京类似的城市问题。为了优化产业环境，提高城市运作效率，缓解城市压力，天津紧随北京，将"智慧天津"作为新型城镇化建设的新路径。

---

① 《关于进一步加快智慧城市建设的若干意见》，上海市人民政府，http://www.shanghai.gov.cn/nw44142/20200824/0001-44142_63566.html，2020年2月10日。

2015 年，国家发改委等八部委出台了《关于促进智慧城市健康发展的指导意见》，据此，天津正式出台颁布了《天津市推进智慧城市建设行动计划（2015—2017 年）》，系统科学地对天津智慧城市建设行动进行指导，通过推进基础设施智能化、基础信息安全化、民生服务均等化、城市治理精细化、电子政务一体化、数字经济高端化，计划未来三年将重点推出智慧医疗、智慧社保、智慧教育、智慧旅游等八个重点专项规划内容，多维度为智慧城市建设提供支持，形成覆盖城乡的数字化、智能化社会服务管理体系，全力打造"智能、融合、忠民、安全"的智慧城市。

3. 城市共建与社区自治

美丽社区是美丽天津的缩影，按照《美丽天津建设纲要》要求，结合天津社区建设实际，天津制定了《建设美丽社区实施方案》。天津的社区服务站在 2013 年已实现对 1511 个城镇社区的全面覆盖。2016 年，通过"六大工程"的实施，天津创建了 500 个以拥有规范化的居民自治、现代化的管理手段、便捷化的办事服务、宜居化的人文环境、文明化的生活方式、广泛化群众参与为标准的美丽社区，健全基层社会管理模式，推进社区、社会组织和社工人才的高效联动，创新社区社会管理领先全国。天津市预计到 2020 年实现对美丽社区的再创建 800 个，使社区建设整体水平领先全国（天津经济课题组，2014）。

天津美丽社区建设规划以社区为单元，立足本区县实际，充分考虑居民的民主权利、合法权益、合理诉求，激发居民的主体性和创造性，对规划进行前瞻、科学和高标准的编制。同时，确保创建活动与党委政府中心工作及社区居民生活相结合，和全国和谐示范社区活动创建共同推动。结合"三改一化"和示范城镇建设，形成"一社一景一貌一品"发展格局（夏洁，2016）。

4. 主要任务——重点实施"六大工程"

（1）居民民主自治工程。对居委会直选率 100% 进行成果巩固，健全居民民主选举、管理、决策、监督的机制。建立党代表、人大代表、政协委员联系社区制度，对社区议事制度如事务听证会、民事协商会等进行完善（窦玉沛等，2014）。推行"两评一公开"，即街道办事处接受居民代表以及居委会、居委会成员评议和居务公开的民主监督模式，形成共建基石（民政部调研组，2014）。

（2）社区管理深化工程。社区组织践行"五个一"架构。实施网格化管理，一个网格编入 300~500 户居民并配备 1 名社工。"一口式"受理社区事务。对居民文明行为加强引导和管理，帮助居民破除封建陋习。多元参与治理，居委会进行协调、指导和监督，物业建立管理准入和多方会商议事机制，提供共建的基础平台。

（3）服务能力提升工程。公共服务加强设施建设，按照不低于 300 平方米的标准在老旧社区进行服务设施建设，按照每百户居民不低于 25 平方米在新建社区规划服务设施面积。加强建设社区居家养老服务设施。设立"六室六站两栏两校一苑一家园"，完善社区服务站（王占勤，2014）。重点发展养老、救助、家政、优抚等基础保障服务，扩大政府对于公共服务的购买范围，协调推进街道建设菜市场，社区开办便民商业，家庭接受便民服务。推行志愿服务记录制度与激励机制，提供共建的精神内涵（窦玉沛等，2014）。

（4）居住环境优化工程。动员群众，解决社区乱贴小广告、私搭乱盖、车辆乱停放、乱倒乱扔垃圾等问题，参与社区环境综合治理工程。维护社区稳定，建立机制满足社区群众表达诉求、邻里沟通调处矛盾、保障权益等需要，对社区矫正工作展开推进。加强社区安全，每个社区配备 1 名以上灾害信息员，推动建立社区应急处置联动机制，积极宣传防灾减灾知识，提供共建的城市视窗。

（5）社区文化繁荣工程。创建文明楼院、家庭、小区，开办"邻居节"，举办社区成果展示（天津经济课题组，2014）。发展涉及科普知识、传统美德、法制教育和身心健康等方面的社区远程教育。在新型城镇社区加快村民向市民的转变，依托老年日间照料服务中心等设施，开展文明新风尚宣传教育活动，引导居民培养文明生活习惯，提供共建的自信底蕴（夏洁，2014）。

（6）社会组织培育工程。展开对社区社会组织孵化基地的建设，对"1+n+x"社区社会组织组建模式进行推广，并在管理体制上实行一级主体、分级负责的模式，在社区实现了 100% 的社会组织登记备案率（夏洁，2014）。对社区社会组织加强党建工作，并且对第三方社会组织评价机制进行引进，提供共建的"草根"力量。

四、治理协同与新型智慧城市——重庆

重庆作为我国中西部地区唯一的直辖市、国家重要中心城市，是西部大开发的重要战略支点和长江经济带西部中心枢纽，区位优势突出。在重庆建立起现代化城市治理体系，实现重庆城市治理能力现代化，对引领周边城市实现治理现代化具有重要意义。

1. 城市安全与风险防范

当前，重庆的风险防范总体形势是好的，但面临的问题挑战也不容忽视。要坚持底线思维，认真研判、精准防范、有效化解政治、意识形态、经济、科技、生态、社会、党的建设等领域重大风险。要深入贯彻总体国家安全观，坚决落实党中央关于维护政治安全的各项要求，筑起政治安全的铜墙铁壁。要严格落实意识形态工作责任制，持续巩固壮大主流舆论，加快建立网络综合治理体系，推进依法治网，加强和改进高校思想政治工作，确保青年一代成为社会主义建设者和接班人。要坚持稳中求进工作总基调，平衡好稳增长和防风险的关系，统筹做好"六稳"工作，妥善应对经济领域可能出现的重大风险，坚定不移推动经济高质量发展。要深入实施以大数据智能化为引领的创新驱动发展战略行动计划，完善科技创新体系，大力引进和培养科技创新人才，健全产学研协同创新机制。要围绕建设山清水秀美丽之地，学好用好"两山论"、走深走实"两化路"，聚焦关键领域打几场标志性重大战役，筑牢长江上游重要生态屏障。要切实落实保安全、护稳定各项措施，把防范打击犯罪同化解风险、维护稳定统筹起来，深入推进扫黑除恶专项斗争，解决好人民群众关注的就业、社会保障、教育、医疗卫生等突出问题。要加强道路交通、建筑施工、地质灾害等重点领域安全监管，抓好高楼、桥梁、隧道安全，坚决防止重特大安全事故发生。要深入开展"枫桥经验"重庆实践十项行动，开展法治化、社会化、专业化以及智能化的社会治理。要以永远在路上的执着纵深推进全面从严治党，在加强政治建设、坚定理想信念、营造良好政治生态、干部队伍建设、持续正风肃纪上下更大功夫。

防范化解重大风险，是各级党委、政府和领导干部的政治职责。全市各级各部门要坚决落实防范化解重大风险政治责任，进行专题研究部署，做到守土有责、守土尽责。要强化风险意识，时刻绷紧防范风险这

根弦，下好先手棋、打好主动仗，努力将矛盾消解于未然，将风险化解于无形。要提高化解能力，加强理论修养，学懂弄通做实习近平总书记新时代中国特色社会主义思想，学习新知识、掌握新本领，深化运用大数据智能化等现代技术，不断提升认识问题、分析问题、解决问题的能力。要健全防控机制，建立健全重大风险研判机制、决策风险评估机制、风险防控协同机制和责任机制，形成横向到边、纵向到底的完整责任链条。各级领导干部要发扬斗争精神，增强斗争本领，以"踏平坎坷成大道，斗罢艰险又出发"的顽强意志，把防范化解重大风险工作做实做细做好。

2. 人口管控与人才吸引

重庆市人民政府为研究和掌握重庆市人口趋势性变化，并积极有效应对其带来的深刻影响，促进人口长期均衡发展，印发了《重庆市人口发展规划（2016—2030年）》。该规划指出，到2020年，应充分发挥"全面二孩"政策效果，稳步提升生育水平，不断改善人口素质，逐步优化人口结构，更加合理地调整人口分布。到2030年，人口基本形成均衡发展的态势，与经济社会、资源环境发展更为协调。2020年，重庆全市常住人口达到3200万人左右，户籍人口达到3450万人左右。2030年，全市常住人口将达到3600万人左右，户籍人口将达到3600万人左右。"全面二孩"政策稳步实施，总和生育率将达到1.8左右。

以包容开放为人口政策基本导向，吸引返乡回流人口和外来人口来渝就业和定居，提高人口机械增长水平。以就业为前提，建立健全返乡回流人口职业培训、就业服务、劳动维权"三位一体"工作机制。建设培育一批农民工返乡创业孵化基地和创业园，支持农民工等返乡回流人口创业就业。鼓励建立农民工创业基金，帮助农民工解决创业资金短缺、融资难等问题。发挥中小微企业就业主渠道作用，支持各类新就业形态。大力吸纳大中专毕业生、技能型人才来渝就业，着力培育外来人口就业增长点，促进外来人口自主就业，扩大人口就业容量。加强和规范外来人口管理服务工作，加大外来人口法制宣传和法律援助工作力度，切实维护外来人口合法权益。

坚持人才优先发展战略，促进人才培养、人才引进与产业链有机衔接。优化人才培养机制，深入推进协同育人，深化产教融合、校企合作，大力培养应用型人才、技术技能型人才和创新复合型人才。大力实施青年人才培养计划，创新青年人才培养开发、评价发现、选拔任用、流动配置、激励保障机制，改革完善青年人才培养机制。弘扬工匠精神，大力实施高技能人才振兴计划，加大高技能人才培养力度。优化引才引智环境，完善市场化引才机制，实施"百人计划""巴渝工匠计划"等市级人才引进项目，加大海内外人才引进力度，着力引进重点产业急需紧缺人才。推行人才服务"绿卡"，建立人才"一站式"服务平台，为人才在落户、子女入学、社保、医疗、住房等方面提供服务。

优化产业布局，推动产业转型升级，以产业发展吸引人口集聚，以人口结构优化促进产业升级，构建与产业转型升级相适应的人口发展格局。发展壮大战略性新兴产业，加强信息技术对传统制造业的改造，减弱经济发展对普通劳动力的过度依赖。大力发展生产性服务业，优化提升生活性服务业，减少第三产业中低端产业的无序扩展，促进人口结构优化和素质提升。坚持人口发展与产业布局、资源环境保护相结合，实施人口绿色发展计划。加强人口发展规划与国民经济和社会发展规划、城乡总体规划及土地利用总体规划的衔接，建立部门沟通协调机制，统筹人口发展与建设用地等生产要素配置一体化。

3. 智慧城市与大数据库

近年来，重庆提出建设"智慧名城"的目标，综合运用大数据，对科学决策、精准治理、高效服务进行辅助，创新政府管理模式，提升治理现代化水平。重庆为打造智能中枢，建设新型智慧城市建设，发布了《重庆市新型智慧城市建设方案（2019—2022 年）》，发展智慧民生服务应用、智慧城市治理应用、智慧政府管理应用、智慧产业融合应用、智慧生态宜居应用五大智能创新应用，夯实新一代信息基础设施体系、标准评估体系、网络安全体系三大支撑体系，让大数据智能化更好地为经济赋能。目前，相关创新平台已在交通综合治理、城市综合管理和垃圾分类等方面体现出巨大优势。

4. 城市共建与社区自治

重庆需实施改造提升的老旧小区，主要集中于 2000 年以前建成、公共设施落后、影响居民基本生活、居民改造意愿强烈的小区。经全面摸底调查，这种老旧小区有 7394 个、面积 1.02 亿平方米。2019 年，重庆启动和实施改造提升示范项目 50 个。据根据重庆住房和城乡建委的规划，2020 年起，重庆将结合城镇保障性安居工程中央补助资金的落实，大力推进老旧小区改造提升。2022 年底前，基本完成本轮老旧小区改造提升，并形成持续改造提升的长效机制①。

2019 年 7 月，重庆出台了《重庆市主城区老旧小区改造提升实施方案》(以下简称《方案》)，《方案》指出老旧小区改造必须坚持共建共治共谋共评共享。《方案》初步建立了基础设施更新改造、配套服务设施建设改造、房屋公共区域修缮改造、小区相关相邻基础设施补缺改造提升和统筹完善基本公共服务设施的 5 大项 39 小项的综合改造内容及指导标准，以及环境卫生、房屋管理及养护、安防及车辆管理、绿化管理、公共设施管理和物业管理监督公示的 6 大项 25 小项管理提升内容及指导标准②。

在改造项目具体实施过程中，居民可根据日常生活需求和小区实际情况选择改造项目，将以往政府"大包大揽"的老旧小区改造模式彻底转变为居民"菜单式"选择改造内容，从根本上解决与居民日常生活息息相关的一系列民生问题。同时，避免了因政府统一改造内容和标准而造成的资金和人力资源的浪费。

对于居民比较关心的消防设施设备更新改造，《方案》也有明确要求：针对损坏、缺失消防设施进行修复、更换、增设，整治消防通道、救援场地、疏散楼梯、疏散通道、安全出口。鼓励充分运用物联网技术，对公共消防设施、建筑消防设施、电气线路以及燃气管线等运用情况进行实时监测，并接入城市消防远程监控系统。

同时重庆也大力推进城市社区治理能力提升，发布了《关于加强和完善城乡社区治理的实施意见》，从城乡社区健全完善治理体系、提升治理水平、补齐治理短板、强化组织保障等方面做出安排部署。细化了措施，明确了责任单位（部门）。重庆市委、市政府督查室重点对城乡社区治理工作的加强和完善进行督查，并将结果纳入区县党委、政府的考核内容。

一是加快三级协调机构建立，对社区治理基本力量进行统筹。在市

---

① ② 《重庆新一轮老旧小区改造来了》，《重庆日报》2020 年 1 月 8 日。

级层面的经济社会发展总体规划中布置社区治理工作，并作为重点工作进行年度考核。成立由市委常委、组织部长为组长的全市城乡社区治理领导小组，并且在区县、乡镇、村（社区）各级建立了相应的组织协调机制。二是落实"四张工作清单"规范，对社区工作基本职责进行明晰。发布《关于切实减轻工作负担、加强工作保障、强化村（社区）服务功能的意见》和《关于进一步规范村（社区）证明事项的通知》，对基层群众性自治组织承担的 22 项自治事项、36 项协助政府工作事项、8 项负面清单事项、10 项出具证明事项进行明确，总体减轻自治组织负担 40% 以上。三是推进三级服务中心建立，对社区服务基础平台进行完善。全面推行"三级服务中心"，建立对上下联动的运行机制，建设区县行政服务中心、街镇公共服务中心、社区便民服务中心，明确其职责，整合社区服务资源，扩展服务内容，优化服务流程，不断提高办事效率和服务水平[①]。

重庆创新城乡社区治理实践：一是对"三事分流"的工作机制经验在全市范围进行全面推广，政府快办"大事"，协商共办"小事"，群众自办"私事"。截至 2020 年上半年，解决 58 万余件群众反映问题，化解 23 万余件群众矛盾。二是深化社区、社会组织、社会工作者"三社联动"实践。通过三社"相联""互动"，实施专业化的服务、柔性化的管理、社会化的运作，更大程度上为人民群众尤其是困难群体、特殊群体提供关爱服务，帮助解决个性问题、修复社会功能，促进社会融合。三是推广城乡社区协商。建立全面的协商事项清单，推广"五事工作法"，实现群众说事、干部问事、集中议事、合力办事、民主评事，建立"逢十协商日"的协商制度，以及"百姓管家""百姓会客厅"等协商平台，规范程序，有效保障群众对社区公共事务的参与权[②]。

五、共建与自治结合模式——广州

广州是由国务院批复建设的国家中心城市之一，也是广东省省会、副省级城市。截至 2018 年底，广州市总面积 7434 平方千米，建成区面积 1249.11 平方千米，下辖 11 个区，常住人口 1490.44 万人，城镇人口

---

①② 《提升治理水平 增强服务效能重庆市探索建立社区共建共治新路径》，中国社会，http：//www.mca.gov.cn/article/xw/mtbd/201810/20181000012382.shtml，2018 年 10 月 23 日。

1287.44万人。广州年均举办3600多场次大型活动，地铁线网有超800万人次的日均客流量，快递有超39亿件的年均业务量，拥有高度密集的人流、资金流、物流、信息流、车流，同时产生了多样化的人员构成、不平衡的城乡发展、复杂的局部治安状况、低效率的传统群众动员等问题。

广州市、委政法委等部门从市情、社情和民情出发，紧扣新时代城市社会治理的理念和要求，制定了"一揽子"工作方案，出台了《广州市深化新时代群防共治工作三年建设方案（2018—2020年）》，并将其纳入《广州市营造共建共治共享社会治理三年行动方案》的重点项目。

1. 城市共建与社区自治

总的来看，广州社区治理改革坚持以国家和广东省的法规政策为依据，善于学习全国各地乃至世界先进城市的经验，勇于先行先试，多元治理社会氛围浓厚，特色做法和亮点多。首先，建立"一队三中心"服务管理体制，即整合公共管理方面职能，组建政务服务中心，为居民提供"一站式"办事服务；整合维护社会稳定方面职能，组建综治信访维稳中心，集中受理群众诉求和调处信访及矛盾纠纷；强化社会服务方面职能，建立家庭综合服务中心，购买社工机构承接社区重点群体服务；整合行政执法方面职能，组建综合执法队，实现一个街镇由一支队伍负责综合行政执法。通过3年多时间，全市各街镇基本完成"一队三中心"组建工作。其次，强化社区党组织服务功能，在"街道党工委—社区党支部—党小组"三级组织基础上，广州实行社区党委（党总支）制，把"支部建在楼宇""支部建在网格""支部建在两新组织中"。最后，广州主要学习借鉴香港和新加坡家庭综合服务中心经验，从2007年开始，经历了试点探索、推广和规范发展的过程。广州先后出台实施20余份规范性文件，2011年起，市、区每年对每个家庭综合服务中心投入经费达200万元，逐步建立起以设置项目为基础、以服务社区困难群众和长者为重点、以覆盖全市的家庭综合服务中心为主要平台、以政府监管和独立第三方评估为保障的机制，形成市、区、街镇三级同步推进的格局。推开这项工作以来，全市共建成188个家庭综合服务中心，实现街镇100%覆盖；民办社会工作服务机构从2008年的只有9家发展至现在的393家；持证社会工作者1万人，数量居全国首位；发展注册社区义工 65 万人，年服务居民群众 300 万人次。

广州主要学习借鉴北京、杭州、成都等地的经验，2011 年开始，在各区先行先试城市社区网格化服务管理试点工作，把社区网格作为政府管理社会的基本单元，统筹市区和街镇的力量，主动巡查、靠前提供基础设施建设、城市管理、环境保护、社会治安、消防安全、来穗人员服务管理等事项，推动政府服务管理关口前移、人员下沉、资源整合、快速处置。

广州有大量流动人口，在服务管理来穗人员方面，早在 2003 年就成立来穗人员出租屋管理专门机构，2014 年又成立市来穗人员服务管理局，初步形成市、区、街镇、居村四级服务管理体制；建立了较为完善的信息采集更新制度、巡查告知制度以及督导考核机制，发布了人口调控和入户"1+3"政策文件；推广应用第二代居民身份证直接办理居住证，2012 年起，来穗人员服务管理实现"零收费"，扩大来穗人员公共服务覆盖面，2013~2016 年全市共 165 万名来穗人员通过积分入户广州，2016 年推出首批面向来穗务工人员供应的公共租赁住房，2017 年共安排 248 万来穗人员随迁子女入读义务教育学校起始年级。积极引导来穗常住人员参与城市治理，已成立 81 个来穗人员党支部，吸纳来穗党员 1955 名，选出非户籍委员 446 名。有序推进来穗人员融合行动和示范区创建工作，白云区三元里街开展融合社区"五个一"工程的做法被《人民日报》等媒体广泛报道。在服务管理外国人方面，2012 年 8 月，广州制定出台了《关于进一步加强广州外国人管理工作的意见》，对外国人入境管控、落脚点管控、社会活动管理等进行全面规范。2007 年越秀区在建立外国人管理联席会议制度的基础上，2015 年又在区来穗人员服务管理局加挂外国人服务管理办公室牌子，专司外国人服务管理。

建立"两代表一委员"工作室，借鉴新加坡人民行动党高层议员下社区联系选民制度，2013 年 6 月，市委研究下发了《关于"两代表一委员"联组联动收集社情民意的实施意见》，在街镇和居村分别设立"两代表一委员"联络室和社区工作室，全市四个试点区联组联动累计接待党员群众 1850 场次 19342 人次，走访约访党员群众 1384 场次 13748 人次。推广建立公众咨询监督委员会，在同德围改造和城市垃圾处理两个项目进行试点的基础上，2013 年 5 月，市出台重大民生决策公众意见咨询委员会制度，规定重大城建项目推进前必须先成立公众咨询委员会进行讨论。推广基层治理经验，对越秀区五羊社区建立的分层议事制度和增城区下围村"民主商议、一事一议"的模式进行宣传并号召学习。截至 2017 年底，全市建成 2267 个街（镇）、社区（村）两级议事厅，实现议事厅在村级的全面覆盖，累计开展 12199 次协商议事，形成 17290 项决议，并以 94% 的办结率落实了其中 16295 项，解决了一批如土地确权、旧楼安装电梯、集体资产管理等难题，办成了一些民生实事如小广场管理、宠物管理等。

2. 智慧城市与大数据库

广州从信息基础设施建设、智能化社会管理和服务应用、智慧型产业发展、信息技术发展和市民信息技术应用等方面积极构建"智慧广州"。广州在"三规合一"的基础上，以"智慧式"推进"多规合一"，在基础规划的基础上进一步实现"智慧规划"和"大数据规划"。广州市不断摒弃各自为政的落后管理方式，用"一张图"实现全盘掌控，以实现科学高效的民生管理和民生服务。同时，加强对规划效果的评估，实施透明的评价，综合运用信息共享达到互联互通，深入挖掘规划内涵，加强决策支撑。不断丰富和完善信息数据库，采用互联网规划信息挖掘、行政审批信息、物联网感知城市信息采集、城市综合管理、流动人口移动信息收集的多种方式，将大数据技术融合运用于规划和决策管理中，更好地为"智慧广州"建设服务。此外，广州智慧城市建设和新型城镇化相结合，共同构建社会治理创新平台，通过搭建信息平台来实现资源共享，打破"九龙治水"的社会管理僵局。具体而言，广州将"云加端"模式融入社区网格化管理，突破了传统基于流程业务协作的时空限制，实现随时随地的智慧城市管理协作。此外，广州利用互联网技术，带动实现信息化、智慧城市与新型城镇化发展的深度融合。

第二节　特大城市治理的经验及借鉴

一、华中枢纽——武汉

武汉是湖北省省会，中部六省唯一的副省级市，特大城市，国务院批复确定的中国中部地区的中心城市，全国重要的工业基地、科教基地和综合交通枢纽。截至 2019 年末，全市下辖 13 个区，总面积 8569.15平方千米，建成区面积 812.39 平方千米，常住人口 1121.2 万人，地区生产总值 1.62 万亿元。

武汉于 2009 年 4 月制定了建设"三步走"战略："中部中心城市—国家中心城市—国际化大都市"。国务院于 2010 年 3 月 8 日批准《武汉市城市总体规划》。武汉由此获批建设"中部地区中心城市"，标志"第一步"目标已经实现。中共武汉市委十一届十次全会在 2010 年 12 月 3日审议通过《全市国民经济和社会发展"十二五"规划的建议》，提出"十二五"时期武汉要对中部中心城市的地位加以巩固，努力推动国家中心城市建设，为把武汉建成现代化国际性城市奠定基础。这是武汉官方首次提出国家中心城市建设，也标志着武汉正式启动实施"第二步"战略。国家发展改革委经国务院同意，于 2016 年 12 月 20 日印发《促进中部地区崛起"十三五"规划》，明确支持武汉的国家中心城市建设。建设国家中心城市的目标终于在"十三五"开局之年得以实现。《武汉建设国家中心城市实施方案》于 2018 年 1 月 16 日发布，提出分三步推进国家中心城市建设，即在 2021 年基本形成建设框架，在 2035 年初步建成，在 2049 年建成具有国际影响力、全球竞争力的，可持续发展的世界亮点城市。

1. 智慧城市与大数据库

近年来，智慧城市已经成为全球城市解决人口增长、交通拥堵、环境污染等城镇化过程中各类"城市病"，实现安全、健康和可持续城市建设的共同发展诉求。

自 2010 年起，武汉就率先对"智慧城市"建设启动了试点工作，是由中国科技部批准的"智慧城市"示范城市之一。2013 年，湖北省政府向国务院办公厅恳请审批武汉城市圈区域发展规划（2013~2020年），国家发改委经国务院办公厅批转办理原则上同意了规划，规划明确提出要构建"数字城市圈"、打造三网融合工程和电子商务平台，加大信息基础设施建设力度，持续改造、升级和扩容宽带互联网络，统筹信息网络规划、建设和管理，推进电信网、广播电视网和互联网"三网融合"，促进网络资源共享和互联互通。加快电子商务发展，建设在线支付、网上信用、电子认证等支撑体系和电子商务服务平台，这里可看到武汉在智慧城市建设方面走在了国家前列。

政务云建设促进政府职能转变。武汉政务云建设涉及全市 41 个委办局，近 800 项共享交换服务事项的清理、确认和登记，如按照目前全国通行的做法，需要先建大规模的数据中心。只要一上硬件，不仅投资过亿元，而且会造成数据中心与实际应用脱节。武汉在建设政务云的过程中采取了"逻辑集中、物理分散"的方式，运用云计算的技术发挥科技优势，项目仅花费 500 余万元投资完成建设，实现了政府各部门之间和内部的网络互通以及数据共享，奠定了转变政府职能和发展大数据产业的良好基础（向小雪、黄勇，2019）。

抓住痛点破解交通环保难题。武汉建立了智慧交通系统"易行江城"对交通拥堵进行治理，集成了 40 多项功能，如行车停车诱导、车驾管服务等，切实缓解交通压力。一方面，交管指挥中心可以实时调度，协助民警就近进行及时处置，使城市拥堵时间大大缩短；另一方面，司机可通过"易行江城"APP 和道路行车诱导屏，了解实时路况，合理计划行车路线，既避开堵点，又减少堵源，共治共享。武汉推动智慧工地系统建设，监控中心解析 PM10、PM2.5，在全市范围内实时监测 342 个重点工地的粉尘、温湿度，系统自动报警出现超过国家标准值的情况，对于超标工地进行远程掌握和及时处理。城管部门还使用了北斗定位技术，针对沿路抛洒的渣土运输现象，在渣土车上安装智能监控设施，实现了对重量、高度、车速、密闭、车净以及线路的"六控制"。[①]

2. 城市生态环境治理

武汉为使城市格局进一步优化，按照"1+6"的城市化新格局，规

---

① 《用"互联网+"建设治理超大城市》，《长江日报》2016 年 9 月 19 日。

划建成了主城区外的六大新城区，打造生态景观体系，将武汉建设成为"500米见绿、1000米见园、2000米见水"的生态宜居城市。《武汉市基本生态控制线管理规定》在2012年就已经开始施行，明确划定了城市增长边界和生态底线这"两线"，以形成集中建设区、生态发展区、生态底线区这"三区"。集中建设区实施"以主城为核，轴向拓展，组团化发展新城"的开放式空间发展战略；生态发展区有效补充了城市功能，推行生态型建设，推进生态休闲旅游产业大力发展；生态底线区则严格控制区内的生态环境资源，严密保护监控相关敏感区生态。

近年来，武汉持续推动建设基础设施，推进市、区共建，在攻坚城建上取得了丰硕的成果。武汉2017年的城建投资较2016年增长18%，总额达2361亿元，城市交通中的完善城市道路网络、提速地铁建设都是重点建设领域。2017年武汉有16条线路在建，地铁新开工5条线路及续建项目里程达361.8千米，朝着武汉地铁计划于2020年实现通车400千米的目标挺进。2018年武汉本级政府主要用于建设城市基础设施的投资为702.51亿元。近年来已经完成自来水厂饮用水水源地隔离防护工程8个、地埋式垃圾运转站30座的建设，全面启动"三旧"改造工程，整体拆除三环内11个城中村。

在推动基础设施建设的同时，武汉还注重生态保护，不断推动城市自然生态体系的完善。武汉实施部署绿满江城行动计划，在湿地自然保护区启动生态补偿试点工作。自《武汉市山体保护办法》2014年9月开始施行后，武汉生态修复了6000亩破损山体。武汉东湖绿道2016~2017年从零开始以"世界级"的速度和品质突破百千米，将各大生态旅游景区资源串联起来，让市民享受到大东湖之美的同时推动东湖绿心和周边城市功能区的融合以及协调发展（黄璐，2018）。

3. 市民需求与公共服务

武汉市以建设中部医疗卫生、教育服务中心为功能主导，以提高城市综合治理和社会治理能力为目标，强化政府行政效能和城市治理功能，强化社会管理创新的示范功能，形成政府、社会组织和公众有序合作、共同参与的社会管理架构，形成市场化、预警化、信息化相结合的跨区域公共服务体系与产业网络。

武汉市政府在帮扶生活困难居民等弱势群体上积极探索与尝试购买

公共服务。市政府从 2010 年开始委托武昌区残疾人联合会牵头，为残障人士购买健康指导和家政服务，并提供了资金援助，在相关文件出台前进行了购买服务的有益尝试。武汉积极支持社会组织发展，进行平台建设，提供财政帮扶，提升其对于政府购买公共服务的承接能力。为鼓励社会组织创新，武汉的公益创投大赛已经连续举办六届，参赛项目设定的领域涵盖各个关乎公众切身利益的方面，包括助残、扶贫、抚幼、养老、就业培训、健康指导、环境保护等，以资金扶持的鼓励机制，激发参赛积极性，并孵化成功了众多公益项目，实现了服务居民等社会效益（吴永辉，2019）。

二、中国最具幸福感城市——成都

近年来成都面对城市体量巨大、治理结构复杂、人员流动性强等难题，以新发展理念统揽城市工作全局，将城市发展战略落实到微观社区，推动城市发展由速度规模导向转向质量效益导向、由低成本要素驱动转向创新生态驱动、由生产保障优先转向生活品质优先、由维稳型经验治理转向开放式人本治理，形成了具有成都特色的基层治理模式。中共成都市委通过《中共成都市委关于贯彻落实党的十九届四中全会精神建立完善全面体现新发展理念的城市现代治理体系的决定》，明确建立完善全面体现新发展理念的城市现代治理体系总体目标，到 2021 年，在建设全面体现新发展理念的城市现代治理体系上形成一整套更加完善的制度，初步形成城市秩序、城市活力与城市能级协同共进的生动局面；到 2035 年，城市治理体系和治理能力现代化基本实现，形成与建设全面体现新发展理念的城市相适应的高水平整体治理效能；到 21 世纪中叶，城市治理体系和治理能力现代化全面实现，为建设可持续发展的世界城市提供强有力的制度保障①。

1. 智慧城市与大数据库

近年来，成都一直致力于信息化与产业提升、市民生活、公共管理的同步推进，坚持信息化与工业化深度融合，大力推进以数字化、网络化、智能化为主要特征的智慧城市建设，积极构建开放、安全、持续创

---

① 《描绘成都推进城市治理现代化的新蓝图》，《成都日报》2020 年 1 月 8 日。

新的智慧成都，着力改进城市管理和公共服务。

以打造中国西部信息通信中心为目标，全面推进通信枢纽建设，着力提高国际通信保障能力、区域干线传输能力、信息汇聚处理能力、信息安全支撑能力和应急通信适应能力，基本形成了从传输、交换、存储、灾备、公共计算到公共安全完善的通信基础设施体系。

成都以民生和公共服务为重点，实施了一系列信息化重大应用示范工程。率先开展了以智能化为特征的物联网、云计算、移动互联网等技术在智能交通、城市管理、食品安全、环境保护、安全生产、现代物流等领域的示范应用，促进了城市管理的精细化、便捷化、智能化，提高了政府公共服务能力和效率。

2. 城市共建与社区自治

近年来，成都坚持以新思想引领城市发展方向，以新理念统揽城市工作全局，推动城市发展治理的理念之变、体制之变、路径之变和格局之变，初步建立了党建引领城乡社区发展治理的制度机制体系，初步实现了全面提高党委领导城市工作能力和持续巩固党在特大城市群众基础的初心使命，有力推动了城市高质量发展、高品质生活、高效能治理的协同共进①。笔者认为，成都市基层治理的关键经验在于准确把握了市情和城乡基层治理的发展趋势，从四方面入手，对城乡基层协同共治的体制机制进行构建推进，统筹推动基层社会和谐发展。

一是推进基层政府管理体制改革。基层社会发展要求对结构优化、执行顺畅的基层行政管理体制进行构建，创新基层治理，改革基层政府管理体制。二是对公共财政制度进行完善，推动基本公共服务实现均等化，推动城乡基层政府构建服务型政府，对市场公共物品"供给失灵"情况进行调试，在推动公共服务一体过程中实现城乡居民的平等待遇权利。三是党建引领多元主体协同共治与社会自治。建立多元主体协同共治与社会自治机制是破解基层社会治理难题、促进社会稳定和谐的重要方式。成都在社区发展治理中探索构建党组织为核心，多元主体共同参与的一核多元的治理体系。四是公众参与、利益表达与政策影响。城乡居民对社会政策决策和公共事务进行民主参与的愿望，随着社会进步和

---

① 《美好生活 共建共享》，《成都日报》2020 年 1 月 10 日。

社会成员利益分化日益强烈。扩大城乡居民从各层次、各领域有序进行民主参与，保障城乡居民民主权利亦是成都基层治理的重要内容（袁方成等，2013）。

具体操作时，城乡社区发展治理委员会强化党建引领，夯实发展治理基础。推行街道（乡镇）、社区党组织兼职委员制度，发挥区域化党建联席会议制度作用，健全街道、社区、小组（网格）、基本单元四级组织架构。深化党建引领居民小区治理，在社区探索环境和物业管理委员会的设立，夯实基层治理工作抓手，以"五步工作法"推进五好小区建设，打造小区居民共享空间，推进小区治理机制建设，推动志愿服务站、共享空间、邻里中心等活动阵地下沉小区。在此过程中，各社区压缩办公场地，腾出更多空间用于公共服务。同时，紧扣群众需求，提升社区功能品质，实施社区发展治理"五大行动"。按照"一街一特色"原则，挖掘历史底蕴，融入天府文化元素，植入新型业态，打造特色街区。着眼城市有机更新，改造棚户区、城中村和老旧院落。开展"最美街道"评选，提升整治背街小巷。扎实推进"两拆一增"，增加透绿开敞空间。在实施老旧城区改造、背街小巷整治、特色街区创建、社区服务提升和平安社区创建行动中，夯实和谐宜居生活城市底色，让市民"看得见山、望得见水、记得住乡愁"。此外，成都还推出天府市民云APP，打破部门信息孤岛，整合分散在 37 个部门的 147 项服务。

3. 简政放权和营造政商环境

成都自贸试验区围绕贸易自由化与投资便利化，积极推进简政放权，深化"放管服"改革，加速推进政府职能转变，打通"最后一公里"，在公共服务改革上取得了显著的成绩。表现在：深化了行政审批制度改革，推进了税收征管体制改革，构建了事中事后监管体系，建立了综合的行政执法体系。成都在"放管服"改革中，"服"方面取得了明显的改善，但在"放"和"管"方面则显得相对不足。应当进一步提升公共服务水平，下放管理权限，精简行政审批流程，提升管理流程的透明度，深化改革商事制度，优化纳税服务，完善监管综合体系。

成都自贸试验区主动深化"放管服"改革，在政务效率上大幅提高，能减的彻底减到位，能放的坚决放到位，努力实现审批最少、流程最优、效率最高、服务最好；同时，在要素配置、市场监管、权益保护上创新突破。面向企业送出营商环境 "1+10" 文件的 "新春大礼包"，涉及资源市场准入、服务效率、要素配置、市场监管、权益保护等涉企事项的方方面面。到 2019 年底，成都明显改善了营商环境的弱项，网上可办涉企事项的覆盖率提高至 95% 以上，压缩了 30% 以上的办理时限，营商环境的部分指标已经达到国际先进水平。到 2020 年底，涉企事项努力实现 100% 的网上可办率，压缩 50% 以上的办理时限，全面改善为企业全生命周期提供的服务，力争在营商环境评价中进入国内国际先进行列，加快打造国际化营商环境先进城市（吉喆等，2019）。

　　成都积极开展无纸化出口退税试点。建立了全省统一的出口退税网上申报平台，为出口企业提供 "足不出户" "7×24 小时" 的出口退税申报服务。在自贸试验区范围内全面实施出口企业无纸化申报和审核，实行无纸化试点以后，提升了申报、审核效率，申报和办理出口退税的速度提高一半以上，减少纳税人办税成本至少 2/3。企业只需一次性在网上提交电子数据即可完成当月免抵退税申报，省去资料报送等诸多环节，使退税工作由 "慢车时代" 进入 "高铁时代"。无纸化出口退税试点，不仅减轻了企业资料报送之苦，更重要的是，使办理周期大大缩短，有效缓解了出口企业的资金压力，真正为企业减轻包袱，使其轻装前行。

三、千年古都——西安

　　改革开放 40 多年来，西安的发展从落后封闭的内陆型城市，走上了以社会主义市场经济为核心的开放型经济的发展道路，以改革开放为引领，在经济、社会、民生、科技、教育、城市建设、生态等方面取得了翻天覆地的变化，成为我国西北地区改革开放的窗口、国家重要的高新技术产业基地以及国际著名旅游城市。2018 年 2 月 2 日，《关中平原城市群发展规划》正式发布，西安获批建设国家中心城市，成为我国第九个国家中心城市。这是国家在继 "一带一路" 倡议对西安内陆型改革开放新高地定位后的又一次升华，是国家全方位开放格局的重大战略布局，进一步表明了国家对西安在担当国家使命、引领西北发展的更新、更高的期望。

西安作为中国内陆的腹地、新欧亚大陆桥上的重要节点城市，在丝绸之路经济带上的区位优势无可替代，在国家区域协调发展、连接南北、贯通东西中起着重要的枢纽作用。西安国家中心城市的建设具有担当国家使命、引领西北区域发展的重要意义。西安以优化城市空间布局为统领，提出了优化超大城市发展空间格局，实施"北跨、南控、西进、东拓、中优"战略，打造大西安"三轴三带三廊一通道多中心多组团"的城市发展思路。

1. 城市共建与社区自治

近年来，西安以社区治理创新为动力，不断夯实基础、提升服务水平，取得了明显成效。目前，西安市辖 10 区 3 县、167 个街（镇）、城镇社区 911 个，社区"两委会"成员 6552 人，社区专职工作人员 3287 人。西安积极整合资源，构建了区域化党建工作格局。西安社会治理的方针是"四社聚力、五方联动"。其基础在于开展共产党领导下的居民自治，其核心是要在治理过程中理顺社区内、外部各个主体之间的关系，盘活社区资源，优化社区发展和治理环境。

2014 年以来，西安以构建区域化党建工作格局，一是打造服务型党组织为目标，对社区的软、硬件和人员队伍建设进行全面提升。创新基层党组织建设，健全完善了街道党建联席会议、着力促进社区各类资源的有效整合。二是不断创新方式，着力提升社区的自治能力。探索完善基层民主协商共治，动员各方力量参与社区重大事项的民主决策。针对当前社区居民参与不足和社区工作人员精力有限的现实状况，专注于培育社区多元参与机制建设。三是坚持需求导向，大力培育社会组织健康发展。为了进一步提高社区的服务能力，扩大社会组织参与社区服务的范围和影响力，近年来，西安着重精心扶持社会组织健康发展。建立了多家区级社会组织发展培育中心。为社会组织的活动开展和孵化培育提供了必要的硬件场所。促进了社会组织的健康发展，也提高了社会服务的质量。积极引入社区治理的"合作伙伴"，开创了社区、社会组织、社会工作者和社区志愿者"四社联动"的局面。

2. 综合执法与精细管理

近年来，西安坚持以人民为中心，做到人民城市人民建、人民城市人民管，在精准、精细上做文章，结合全国文明城市创建工作，通过

"微治理"把市民群众对美好生活的向往体现到城市精细化治理中。西安以承办全运会为契机,聚焦人民群众的需求,进一步对城市规划建设管理的各个方面进行统筹,发挥政府社会市民等各方力量,扎实推进全市老旧小区、城中村(棚户区)、背街小巷改造提升和断头路打通、架空线落地以及城市建设管理事权下放工作。

为了提高西安国家中心城市治理能力和水平,根据2020年西安城市精细化管理工作实施方案,该年度的重点工作任务为:解决车辆无序停放问题,解决占道经营问题,解决沿街门店乱贴乱挂乱放问题,解决街头散发野广告问题,解决施工工地围墙(围挡)设置标准不一问题,解决废品收购站周边环境卫生问题。加强对废品收购站周边环境的整治力度,解决街头标识牌和户外广告规范设置问题,解决城区乱搭乱建问题,解决道路街区清扫保洁人员配备不足问题,解决果皮箱设置凌乱不规范问题,解决公厕开放中的问题,解决各类护栏保洁问题,解决绿化带、绿篱间保洁问题,解决道路"灰带"问题,解决渣土车超速行驶和乱倾倒问题,解决绿地面积不足和管护不到位的问题,解决城市夜景景观问题,解决"架空线缆"落地问题,解决城乡接合部扬尘污染问题,解决建筑工地管理不到位问题,解决街头流浪乞讨问题,解决社区环境卫生管理工作不到位问题。

3. 公共文化服务体系建设

以西安市雁塔区为例,介绍西安构建现代公共文化服务体系的实践。城市辖区兴办公共文化事业的最大瓶颈在于场地。2018年,在雁塔区委、区政府的积极协调下,区文化局积极主动与辖区高校、科研院所合作,协调西北政法大学、西安电子科技大学、陕西师范大学、长安大学、西安欧亚学院、西安文理学院、西安交大经济管理学院、西安外国语大学、204所、机电研究所、热能研究所等高校和科研院所的体育场馆免费向辖区居民开放,方便居民健身和开展各类文化活动。雁塔区充分利用辖区大学多、科研院所多的优势,与辖区大学达成协议,在不干扰学校正常教学秩序的前提下,将大学校园的图书馆、体育场向辖区居民免费开放,取得了"双赢"的效果。一方面,高校的图书资源得到了充分利用,提升了使用率;另一方面,也避免大拆大建增加政府的财政负担^①。

从 2016 年开始，雁塔区街道综合文化站建设全面启动。到 2018 年，电子城街道和鱼化寨街道升级改造了 2 个综合文化站；全区已建立了 12 个艺术辅导基地、8 个科学健身辅导点，筹备基层文化信息服务点，培训辅导工作步入正轨，基本形成广场文化超市，辖区驻地高校、单位向社会开放 28 家体育场馆，辖区群众将更加方便地就近参与文体活动。2016~2018 年，雁塔区全面完成了社区综合文化服务中心的整体改造工作，成绩斐然。到 2018 年底，雁塔区街道综合文化站达标率达80%，社区（村）综合性文化服务中心达标率达 60%；文化站和社区（村）建立起公共电子阅览室，免费提供上网服务。

城市主城区的公共文化设施在建成后，能否突出实用、便利，是考量城市公共服务效能的首要指标。2017 年 7 月，雁塔区正式出台了《雁塔区"十三五"文化体育发展规划》，明确提出要在公共文化领域以"学习余杭、追赶青阳、超越渝中"为目标，实现辖区居民在家门口享受到丰富多彩、便民高效的公共文化资源。2018 年，雁塔区由区文体局牵头，计划组织 1000 场以上群众性文体活动。并且将每年 1000 场群众文化活动纳入区文体局的当年度目标考核。城乡群众在家门口，15分钟内就能享受到方便快捷、愉悦身心的公共文化资源，被基层群众誉为公共文化领域的民心工程。

在推进辖区文化产业发展的同时，充分发挥文化产业对公共文化的辐射作用，是雁塔区建设公共文化的一大特色。2018 年 5 月，雁塔区以文化创意产业园区建设为抓手，推进明德门文化艺术创意小镇、际华 3511 文创科技园、西美艺创空间等文化产业园区建设，将这些文化创意小镇和文创科技园打造成开放式、互动立体的园区。在建设过程中，主动吸引辖区群众参与，既创造了较高的经济效益，也创造了良好的社会效益。

四、"城市大脑"与智慧城市——杭州

1. 智慧城市与城市大脑

杭州是浙江省省会，是长江三角洲城市群的核心城市，拥有悠久的

---

① 《千场戏剧惠民演出送到明德门》，《西安日报》2013 年 9 月 27 日。

历史和文化，信息产业高度发达，以电子商务、物联网、云计算、大数据、信息系统集成等为核心服务内容。杭州的城市信息化从 20 世纪末以来就领先全国。原国务委员、国家科委主任宋健早在 1990 年 10 月，就提出打造"天堂硅谷"杭州国家高新区，推动杭州高新技术产业开发区、杭州高新软件园的建设和高新技术产业群的发展。

自 2016 年在杭州诞生以来，城市大脑在"三化融合"的有力推动下，实现了由治堵的局部探索向治城的全面应用的重大跨越。杭州建设智慧城市与发展智慧经济在整体布局上"基础设施、应用服务、产业发展"三位一体，在用户需求上"党政机关、企事业单位、城乡居民家庭／中外游客"三位一体，整体系统输出"规划设计、解决方案、设备供应、基础建设、运营维护、管理咨询"等内容，以用促建，通过建设智慧城市打造智慧经济。杭州智慧城市建设的产业链条门类齐全，其发展推动了建设杭州智慧城市，还可以促进整体智慧城市建设方案的对外输出（朱文晶等，2015）。

2020 年 6 月 28 日，杭州市委十二届九次全会上提出将深入学习贯彻习近平总书记考察浙江时的重要讲话精神，紧密结合杭州实际，把城市大脑建设作为数字赋能城市治理的主要抓手，做强做优城市大脑、打造全国新型智慧城市建设"重要窗口"。大力打造"531"的逻辑体系架构。

"5"即"五个一"：打通"一张网"，一张确保数据无障碍流动的网，通过统一标准，支撑"城市大脑"的数据资源需求；做大"一朵云"，一朵将各类云资源连接在一起的"逻辑云"；汇聚"一个库"，形成城市级数据仓库，同时做好数据治理，确保数据鲜活、在线；建设"一个中枢"，作为数据、各系统互通互联的核心层，实施系统接入、数据融合、反馈执行；建强"一个大脑"，在全市实施统一架构、一体化实施，彻底打破各自为政的传统建设模式，实现市、区两级协同联动，防止重复建设。

"3"即"三个通"：第一个"通"是市、区、部门间互联互通。第二个"通"是中枢、系统、平台、场景互联互通。第三个"通"是政府与市场的互联互通。

"1"即"一个新的城市基础设施"。"城市大脑"通过全面打通各类数据，接入各业务系统，实施融合计算，将为城市建设一个会思考、能迭代进化的数字化基础设施。未来,"城市大脑"将会随时为杭州市民、来杭游客提供服务,如同道路、水电一样,成为必不可少的基础设施。

2. 城市空间优化

根据《杭州市城市总体规划(2001—2020年)》(2016年修订),杭州人口规模为2020年规划区常住人口规模745万人,其中中心城区城市人口400万;用地规模为2020年规划区城乡建设用地规模1119平方千米,城镇建设用地729平方千米,其中,中心城区建设用地430平方千米,人均城市建设用地107.5平方米。

坚持"城市东扩、旅游西进,沿江开发、跨江发展"的空间策略进行总体布局。空间结构延续"一主三副六组团六条生态带",尊重现有行政区划、实现规划建设管理城乡全覆盖,管理生态和乡镇用地,优化调整主城、副城、组团的范围和内涵,主城开发创新、高端服务等功能,副城、组团健全生活生产功能,对产业、居住等用地布局进行提升优化,将城乡统筹的行政区域也纳入组团的范围。建设主城和江南城、临平成、下沙城三个副城"一主三副";湖滨、武林广场的旅游商业文化服务中心和临江地区钱江北岸城市新中心和钱江南岸城市商务中心"双心";为东西向以钱塘江为城市生态轴,南北向以主城—江南城为城市发展轴"双轴";余杭组团(未来科技城)、良渚组团、瓶窑组团、义蓬组团(大江东新城)、瓜沥组团和临浦组团"六大组团";西南部生态带、西北部生态带、北部生态带、南部生态带、东南部生态带以及东部生态带"六条生态带"(陈帆、刘俊竹,2016)。

3. 城市共建与社区自治

杭州对行政管理与社区自治进行制衡与相吸,进行"分类治理"与"复合主体"的尝试。杭州的社区建设工作在全国开展最早,也实现了比较成功的社区治理实践(郎晓波,2013)。杭州调整重组传统社区为新型社区,设立帮扶救助服务站和劳动保障服务室,组织志愿者队伍和活动,创建了全国社区建设示范市(朱洁,2015)。为了推动政府职能社区化,探索建立社区工作站的模式,让社区居委会回归自治,更好地承接政府下沉至社区的行政事务和公共服务。杭州借鉴和吸收公司治理、社站内置、居站并行和居站分离四种模式(郎晓波,2013),创建了社区党组织、居委会和公共服务工作站"三位一体"的复合模式,分工负责、交叉任职，合署办公、条块结合，取得了理想的成效。

杭州划分了社区行政事务、社区公共服务和社区自治事务三大类社区公共事务，对应其不同的属性及责任主体（郎晓波，2013）。社区行政事务，又称社区行政工作，是指在以社区为单元的范围内，由政府组织作为管理主体，如特定的执法主体和法定的行政主管部门提供的管理型公共产品的组合（周天伟，2016）。社区公共服务，包括社区行政服务、社区便民服务和社区公益服务，是指各层社区之上的公共服务体系以及社区内生产的为社区及其成员提供的公共服务之和（郎晓波，2013）。社区便民服务由社区社会组织提供，社区公益服务由社会团体、志愿组织、协会、共建单位等社会组织提供。社区公共服务分离出社区公共事务之后，即属于由社区组织承担的社区自治事务（郎晓波，2013）。

第三节　城市发展规律与城市治理转型

当我们梳理中国城市的治理历程和经验时，发现以下三种规律：一是规模越大的城市往往具有更多方面的城市病；二是城市的人口和经济规模增加带动着城市病基本同步地恶化，城市越有活力往往城市病恶化程度越高，尤其是交通拥挤和住房困难；三是城市病严重的城市，人口往往增加速度快，进入得多，离开得少，并且密度高变动大，其中城市中心区更为明显，人口密度大且昼夜差距大，普遍存在职住分离问题，大量居民通勤时间长（王正平，2014）。

郑州城市发展和城市治理水平在全国省会范围内属于中等水平，根据《中国城市综合发展指标 2018 版》，郑州位列第 18，前面的省会城市有广州、杭州、成都、武汉、南京、西安、长沙和福州。在 9 个国家中心城市（北京、上海、广州、天津、重庆、成都、武汉、郑州和西安）中发展指标则靠后。因此，郑州的城市发展和城市治理还有很长的一段路要走。在城市治理现代化的过程中，郑州应该总结其他特大城市发展的经验，在基于现实情况的基础上有效规避治理风险，发展具有郑州特色的城市现代化之路。

中国特大城市的发展既体现了城市化发展的一般规律，又极具中国和地方特色。城市产业结构、人口结构、社会结构、空间结构和治理结构等结构性问题相互关联，它们既是原有城市社会管理体制的直接后果，也督促中国特大城市治理转型。因此，在探索超大、特大城市治理时，必须重视城市发展的规律和"城市病"。特大城市的边界划定与管控，必须要实现转型，由城市管理过渡到城市治理。城市治理需要政府与社会的广泛参与，加强与其他城市或周边地区的联系，形成一种公平参与式的治理。

为进一步切实推进社会治理体系和能力现代化，党的十九届四中全会部署了对共建共治共享的社会治理制度进行坚持和完善的工作安排。在构建基层社会治理新格局上，提出了"加快推进市域社会治理现代化"的要求。2019 年 12 月 3 日，全国市域社会治理现代化工作会议在京召开，深入学习贯彻党的十九届四中全会精神，研究推进现代化市域社会治理工作，部署启动市域治理现代化试点。

市域社会治理是在市域这一统筹城乡一体化的有效载体的范围内，由党委、政府、群团组织、经济组织、社会组织、自治组织、公民等构成多元行动主体参与的社会治理体系，广泛参与的在设区的城市区域范围内具体实施国家治理的社会行动，其相较于传统城市治理具有鲜明的枢纽性这一本质特征。2019 年底，中央政法委研究制定印发了《全国市域社会治理现代化试点工作实施方案》《全国市域社会治理现代化试点工作指引》，全国市域社会治理现代化试点工作正式启动。

2020 年 1 月 20 日，河南省市域社会治理现代化工作电视电话会议在郑州召开，深入学习贯彻党的十九届四中全会精神和全国市域社会治理现代化工作会议精神，贯彻落实省委要求，部署河南省市域社会治理现代化工作。河南省委常委、政法委书记甘荣坤出席会议并讲话。强调要深刻认识推进市域社会治理现代化的重大意义，切实增强责任感和使命感。要紧紧围绕推进国家治理体系和治理能力现代化的总目标，坚持以人民为中心的发展思想，以防范化解市域社会治理难题为突破口，以开展市域社会治理试点为抓手，探索具有河南特色、市域特点、时代特征的社会治理新模式。要坚持共建共治共享，努力推进市域社会治理模式创新，理顺纵向治理架构，完善横向治理体制，强化政治引领、法治保障、道德教化和科技支撑。要聚焦解决突出问题，着力防范化解社会矛盾，切实保障公共安全，努力提供优质公共服务，提升市域社会治理实效。要强化组织领导，坚持齐抓共管，扎实推进试点，确保各项部署落实见效。①

改革城市治理结构。特大城市的市场化、社会化发展程度较高，这意味着政府在公共事务的管理中应更注重利用正式权威之外的管理方法和技术，以监督和协调为主要责任，简政放权，完善民主法治机制，逐步退出社会管理领域。尽可能由社会组织来治理社会，建立公共生活领域的"多元共治"治理结构。考核评价城市发展状况时要注重指标的全面性和科学性，更侧重社会公平正义的实现和人的全面发展。政府的行政改革要结合信息技术，不断完善"网格化治理"，提高对数据信息的分析处理能力，及时发现问题。压缩现有行政层级，推进职责划界和部门精简等工作，以扁平化管理加强行政机关内部的资源整合，提高行政效率。

以需求为导向，提高公共服务能力。随着特大城市社会阶层分化和人口流动速度加快，社会发展的风险递增，城市居民需要更健全的公共服务体系，为其参与社会经济、政治、文化活动提供制度保障。政府扮演公共服务的生产者和安排者的双重角色。一方面要搭建有制度保证的服务交易平台，主抓协调、指导和监督等宏观工作；另一方面要坚持市场对公共资源配置的决定作用。以需求为导向，在充分调研的基础上，明确公共产品服务的具体对象和需求，避免盲目性和低效率，加强可及性和便利性，有效整合资源，及时化解社会矛盾，保证特大城市社会的和谐稳定。

提高公众的参与意识，促进民主决策。如前文所述，政府单一主体的社会管理结构缺乏对话和协商机制，对政策的贯彻和公众民主意识的发展有消极影响。社会治理转型中应强调政府和社会的合作关系，鼓励社会公众积极参与社会政策的制定过程，提高社会公众的自主性和民主行事能力，与政府、社会组织共同分享权力和承担风险。一要促进城市规划和社会政策信息的透明化和公开化，充分利用现代网络技术和大众

---

① 《推进市域社会治理现代化　建设更高水平的平安河南》，《河南法制》2020年1月22日。

传媒，落实公民知情权；二要通过建立对话协商机制，组建民主团体行驶行使监督政府行政工作的基本权力，拓宽民众利益表达和政策建议的渠道；三要重视基层民主建设，在社区层面建立并完善公民参与机制，倡导每一位社区成员都能积极参与社区公共服务的规划、建设和审核过程，形成"主人翁"意识。

培育社会组织，推动城市治理结构的转型。《中共中央关于全面深化改革若干重大问题的决定》指出要正确处理政府和社会的关系，实施政社分开，推进社会组织明确权责、依法自治、发挥作用。社会组织作为政府、社会和公民之间的润滑剂和黏合剂，可以回应城市居民的多元需求，化解政府与公众的矛盾，保证社会稳定，在社会治理结构中占据重要位置。目前，中国的社会组织尚处于起步阶段，在人才、经费、组织架构等方面困难重重。社会治理转型过程中，政府应当重视社会组织作为实现公民自治的有效平台的重要地位，与之建立合作伙伴关系。适合社会组织提供的公共服务和决议的事项交由社会组织承担，完善社会组织层面的法律法规，推进其自主性和自治化发展，真正使社会组织成为民众表达意愿和参与社会治理的有效平台，实现社会多方力量共同参与公共事务的目标。

第 七 章

特大城市治理现代化内涵和外延

通过前两章节对国内外大城市治理经验和模式的分析，可以看到城市治理尤其是特大城市治理是一项系统工程。习近平总书记指出，"推进国家治理体系和治理能力现代化，必须抓好城市治理体系和治理能力现代化"。自改革开放以来，我国城镇化进入高速发展时期，取得了举世瞩目的成就，同时，快速城镇化也为城市治理带来了诸多挑战。中国特色社会主义已经进入新时代，新形势下推进城市治理现代化，应当结合城市发展实际和人民切实需求，站在新的历史高度探讨城市治理，把握中国城市治理新动态，探索城市治理新方向。特大城市治理要结合中国新时代社会经济转型时期对国家治理体系和治理能力现代化提出的新要求，解读国家层面对城市治理现代化的政策指向，方能明确特大城市治理现代化的着力点和努力方向。

第一节　城市治理的理论

一、治理的概念和含义

从哲学视角看待"治理"的概念，可以认为是国家、社会、企业、组织、社区和群体是围绕如何形成社会有序性的矛盾调和过程。从历史的视角看"治理"命题，中国历史上积累了诸多国家治理、社会治理的案例，《资治通鉴》等历史书籍中积累了大量中国古人国家治理的智慧和经验。但现代社会中"治理"的概念在近二三十年被赋予了许多新的内涵。联合国全球治理委员会（CGG）认为，"治理"是指"各种公共的或私人的个人和机构管理其共同事务的诸多方法的总和，是使相互冲突的或不同利益得以调和，并采取联合行动的持续过程"。从社会学角度来看，治理是管理国家、社会和个人事务的方法总和，这些所谓的方法包括正式的社会治理和社会规则，比如法律制度等有权要求人们服从的正式制度和法律法规，也包括各种非正式的却能够有效施行的非正式制度，如社会制度、村规民约等。从此角度来解读特大城市治理，需要深刻认识到，特大城市社会治理是需要一整套正式和非正式的社会规则和社会规范，并在此基础上能够协调各方利益，动员各方参与的社会活动和社会过程。治理的本质不是控制、不是禁止、不是杜绝，而是在相互调和的基础上各方统统采取的行动。所谓的各方，既包括政府代表的公共部门，也包括企业组织代表的私人部门，还要加上社会成员的个体性和群体性利益。治理是社会活动，也是社会过程，客观上决定了特大城市社会治理不是一蹴而就、一成不变的，而是在治理各方参与的过程中，通过持续的互动不断相互协商、解决问题的过程。这与当下公共领域的实践和现代政治学、行政学等研究将治理拓展为一个内容丰富、包容性很强的概念，重点是强调多元主体管理，民主、参与式、互动式管理，而不是单一主体管理，是不谋而合的。

二、城市治理的理论和模式

城市治理有广义和狭义之分，广义的城市治理强调的是一种基于城市空间的地域治理，包括所在城市地理空间范围内的所有，如经济、社会、文化、生活、生态等各个方面，对城市可持续发展所需要的各种要素，如劳动力、资本、土地、生态、文化、技术、信息、知识等生产要素进行整合，最终以实现城市整体性、地域性的协调发展为目标。狭义的城市治理虽然也是在制定的城市地域范围内，但忽略了诸多城市可持续发展所必需的要求，只是关注政府、企业组织、社会组织和社会群体作为主要主体，相互协动而形成的相互依赖、多参与主体的城市治理体系和治理网络。一般来讲，特大城市治理是基于狭义城市治理概念，是在多中心治理和多主体参与社会治理网络下，按照参与、沟通、协商、合作的形成的城市治理机制，致力于解决城市公共问题、提供城市公共服务、增进城市公共利益的过程，是特大城市社会治理参与各方，如政府、社会、市场等部门之间相互合作的利益整合模式。

与中国城市治理相比，西方国家的城市治理经历了一个较长时期的发展，由于国家社会经济文化历史等背景的不同，形成了不同的治理模式。学者皮埃尔依据西方发达国家城市发展模式的不同，依照城市治理的参与者、治理方针、治理手段和追求目标结果的差异，对西方国家城市会理的模式进行了划分（张诗雨，2015），总结出以下四种模式：

其一，管理模式。管理模式将基于市场私营部门的管理思想引入了公共部门，提倡依据市场的原则，将城市中提供公共服务的社会组织与使用公共服务的人民群众都视为市场的参与者。该模式十分强调提供公共服务的专业参与，认为可以通过市场机制引导社会组织之间的竞争，激发社会组织的内生动力，促进公共服务质量的提升与生产分配效率的提高。赋予人民群众对其所消费的公共服务的选择权，发展出真正由人民群众做主、令人民群众满意的公共服务。但该模式中仅强调了社会组织与人民群众两大"市场主体"，并未对政府角色进行明确界定，在现实治理过程中极易出现政府与社会组织的博弈。

其二，社团模式。该模式强调利益导向的社会治理，认为依据利益的不同，可将城市治理主体划分为若干利益集团，每个利益集团内部又可划分为领导阶层与群众阶层。其中，领导阶层可直接参与社会治理，群众阶层则需借助利益集团间接参与，两者共同构成了城市治理的两个参与层面。社团模式将所有社会成员都纳入了社会治理之中，并通过包容的手段协调了多方利益。然而，广泛的公众参与是以高成本的投入为基础的，满足多方利益的高质量公共服务与全面贯彻的执行力度也都需要依托公共开支的增加，但公共税收又十分受限，极易导致入不敷出，影响财政平衡。因而，这一模式并未得到推广，仅适用于规模较小、工业高度发达且民主政治业已形成的西欧国家。

其三，促进增长模式。该模式关注社会治理的制定与实施效率，认为政府官员、商界精英以及其他行业领军人物能够通过促进经济发展的方式扩大城市经济规模，进而实现利益共享。长期稳定的经济发展为社会治理的可持续发展提供了保障，也为社会治理的主要参与者们创造了更多的利益与机会，形成了"双赢"局面。尤其是在近几年，得益于区域经济增长模式的转变以及城市国际化趋势的兴起，促进增长模式更是受到了广泛的关注。但该模式的弊端也十分显著，社会治理参与者高度精英化，一般大众的参与路径狭窄，使社会治理丧失了广泛的群众基础，极有可能出现社会治理措施民众度低，甚至是与既得利益者的冲突等问题。

其四，福利模式。该模式将社会治理参与者的资格再次缩小，仅限于国家与城市官方机构内的工作人员。城市政府通过国家预算资金的划拨维持地方福利水平、发展地方经济，因而社会治理主要取决于地方政府与上级政府的关系，与人民群众较为脱节。并且，缺乏与社会组织等其他公共服务提供者的联系配合，不仅加重了自身工作负担，更无法保证公共服务的品质，体现出明显的短视性。

除此之外，国外的其他学者也对城市治理提出了许多独特的看法与观点。瑞典的英厄马尔·埃兰德教授（2003）推崇城市治理的多元主体，他提出最接近市民和最具代表性的基层政府部门应该是城市治理的责任落实、政策管理、决策权力和充分资源的承接主体，同时借助于合作和伙伴制的方式，所有的城市治理参与者是城市能力建设的战略和体制建设权力的拥有者。奥斯本和盖布勒（1996）认为，城市治理模式的转变可以通过城市政府的职能、城市治理的主体、城市治理的任务、城市治理的手段这四个方面实现，并在《改革政府》一书中提出"新公共管理"模式，希望可以建设一个以市场为导向，注重效率与效果，以人民为中心，放权于社区的地方政府。美国著名公共管理学者盖伊·彼得斯在《政府未来的治理模式》（2013）中也提出了当代西方行政改革及公共管理实践中正在出现四种治理模式，即市场型政府模式、参与型政府模式、灵活性政府模式、解除规制政府模式。其中，市场型政府强调政府在社会治理过程中的市场化取向，参与式模式注重社会治理过程中的参与者多元化程度，弹性化政府考虑到政府在执行工作过程中的灵活程度，解制型政府主张减少政府内部规则。四种模式合作且独立，既可单独进行，也可结合进行。

　　立足中国城市发展的进程，我国学者在归纳国际上流行的城市治理模式理论的基础上，不断深化对城市治理模式的认识，这也彰显着我国在城市治理理念上的转变（踪家峰等，2002）。其中，企业家化城市治理模式和公私共同治理模式被广泛应用于城市治理实践，成为典型的中国城市治理模式。

　　企业家化城市治理模式的治理理念与皮埃尔的管理模式较为类似，同样是对城市进行市场化"经营"。政府充当企业家的角色，有效整合城市的各类资源，以实现稳定城市社会，提高城市民生，推动城市发展的目的。该模式也与"城市经营"的理念和本质较为吻合。政府充当城市经营的主体，在城市治理过程中发挥主导作用，而城市中各种资源，如社区、社会组织等，都是城市经营的客体，也是城市经营的主要对象。在该模式中，经济是目标实现中的关键一环，政府的主要功能就是打造良好的城市营商环境，宣传正面的城市形象，重视城市的市容建设，以此来吸引更多的企业、资产聚集，这一点又与促进发展模式有异曲同工之妙。我国的大连市最早实施了企业家化城市治理模式，政府通过将城市的土地权进行市场转换，进行土地招商引资，利用盈利包装城市形象，进行城市规划，形成积极的发展循环圈。

　　公私共同治理模式接受了社团模式所提倡的多元化利益集合体参与社会治理的模式，强调政府与私人企业的合作共治，规避了单一政府主体的狭隘治理视角，以适应全球化和信息化的时代潮流。但仅将私人企业扩充为社会治理的参与者是远远不能跳出治理主体精英化限制的。尤其是在当下非营利组织或第三部门越来越壮大的环境下，社会治理的社会力量已经成为不可忽视的重要组成部分。

　　综合中外城市治理的理论与模式，可以说无论是从学术研究，还是从政策研究的角度，特大城市社会治理并没有形成统一的观点，每个特大城市的社会治理应当根据所属国家和地区的实际情况，综合考虑城市的社会构成和可持续发展所需要的条件，选择合理、有效、科学的城市治理模式。

第二节　中国城市治理的历史进程

一、三次重要的中央城市工作会议

1949 年 3 月，中国共产党在中华人民共和国成立前数月召开了七届二中全会。会上，毛泽东号召全党要学会管理城市和建设城市，并明确指出要学会管理城市，恢复和发展城市中的生产事业。

1978 年改革开放之际，中央召开城市工作会议，批转了《关于加强城市建设工作的意见》，强调了城市在国民经济发展中的重要地位和作用，准确判断了中国经济社会发展的阶段性，并明确提出城市要适应社会经济发展的需要，提出了一系列方针、政策用以整顿城市工作。这次会议是城市建设的重要里程碑，会议提出的控制大城市规模、发展中小城镇的城市工作基本思路，明确了城市建设的七项任务：提高对城市和城市建设重要性的认识，坚持城市建设与经济协调发展；建立合理的城镇体系，走有计划发展的道路；搞好城市规划，加强规划管理；改革城市建设体制，增强活力，提高效益；加强城市基础设施建设，创造良好的投资环境和生活环境；管好用好城市建设资金，充分发挥投资效益；城市政府要集中力量搞好城市的规划、建设和管理。

2015 年 12 月 20 日至 21 日，中央城市工作会议再次在北京召开。此次会议指出，改革开放以来，我国城市发展已经进入新的发展时期，城市建设成为现代化建设的重要引擎。会议强调，要顺应城市工作新形势、改革发展新要求、人民群众新期待，坚持以人民为中心的发展思想，坚持人民城市为人民。坚持以人为本、科学发展、改革创新、依法治市，转变城市发展方式，完善城市治理体系，提高城市治理能力，着力解决城市病等突出问题，不断提升城市环境质量、人民生活质量、城市竞争力，建设和谐宜居、富有活力、各具特色的现代化城市，提高新型城镇化水平，走出一条中国特色城市发展道路。

随后，中共中央、国务院发布《关于深入推进城市执法体制改革，改进城市管理工作的指导意见》，意见要求以"四个全面"战略布局为引领，牢固树立创新、协调、绿色、开放、共享的发展理念，以城市管理现代化为指向，以理顺体制机制为途径，将城市管理执法体制改革作为推进城市发展方式转变的重要手段，与简政放权、放管结合、转变政府职能、规范行政权力运行等有机结合，构建权责明晰、服务为先、管理优化、执法规范、安全有序的城市管理体制，推动城市管理走向城市治理，促进城市运行高效有序，实现城市让生活更美好。该意见还提出了总体目标："到2017年年底，实现市、县政府城市管理领域的机构综合设置。到2020年，城市管理法律法规和标准体系基本完善，执法体制基本理顺，机构和队伍建设明显加强，保障机制初步完善，服务便民高效，现代城市治理体系初步形成，城市管理效能大幅提高，人民群众满意度显著提升。"

在中央政策的推动下，部分省市、地级市专门发布了城市管理或社会治理方面的规划，从而确立了新时期创新社会治理、加强基层建设、推进社会建设的发展蓝图和行动纲领。在地方城市治理的立法方面，不少城市专门颁布了"城市管理条例"和"城市治理条例"，如《南京市城市治理条例》《杭州市城市国际化促进条例》等。为了贯彻落实城市治理条例，南京市还专门成立了城市治理委员会，以完善城市管理机制，提升城市综合管理水平。

需要注意的是，尽管在中央城市工作会议的推动下，地方城市管理和城市治理的规划或立法如雨后春笋一般，但其城市治理主要是建立在"城市管理"理念下的规划或立法，现代化的"城市治理"理念下的规划或立法很少。客观地讲，在党的十九届四中全会提出的国家治理体系和治理能力现代化的语境下，特大城市城市治理体系与治理能力现代化是一个较新命题。

二、城市治理新理念和新方向

中国传统的城市管理体制是建立在行政一元化的基础上，直到目前为止，大多数特大城市依然对传统的城市管理体制存在很强的路径依赖，缺乏足够的城市治理弹性，难以真正应付复杂多变的城市环境变化，迫切需要从传统的城市管理体制向新型的城市治理体制转型，从"管理"理念向"治理"理念的转变，既是党中央根据城市发展形势变化提出的新理念，也反映出现代城市治理复杂性背后需要治理主体多元化和治理成效综合性的特征。

党的十六届三中全会中提出，完善政府社会管理和公共服务职能。党的十六届四中全会提出，加强社会建设和管理，推进社会管理体制创新，建立健全党委领导、政府负责、社会协同、公众参与的社会管理格局。党的十六届六中全会强调创新社会管理体制，激发社会活力。党的十七大要求完善社会管理、健全基层社会管理体制。党的十八大提出加强和创新社会管理，加快形成党委领导、政府负责、社会协同、公众参与、法治保障的社会管理体制。这一阶段虽然没有明确提出社会治理的理念，却不断强化政府的社会管理和公共服务职能，不断推进社会管理体制创新。

党的十八届三中全会提出，改进社会治理方式，坚持系统治理、坚持依法治理、坚持综合治理、坚持源头治理。改进社会治理方式强调：一是治理主体要从政府包揽向政府主导、社会共同治理转变。鼓励和支持社会各方面参与，发挥社会组织作用，整合社会治理资源，积极推动建立政府调控机制同社会协同机制互联、政府行政功能同社会自治功能互补、政府管理力量与社会调解力量互动的社会协同治理网络。要创造公众参与条件，拓宽公众参与渠道，健全公众参与机制，把广大群众有效动员组织起来，形成社会治理人人参与的局面。二是治理手段要从单一手段向多种手段综合运用转变。强化道德约束。要善于运用道德的软力量，把法治与德治结合起来，发挥道德力量的示范和引导作用。治理手段要注重协调社会关系，善于运用群众路线的方式、民主的方式、服务的方式，尽可能通过平等的对话、沟通、协商、协调等办法来解决社会问题，化解社会矛盾。

党的十八届五中全会提出，加强和创新社会治理，推进社会治理精细化，构建全民共建共享的社会治理格局。健全利益表达、利益协调、利益保护机制。引导群众依法行使权利、表达诉求、解决纠纷。增强社区服务功能，实现政府治理和社会调节、居民自治良性互动。

党的十九大报告提出，要"打造共建共治共享的社会治理格局。加强社会治理制度建设，完善党委领导、政府负责、社会协同、公众参与、法治保障的社会治理体制，提高社会治理社会化、法治化、智能化、专业化水平。"共建是共同参与社会建设，突出制度和体系建设在社会治理格局中的基础性、战略性地位。共治即共同参与社会治理。强调树立大社会观、大治理观，打造全民参与的开放治理体系。共享即共同享有治理成果，使社会治理成效更多、更公平地惠及全体人民，不断增加人民的获得感、幸福感、安全感。完善党委领导、政府负责、社会协同、公众参与、法治保障的社会治理体制是系统治理的内在要求。从共建共享到共建共治共享，体现了我们党对公共治理理念的认同。共建共治共享的社会治理格局，就是党、政府、社会、人民对社会治理各司其职、各负其责、不缺位、不越位、合力共谋的格局。

党的十九届四中全会提出，坚持和完善共建共治共享的社会治理制度，保持社会稳定、维护国家安全。理念是实践的先导，治理理念是否科学正确，从根本上决定着治理成效乃至成败。中华人民共和国成立以来，特别是改革开放以来，我们党不断解放思想、实事求是、与时俱进、求真务实，自觉冲破旧有的治理观念，形成和发展了许多新的治理理念，这些理念既引领了改革开放和现代化建设，又在改革开放和现代化建设中得到检验和发展。

可见，党的十八大以来，以习近平同志为核心的党中央进一步聚焦国家治理体系和治理能力现代化，在城市治理领域的每一步创新和推进都离不开党的治理理念的更新转变。从党的十八大以前使用"社会管理"到党的十八届三中全会使用"社会治理"，从党的十七大、党的十八大报告中表述为"实现发展成果由人民共享"，到党的十八届五中全会时调整为"全民共建共享"，再到党的十九大提出"共建共治共享"，再到党的十九届四中全会提出"坚持和完善共建共治共享的社会治理制度"。一路走来，渐入佳境。这并非文字和概念的变化，而是党的治理理念的变革引领社会治理创新，使我们的社会治理制度迈向更加成熟、更加完善，也更加强调"全面深化改革的总目标，就是完善和发展中国特色社会主义制度、推进国家治理体系和治理能力现代化"。因而，在新社会治理理念之下，特大城市社会治理关键是治理体系和治理能力的现代化的内涵，也出现了新的发展。

第三节　特大城市治理的主体、结构和特征

一、特大城市治理的主体与结构

在社会治理理念下的特大城市治理体系和治理能力现代化是多元主体参与的城市治理结构，不是传统的、刚性的行政管理式社会治理结构的强化，从"行政化城市管理"向"多元化主体参与的城市治理"的转型，既是从党和国家治理理念变革的主要方向，也是提升特大城市治理体系和治理能力的核心要旨。

在社会治理的治理理念下，特大城市治理能力现代化就是提升公共治理、提高城市管理、改善城市功能、增强市民获得感的能力，前提是将城市社会治理体系的基本体制和运行机制转化为，主要特大城市治理的基本主体、特大城市治理的基本结构、特大城市治理的基本特征三个方面。多元主体参与的治理格局是做好特大城市治理的前提条件，多元主体主要包括政府治理主体、社会治理主体和市民治理主体，其中政府治理主体各级党和政府以及相关职能部门；社会治理主体既包括社会组织，也包括可以参与特大城市治理的企业组织；市民治理主体指的是在特大城市居住和生活的公民，包括户籍人口和流动人口两个部分。多元主体决定了特大城市治理能的基本结构是一种复合结构，治理的复合结构可以认为整体性治理结构、多中心治理结构和网络化治理结构的融合。整体性治理结构指特大城市治理能力是一个整体，任何领域的短板都有可能造成特大城市治理能力的不足；多中心治理结构强调的是多元主体在参与过程中都可以作为中心存在，而不能仅仅依赖政府作为治理的单一中心；网格化治理结构是将治理的层级落实到基层、落实到社区、落实到网格之中。

二、特大城市治理的主要特征

治理多元主体的参与和治理结构的复杂性，决定了特大城市治理首先要具有系统性特征，要充分考虑城市治理的方方面面，既包括经济、社会、文化、生活、生态等各个方面，又要关注城市可持续发展所需要

的各种要素，如劳动力、资本、土地、生态、文化、技术、信息、知识等。只有充分考虑城市治理的各个方面和各种要素，方能真正地实现特大城市治理体系和治理能力的现代化。

特大城市治理具有开放性特征。城市治理不再将政府作为一元主体，而是强调多元主体的参与，必须打开城市治理的思路，将企业组织、社会组织、城市居民都作为城市治理的参与性主体。党和政府可以在治理过程中发挥核心引领作用，来引导各方面的治理主体参与，却绝不能成为单一中心，封闭式的政府行政治理体系难以真正实现特大城市治理能力的提升。

特大城市社会治理具有协同性特征。多元参与主体之间不是自然而然地能够形成协同效应，在治理过程中可能出现治理主体与治理主体之间的冲突和矛盾，只有在协调各个参与主体的立场、利益前提下，才能在治理主体之间形成合力，为了城市治理的共同目标而努力，因而特大城市治理是协同治理，而不是命令式治理或者指令式治理。

特大城市治理具有连接性和反馈性特征。多元主体参与的协同治理构架决定了特大城市的社会治理要具有连接性和反馈性特征，做好各个参与治理主体之间的连接是形成有效协同的前提，而各个参与主体之间的信息沟通和反馈是形成有效治理行动的条件，只有主体间在沟通和反馈的基础上实现共识，才可以实现多元参与主体的协同和共治。

特大城市治理具有包容性特征。特大城市的发展不可避免会带来大量的外来人口和流动人口，这些人口既是特大城市发展不可或缺的要素，也有可能给特大城市治理带来难题。特大城市治理的包容性就是要用公平公正的视角，与所有城市居民共享城市发展的成果，因而，包容性是衡量特大城市治理能力的重要指标。

特大城市治理具有合法性特征。党的十八届三中全会强调社会治理要依法治理，特大城市治理必须具有法治意识，让城市治理在法律的轨道上运行，而不能脱离现有的法律法规，为所欲为。法律法规也应当成为特大城市治理参与各方的行为准则和参与原则，更应当成为特大城市党委政府引领城市治理的边界，只有明确了合法性的边界，城市治理的参与各方才能互信、有效地形成合作机制。

第四节　特大城市治理现代化的总体要求

随着中国城市化进程的推进和经济社会发展的变化，城市治理理念从社会管理逐步过渡到社会治理。党的十八届三中全会提出创新社会治理体制，对创新社会治理体制和改进社会治理方式明确提出"四个治理"原则，即系统治理、综合治理、依法治理、源头治理。系统治理是指，加强党委领导，发挥政府主导作用，鼓励和支持社会各方面参与。从社会管理到社会治理，这是党在社会领域治理理念的变革。

党的十九届四中进一步明确了国家治理和社会治理之间的关系，并提出社会治理是国家治理的重要方面。必须加强和创新社会治理，完善党委领导、政府负责、民主协商、社会协同、公众参与、法治保障、科技支撑的社会治理体系，建设人人有责、人人尽责、人人享有的社会治理共同体，确保人民安居乐业、社会安定有序，建设更高水平的平安中国。

郑州城市治理涉及政治、经济、社会、文化、生态等多个方面的制度安排。在制度安排过程中要坚持问题导向，要坚持和完善党的领导制度，要坚持人民当家做主的制度，要充分发展协商民主机制，要调动多元社会主体参与，建设人人有责、人人尽责、人人享有、充满活力的社会治理共同体。推动郑州城市治理体系和治理能力现代化有以下几点总体要求：

一、做好顶层设计

推动郑州城市治理体系与治理能力现代化，需要做好顶层设计和整体安排，要在总结城市发展和社会治理规律的基础上，结合自上而下和自下而上的途径推进制度建设，要及时吸纳全世界特大城市治理的成功经验，也要深刻吸取全球特大城市治理的失败教训，将可复制的城市治理经验纳入城市治理体系之中。尤其是需要注意结合郑州的经济社会发展、城市特点、区位优势、文化积淀，科学、合理、有效地做好制度安排，不能完全照搬其他特大城市治理的顶层设计模式，而是要形成符合郑州发展的城市治理顶层设计和制度安排。

二、坚持问题导向

推进郑州城市治理体系和治理能力现代化，要坚持以解决实际问题、反映民生需求为导向，把共建共治共享作为城市治理的基本原则，深化政府改革和制度变革的力度，实现城市超越式发展。在解决实际问题中，要进一步完善党委领导、政府负责的制度安排，建立和强化城市治理专属部门的工作职能，优化跨部门协调机制，确保党委决定的政策措施和决策部署能够贯彻落实到位。同时，在解决问题的手段和方式上，要注重自治、德治、法治相结合，形成多元主体合作共赢、共同治理的问题解决机制。

三、发挥党的领导作用

推进郑州城市治理体系和治理能力现代化，要发挥党总揽全局、协调各方的领导作用。中国共产党是国家治理的核心，也是城市治理的领导力量。要不断增强党对城市治理的领导力，加强和改善各级党委对城市治理的引领作用，积极发挥各级政府和各个部门的城市治理的职能，不断完善公共管理、公共服务、公共安全和公共事务的协商协管机制，健全城市治理中各个社会阶层和社会群体的利益表达和利益协调机制。全面落实基层党委政府和各个职能部门爱城市治理和社区治理的主体责任，形成权责明晰、分工明确、齐抓共管的城市治理新格局。

四、激发社会活力

要妥善处理好政府与社会的关系，完善民主协商、社会协同、公众参与的制度安排，注重发挥社会组织、社会群体等社会力量在城市治理中的积极作用，提高城市治理的多元化、民主化、协同化水平。通过体制机制改革和制度法规安排，激发社会组织和社会群体的活力，发挥社会力量在城市治理中的特殊功能，在全社会营造城市治理人人有责、人人尽责、人人享有的良好氛围。

五、推动重心下移

推动城市治理重心向基层下移、向社区转移是提升郑州城市治理体系和能力现代化的必然要求。要形成和完善以党组织和党建工作为核心、多元治理主体共同参与的基层治理格局，要完善能够把资源、服务、管理下沉基层的制度设计，使城市治理在基层实现共建共治共享，在基层为群众提供精准有效的公共服务和公共管理，引导基层创新有效预防和化解社会矛盾的工作制度，推进基层公共安全体系，确保人民群众的公共安全。

简言之，郑州治理体系和治理能力现代化是城市治理和社会治理思维的现代化，也是郑州遵循城市发展规律作为特大城市发展的内在诉求和需要。特大城市治理体系和治理能力的现代化是城市治理方式和手段的科学化、规范化、精细化、制度化，必然要对城市治理过程中政府资源配置和行为准则进行一系列的深刻变革，势必带动城市治理决策制度、法律制度、财政制度、督查制度等进行一系列的突破和改革。因此，按照国家治理能力体系和治理能力现代化的要求，切实推进城市治理体系和治理能力现代化，是郑州必须解决好的一项全局性问题。

第 八 章

郑州城市治理现代化的思路和策略

2018 年，郑州城市发展实现了历史性的全面突破，城市 GDP 总量首破万亿大关，成功晋级"万亿俱乐部"，城市常住人口超过 1000 万人，跨入千万级人口城市；人均生产总值突破 10 万元，城市发展质量迈上一个新的台阶。回顾郑州城市经济发展的历程，创新驱动、产城协同、枢纽经济等新经济引领下的内涵式发展发挥了重要作用。在城市社会治理方面，以智慧城市为引导，加快构建城市社会治理体系，破解城市社会治理和管理中遇到的各种难题也取得了长足的进步。但与北上广等一线城市以及杭州、成都等城市社会治理方面取得较好成效的国家中心城市相比，仍然有一定的差距。面向未来，郑州以建设国家中心城市为目标，不断推进郑州大都市圈建设，城市社会治理能力和治理水平现代化已然成为最关键的一环。为此，本章提出郑州推进城市社会治理体系和治理能力现代化的主要思路和重点策略。

第一节　推动城市社会治理现代化的主要思路

一、以党建全面引领现代化治理能力建设

党的十九届四中全会明确提出，构建基层社会治理新格局，健全城乡基层治理体系，推进国家治理体系和治理能力现代化。强调要健全党的全面领导制度以及各级党委（党组）工作制度，确保党在各机关机构

中的领导核心地位，团结各方力量协调各方行动，对党和国家的机构职能体系进行完善。可见，在推进国家治理体系和治理能力现代化过程中，各级党委党组织要充分发挥两个重要作用：全面领导和协调行动。全面领导是在党组织领导下，把党的领导落实到基层社会治理，确保基层社会既充满活力又和谐有序；协调行动，则是有效统筹整合政府、社会、公民等多元主体力量共同参与基层社会治理。而这两个重要作用恰恰也是特大城市社会治理过程中不可或缺的。特大城市社会治理是一个复杂的系统工程，它涉及规模庞大且构成复杂各类社会利益群体，关系到城市治理管理体系与居民生产生活体系的相互适应，影响城市文明程度、宜居水平和民众获得感满意度的提升，这些都决定了特大城市社会治理必须要有一个强有力的领导力量和协调各方的工作抓手。

党建全面引领现代化治理能力建设的第一个体现，就是担任政治领导者的角色和政治功能。"党政军民学，东西南北中"，党是领导一切的。必须深刻认识到：中国共产党作为最高政治领导力量和中国特色社会主义事业的领导核心，直接领导着国家与社会。通过增强执政能力来领导国家，通过增强社会治理能力、动员人民群众来领导社会。各级党委和党组织在总揽全局、协调各方、形成合力方面发挥着不可替代的作用，加强党的建设，以党建全面引领特大城市社会治理是一条被实践和经验证明行之有效的工作手段。

党建引领的第二个功能，就是担当组织动员者的角色。基层党组织就像根深叶茂的大树，深深根植于人民的土壤之中。他们活跃于各行各业，具有严密的组织体系和大量的组织骨感，通过与人民群众共同建设社会主义的斗争中，建立了深厚的群众基础和血浓于水的党群关系。因此，发挥基层党组织的动员功能，就要完善组织架构，夯实各级城市社会治理部门的党组织建设，充分发挥党组织的战斗堡垒作用，筑牢"市—区—街道—社区"四级联动的党建工作体系，把党组织的根须直接嵌入改造工作的最末端。发挥基层党组织的协调组织优势，将协调城市社会治理的权限下放到基层党组织，由街道社区党组织牵头，聚焦具体项目，协调属地单位党组织，联建临时党支部，凝聚合力统筹推进城市社会治理工作。同时，以区域化党建为统揽，还可以形成组织牵头、党建引领、群众参与、共建共治的提升现代化治理能力。

党建引领的第三个功能，就是担当服务供给者的角色。人民群众是党的力量根源，而党是人民群众的先锋队，是代表基层群众根本利益的主体。服务人民是党的工作宗旨，也是工作初心。党建引领需要坚持党的群众路线，党组织引领推动基层社会治理的抓手和切入点就在于基层党组织如何强化服务功能，如何扩展服务类别，如何提升服务水平。通过服务联系、组织和动员群众，为基层党组织引领基层社会治理提供坚实支撑。因此，服务群众需要不忘初心，坚持党的群众路线，完善服务功能，时刻关怀基层群众，全面服务基层群众。通过为基层群众提供优质高效的服务，更好解决不均衡发展的矛盾，同时满足群众日益增长的美好生活需要，巩固党的执政基础。

二、基于全球化视野定位城市发展目标

随着中国改革开放，特别是加入 WTO 之后，经济社会融入全球化发展的步伐不会因为外部环境的变化而改变，基于全球化视野定位城市发展目标与中国经济社会全球化的发展步调是一致的，也是郑州经济开放度不断提升、国际化水平不断提高的一种体现。习近平总书记曾寄语郑州发展要着眼全球化，"朝着买全球、卖全球目标迈进"，这不仅是总书记的期望，也是郑州基于全球化视野定位城市发展目标的客观要求，更是在内陆打造开放型经济高地的必然要求。2019 年，郑州晋身全球经济竞争力城市 100 强、全球营商环境友好城市 100 强，已经具备了基于全球化视野定位城市发展目标的前提条件。

在实现中国和平崛起和中华民族伟大复兴的过程中，必然要有一些城市来充当全球城市、担任全球资源配置的角色。郑州地处中国腹地的中部中心地区，水陆空交通网络发达，具有"区位＋交通"的天然优势，是连接中国东西的重要衔接点。随着航空港经济综合实验区蓬勃发展，"区位＋交通"的优势从内陆地区不断向外延展，已然具备了打通国际交通基本条件。郑州是"一带一路"倡议实施的重要节点城市，在"新丝绸之路"中心线中发挥着举足轻重的作用。在城市发展目标定位上要坚持全球化、国际化和开放经济的发展思路，在中国推进"一带一路"倡议的带动下，围绕打造国际交通枢纽门户及对外开放体系高地、参与国际合作高地"一门户、两高地"的目标，基于全球化视野准确定

位城市发展的方向，"建成连通境内外、辐射东中西的物流通道枢纽"，成为深度参与全球分工合作的国际化中心城市。

三、形成全景式特大中心城市发展理念

1. 树立生态保护理念，助力城市绿色协调可持续发展

郑州作为人口超千万的特大城市，其目标定位应该是面向全球化的国家中心城市，不能只关注城市的经济增长和产业发展，必须要把城市品质提升放在首位，要在明确新时期发展目标和战略构想的基础上，以全景式的城市设计理念强化核心功能，要走绿色城市、文化城市、智慧城市的综合发展道路。郑州地处中国母亲河——黄河中游，习近平总书记视察黄河时指出，"保护黄河是事关中华民族伟大复兴的千秋大计，黄河流域构成我国重要的生态屏障"，这一论断为郑州发展绿色城市提供了遵循。推动郑州城市生态文明建设，要明确资源环境约束底线，以资源环境承载能力为前提，合理引导城市发展规模。在城市设计时做好生态评估，制定有针对性的环境保护策略，形成城市生态空间的保护与经济社会发展之间的良性循环。

2. 树立弘扬历史理念，深挖历史资源，传播灿烂历史文化

全景式的城市设计理念还要充分挖掘郑州作为千年古城的历史文化底蕴，认识到发挥郑州的历史文化价值。特别是郑州作为黄河文化的代表性城市，要充分认识到黄河文化是中华文明的重要组成部分，是中华民族的根和魂。推进黄河文化遗产的系统保护，对蕴含在黄河文化中的时代价值进行深入挖掘，发挥黄河文化的特色，不仅能够延续历史文脉，还能帮助人们坚定文化自信，凝聚中华民族伟大复兴的精神力量，发展文化事业和产业，不断满足郑州市民日益增长的美好生活需求。因而，在经济增长和产业发展的同时，以全景式发展理念贯穿城市发展始终，坚持绿色城市和文化城市的协同发展，必将推动城市品质大幅度提升。

3. 转变角色，梳理共建共治共享的基层社会治理理念

在社会主义建设的新时代，特大城市的治理体系和治理能力现代化都面临着崭新的形式和要求。面对提升基层社会治理现代化水平的工作要求，郑州面临的第一个挑战就是转变身份，从管理型政府向服务型政

府转变，进而实现政府治理理念的转型升级。治理理念的转型，郑州首先要做的就是打破传统的社会管理思维，增强法治意识，从侧重管理弱于服务的思维，向管理和服务并重的模式转变，进而实现从管理型政府模式向服务型政府模式的转换，真正树立"共建共享共治"的基层社会治理理念。在实践中改变自上而下的管理模式，按需出发，把服务基层民众放在基层政府职责的首位。建设共建共治共享的基层社会治理格局，拓宽和加深基层社会治理的广度和深度，第二个挑战就是民众的身份转变。换言之，也需要动员广大民众的参与，激活民众的主人翁意识，"一切为了群众，一切依靠群众，从群众中来，到群众中去"。调动民众的积极性，发挥主动性，迸发创造性，进而鼓励、推动民众作为主体参与基层社会治理。

政府和民众身份的共同转变，背后体现了共建共治共享的社会理念的根本要求。切实转变政府和民众的角色，各自扮演好在新时代社会治理工作中的角色，发挥其重要地位，才能将共建共治共享的基层社会治理理念牢固树立起来，进一步为郑州提升社会治理现代化水平和能力提供坚实的思想基础。

四、强调全方位、全过程的精细化治理

中国城市化已经进入了快速发展的增长阶段，在城市化进程中，特别是特大城市发展过程中，社会治理面临着日趋复杂的多元利益格局，群众在城市治理议题设置能力和参与能力不断增强，对政府部门的城市治理能力和城市服务水平的预期也越来越高，对城市治理体系和治理能力的现代化要求也越来越高，也倒逼城市社会治理精细化水平的不断提高。而随着城市不断膨胀发展，城市治理遇到的各类社会问题也在不断增加，旧城改造、车辆拥堵、社会治安等问题都是群众最关注的城市治理问题。一些微不足道的小问题极有可能影响到群众对政府城市治理能力和服务水平的评价，因而，城市精细化治理要做到全方位、全过程治理，既要全方位的考虑到老百姓生产生活的实际需求和基本诉求的方方面面，也要全过程地落实城市治理、管理和服务的各项具体工作，分解量化、明确责任，层层落实、强化监督，确保执行有力。

精细化的城市治理是以技术和机制为主体的治理路径和策略，所谓

机制即为通过制度创新、发展而形成的治理方式，所谓技术则融合了新的互联网技术、大数据云计算等技术。两方面的路径，可以确保精细化治理的有力实现。从治理路径来看，强调精细化的城市治理并不是事无巨细、无所不包，而是要俯听民意，急群众之所急、忧群众之所忧、解群众之所困，紧紧盯住人民对美好生活的向往，把群众利益放在基层治理的第一位，常态化检视城市中暴露出的各种治理问题，精准施策予以改进。全方位、全过程的精细化城市治理还要摆好治理与服务的关系，城市治理最终指向服务群众，服务群众是城市治理的出发点和落脚点。从治理技术来看，围绕数字化、信息化和互联网技术的发展而构建起来的协同治理关系，也有助于打破数据生态的分割现象，整合服务供给/需求的信息资源，集中盘点、管理和集合服务资源，便利资源的共享和服务的精准化。因此，精准化的城市治理一方面要综合运用市场、法律、行政和社会自治等城市治理手段，统筹规划；另一方面要利用信息技术和各种行政途径，协调、配置各种社会资源，让群众可以通过服务平台来获得所需的信息，进一步获得服务供给资源，进而提高便利和可及性。经过多方合力，在政府管理和公共服务之外，引导群众自我管理、自我服务，方能形成全方位、全过程的精细化城市治理模式。

五、构建共建共治共享的治理新格局

新时代的社会治理要改变以往政府"一家独大"的治理格局，在城市治理中必须构建全社会共同参与，鼓励共建共治共享，形成社会治理的新格局，是把握现代化中心城市治理思路的关键所在。党的十九大报告提出，"提高保障和改善民生水平，加强和创新社会治理"，"打造共建共治共享的社会治理格局"。党的十九届四中全会提出，对共建共治共享的社会治理制度进行坚持和完善，完善党委领导、多方参与、法治保障、科技支撑的社会治理体系，建设人人享有权利和义务的社会治理共同体。落实党的十九大和十九届四中全会重要部署就是要构建全社会共同参与的城市社会治理体系，努力让人民群众成为城市社会治理的最广参与者和城市社会发展的最终受益者。

城市治理的属性本质上多元主体参与的共治过程，是政府、市场和公民共同的事业。协同治理本身包含着社会多元主体共同参与公共事务

治理的基本理念。打造城市社会治理新格局，要学会充分运用民主协商的方式鼓励全社会共同参与，寻求全社会意愿和群众诉求的最大公约数，凝聚各社会阶层和利益相关者的最大共识，调动社会各种主体对于城市治理的参与意愿，为共建共治共享拓展可操作的政策空间，着力解决群众普遍关注、社会普遍关切的城市发展难题和短板，推动传统城市管理模式向现代城市治理模式的转变，提升城市管理和公共服务水平，不断创造良性循环的中心城市社会治理新格局。

以杭州"社会复合主体"治理理念为例，21 世纪之初，杭州市委、市政府便深度挖掘政府和社会互构关系建设的可能性和可行性路径。杭州以"治理理论"作为切入点，在世界城市管理实践及其发展趋势中看到建立协同共治的必要性和必然性。2000 年，为了解决杭州城市化进程中传统服装、茶文化等行业衰退，以及固体废弃物、废水、光污染导致的生态环境退化等问题，市委、市政府从理论的高度着手，从治理实践中着力聚合专业力量，共同应对杭州的社会治理问题。杭州第一个社会复合主体是杭州市政府与浙江大学的战略联盟，通过高校的专业力量，进一步将影响扩展至企业、其他科研机构、政府部门等，充分整合了产学研商政等资源，逐步探索完善出社会复合主体协同共治的机制。

六、城市公共服务争取实现全人口覆盖

《中共中央　国务院关于新时代加快完善社会主义市场经济体制的意见》提出，要建立健全统一开放的要素市场，推动公共资源由按城市行政等级配置向按实际服务管理人口规模配置转变。随着郑州城市规模的不断扩张和城市首位度的不断提升，中心城市的功能和作用将持续发挥虹吸效应，吸引来自周边地区的资本、产业和人口等要素不断聚集，户籍人口与常住人口之间的落差会越来越大，推动城市基础教育、就业创业、医疗卫生、社会保障等基本公共服务向全人口覆盖是大势所趋，也是未来提升城市竞争力的重要前提条件。

近期，一些中心城市和省会城市的落户门槛也持续放松。河北省会石家庄在 2019 年宣布取消在城区、城镇落户"稳定住所、稳定就业"等迁入条件限制，全面放开城区、城镇落户。2020 年，江西省会南昌、云南省会昆明、山东省会济南、广西省会南宁先后放开城镇地区户口迁

移政策，全面取消了落户城镇条件限制，实行有意愿在当地从业、居住生活的居民分类登记备案政策。郑州目前落户政策依然相对较为严格，但就未来发展趋势而言，放开户籍限制，实施"零门槛"落户可能成为中心城市和省会城市吸引人才的法宝，而未雨绸缪地做好城市公共服务的全人口覆盖仍然是实现城市人才竞争的重要前提条件。

七、以全周期管理提升城市的管理水平

特大中心城市经济体量大，人口密集、流动频繁，是突出的风险集聚点，城市风险管控是未来城市社会治理面临的主要挑战之一。习近平总书记赴湖北省考察时，提出"要着力完善城市治理体系。城市是生命体、有机体，要敬畏城市、善待城市，树立'全周期管理'意识，努力探索超大城市现代化治理新路子。"立足于推动城市治理现代化，全周期管理既是一个崭新的理念，也是补齐城市治理体系的短板和弱项的重要方式。全周期管理强调协同高效、科学治理，注重城市规划、建设、管理活动全过程联动，注重城市运行与城市治理过程的协同，以提升城市治理的总体效能为目标，打造城市治理完整链条，从源头到末梢实现全流程、全要素管控。

以全周期管理提升城市的管理水平，具有非常强烈的目标导向。全周期管理，需要政府全面树立全流程、全要素管控的风险意识，要求把城市运转当成一条完整链条和一个联动系统，从系统性视角对城市运行进行全周期治理，通过有效加强系统治理、依法治理、综合治理、源头治理，打造多主体、跨区域，并体现出差异化的基层治理新格局。另外，全周期管理要求不断提升城市治理的前瞻性和预见性，提升城市管理体系的韧性和灵活性，改变粗放型管理方式，增强城市社会动员组织能力，提升整体城市治理效能。全周期管理还要在时间、空间和层级上对现有的城市治理系统进行再造，改变城市治理主体内部、各层级治理主体之间的关系架构，实现多元治理主体、联动治理机制、清晰治理边界，以城市治理基层协同、高效的全周期管理转变。

八、打造全能型社区提高群众的获得感

社区是城市社会治理的"最后一公里"，是党和政府联系群众、服

务群众的工作末梢，通过实现经济社会高质量发展，基层社区高效能治理，人民群众高品质生活，打造服务全能型的社区，提升城市社区治理规范化、精细化水平，是夯实城市社会治理现代化基石的关键。尤其是随着郑州作为中心城市的定位功能发挥作用，人口分布和人口聚集方式发生根本性转变，大量市内外人口在城市社区流动，越来越多的"单位人"转变成为"社区人"，广大居民的服务需求也向社区转移。围绕居民需求开发项目，整合各种资源，加上经济社会发展带来人民服务需求的个性化、多样化，社区的兜底作用和功能日益重要。打造服务全能型社区，就是要做好社区治理减负减压和增权赋能。

第一，减负减压的关键是让社区工作专注于城市社会治理和服务群众，集中资源、人员、时间和精力为老百姓干实事、解难事，城市社区不必要的功能和工作。将市场化逻辑植入社区发展治理过程之中，同时发挥多元群体的作用，如利用政府购买服务的方式引进专业社会组织，通过丰富多彩的社区活动和社区动员鼓励居民培育孵化自组织，利用区域化党建大力发展基层党组织，在社区工作中引进、创建社会群团组织，动员社会力量出资成立社会企业，最终实现社区自我造血功能。第二，增权赋能的关键是把公共管理和服务的资源向基层社区配置，做好距离群众最近的服务部门有人、有权、有物，以群众改善生活和解决实际问题的需求为导向，强化制度、人员、经费、场地保障，将能够下沉社区的服务项目清单化，以最全面、最便捷的方式服务好群众。通过减负减压和增权赋能，打造服务全能型社区，下沉服务重心、前移服务平台，方便、快捷、全面地服务社区居民，不断提高人民群众的获得感和满意度。

九、全天候政务服务带动城市环境改善

政务服务既是城市的窗口，也是城市的名片，其服务对象既有城市居民，也有属地的企业组织和社会组织，政务服务的好坏不仅是服务质量的高低，而且是衡量城市治理和营商环境的重要指标。郑州积极推动政务服务数字化转型，推动政务服务数字化的"城市大脑"，打造新型智慧城市的高阶体系，通过"城市大脑"建设推动"群众跑腿"变"数据跑路"，形成"四端"融合政务服务平台和"郑好办"APP，科学数

据收集、整合数据资源，打通各部门数据孤岛和行政壁垒，引领各单位协作配合和实施协作，快速回应社会需求，从而发挥提升城市社会治理和打造良好营商环境的积极作用。

充分运用"互联网 + 政务服务"思维，将数字化的"城市大脑"打造成为全天候政务服务的内核，进一步突出城市居民个人和企事业单位需求侧诉求和政府政务服务的供给侧能力，构建多渠道、多点位、高效率、无死角的全天候政务服务体系。积极推进城市内部跨区域、跨层级、跨部门的全城全程通办模式，实现政务服务、民生服务触角全面延伸。尤其是在老百姓涉及最多的户籍户政、社保医保、税费办理、交通交管、就学养老、出境入境、住房公积金等领域，进一步加大全天候政府服务的事项清单，优化办事流程，深化部门间、区域间、层级间的数据共享互认，依托"城市大脑"不断完善全天候的政务服务平台，带动城市生活环境和营商环境不断提升。

党的十九大报告和十九届四中全会提出了党和国家在新时代承担的一系列战略任务。提高郑州政务服务能力，改善社会治理水平，需要一直坚持以人民为中心，坚持人民当家做主，全面深化体制机制改革，在发展中坚持保障和探索改善民生的道路。城市社会治理要以人民为中心，直面人民的需求，回应民众呼吁，解决民众难题，落实民众关怀，这也是郑州特大城市社会治理的根本追求目标。

为此，按照党的十九大报告和十九届四中全会精神，郑州市政府应在顶层设计的思路下，进一步加强政府治理体系的改革创新，科学配置党政部门及内设机构权力。第一，应明确行政管理职责，做到权责清晰；第二，积极尝试转变政府职能，创新监管方式，深化简政放权，为郑州社会治理松绑，通过"放管服"政府综合改革；第三，赋予市级及以下政府更多自主权，充分发挥基层治理的活力和灵活性。促进政府"条""块"体系的责权合理配置和统一，以法治为基本，构建"精细化"管理、管理高效化、服务人性化的城市政府组织。

十、聚集核心板块拉动经济全要素增长

《郑州国土空间总体规划（2020—2035 年）》提出围绕"东强、南动、西美、北静、中优、外联"的城市发展格局，积极打造城市核心板

块，在汽车及装备制造业、电子信息工业、新材料产业、生物及医药产业、化工、有色、钢铁、纺织服装等产业上形成了具备一定优势的产业集群。未来将在全面提升制造业创新能力的基础上，能够打造出高端化、智能化、绿色化、服务化的新型制造业体系，成为全国重要的先进制造业中心。随着郑州产业结构的不断升级转型，经济增长的底层逻辑必然走向全要素生产率的增长。

城市全要素生产率的增长强调的是城市经济增长要摆脱资本、劳动力、土地等要素投入的束缚，不能只依靠资本、劳动力、土地等要素投入带来的增长数量，而是要转向经济增长的质量，这与中央政府力推的高质量经济增长和以人为本的发展策略相一致。党的十九大报告提出，通过供给侧结构性改革的主要手段，推动经济发展在质量、效率以及动力方面实现变革，并推动全要素生产率有效提升。提高城市经济增长的全要素生产率要做好两方面的工作，一方面是推动城市产业集群的技术进步和科技创新，另一方面是深化城市社会治理体制改革和要素市场改革等，提升要素市场的开放性、竞争性和优化配置资源的能力。

十一、"枫桥经验"将民众矛盾化解于无形

"枫桥经验"发源于浙江诸暨，是基层社会治理在党的领导、政府主导、社会协同、公众参与、法治保障得出的宝贵模式和经验。枫桥经验的一个突出特点，就是通过调动民众的参与积极性，协调各方资源，在党委政府对多元化纠纷解决机制建设的领导下，通过大力支持、培育纠纷解决模式、工作队伍，充分发挥司法的保障作用，进一步引领基层社会和谐发展，推动社会治理深入展开。

郑州结合本地工作实际情况，也积极探索实践适合自己的"枫桥经验"。例如，郑州市中原区就在积极实践"枫桥经验"，化解基层社会治理的问题。当与邻里产生矛盾、遇上交通事故纠纷等情况，居民可以选择"和顺中原""一站式"多元解纷机制来解决矛盾。截至 2019 年底，中原区在辖区 14 个街道分别设立调解中心，实现矛盾纠纷"第一阶段预防、第一时间发现、第一手段处置"。在横向上，通过与行政机关、行业协会、社会调解组织开展深度合作，设立 6 个专业机构多元化调解中心，与法院的 6 个审判团队对接，满足类型案件多元化解需求。针对

民众办事难、办事程序多的问题，中原区也通过合理配置工作部门和工作资源，调整机构设置，增加自助服务工具，并将部分工作转移至线上，及时有效解决民众困难。实践中，中原区在"一站式"诉讼服务中心内设置了数台自助查询机，可以自助查询立案、缴费、法律风险等问题，将问题提前解决。

在诉讼过程中，不同案件也有不同的处理办法，因地制宜，不拘泥于成文定法。"和顺中原"可以细分为矛盾萌发、诉前、诉讼、执行、信访处理五个阶段，确保全程跟进、诉调互联，推动纠纷多维度化解。对某些适宜速裁的案件，中原区法院推出快立快审快执程序，构建立案、审判、执行、调解一体运行机制；对抚养、赡养这类适宜继续调解的案件，中原区法院在征得双方同意后，继续委派到调解中心组织调解。区分不同类型的案件，做到详略有别，层次有异。

通过综合性顶层规划设计，由中原区委领导挂帅，党委、人大、政府、法院等各相关单位组成的多元化纠纷解决机制工作小组，建立"一站式"的纠纷解决中心。中原区还进一步明确了相关职能部门的职责，积极配置纠纷解决资源，创立创新工作程序设置，构建了协同治理的良好格局。同时加强社会协同，增进公众参与，进一步形成了共商共建共享的纠纷预防化解和社会治理格局。

第二节 推动城市社会治理现代化的重点策略

一、推动党建专职化整合基层治理资源

习近平总书记指出，要坚守社会治理和基层建设的红线，加强基层党的建设、巩固党的执政基础。全国组织部长会议对全面增强基层党组织政治功能和组织力做出重要部署和要求。围绕全面增强基层党组织政治功能和组织力，郑州积极发挥发挥党在社会基层组织中的战斗堡垒作用，扩大基层组织覆盖面，创新党支部设置形式，强化街道社区与所辖属地单位和新兴社会组织之间的党建融合共享，建立区域化街道、社区大党委，构建沉底到边的基层社会治理组织体系。可见，党建工作最坚实的支撑力量在基层街道和社区，最突出、最敏感的城市治理矛盾也在

基层社区，加强几次辖党组织建设是城市治理必不可少的内容。

创新让基层党建工作更加富有创造力、凝聚力和战斗力。党建工作是当前工作的基础之一，其首要条件就是充分认识当前我国所处发展阶段的实际特征，结合郑州特大城市建设的实际情况，同时结合"郑州市—区县—乡镇街道"三级治理体系的结构和构成状况，将党建工作的触手延伸至社区层面。通过体制机制的创新、创立，激发参与者和主导者改革创新的内生动力，查漏补缺，优化组织机制。引进专业人才队伍，完善专业管理，从而更加广泛有效地发挥党建引领的核心作用，实现党的政治功能、服务功能的全域覆盖、深度覆盖。

从调研的情况来看，郑州基层党组织建设较为完备，街道社区党组织开展工作较为顺利，但基层社区是"上面千条线，下面一根针"，工作职能和任务非常繁杂，缺少党务专职工作人员，导致在社区治理过程中难以把党的基层组织全面覆盖到日常工作的薄弱点、空白点，不利于党的组织和工作触角向人民群众的需求侧延伸。此外，党建工作队伍的职业素养也是必须考虑的问题。应充分利用各种教育资源，将党建专干培训纳入基层党组织教育培训体系，制订长期培训计划，联合党校开发教学内容，持续满足党员干部乃至基层民众的文化需求和理论需求，持续加强其文明素养和良好精神面貌。

因而，在全面增强基层党组织政治功能和组织力的要求下，应当在条件允许的情况下，以街道社区辖区范围的实际组织、服务和管理的单位、组织和人口为基础，增设和配备专职的党务工作人员，加强城市区域化联合党建在相融互动、协商共治上发挥基层组织和整合资源的作用，不断推动郑州城市治理能力符合现代化都市的发展要求。

二、开展专项行动破解城市治理的顽疾

中国城市普遍经历了快速城镇化过程，城市发展变化、人口聚集规模、车辆增长速度等各个方面都超出人们的预期，往往造成计划赶不上变化，城市治理水平、基础设施规划远远滞后于城市发展的速度。郑州发展也面临类似的情况，快速城镇化、产业和人口聚集带来了一些常见的城市病，如交通拥堵停车难、生活环境拥挤、空气质量下降等，这些问题都是城市社会治理过程中亟待解决的、与老百姓日

常生活最为相关的城市顽疾。加强城市社会治理水平，提高城市品位，维护社会秩序，需要根治城市顽疾，深入推进系统治理、依法治理、综合治理、源头治理。

根治城市顽疾要避免短期行为和做表面文章，避免城市顽疾引发社会治理的"破窗效应"，造成城市环境越来越差，社会问题越积累越多的恶性循环。应当加强长期化和常态化的城市顽疾专项行动，针对城市管理、城市运行中的短板，针对老百姓反映强烈的社会问题和生活不便，尽快填补城市治理的空白地带，切实解决因体制不顺畅、执法不到位、监管不及时导致屡禁不止、积习难改的城市顽疾。近期以来，郑州市开展的健康郑州、"猎鹰"行动、"三公一租"礼让行人等专项行动均取得了良好的效果，得到了广大市民的积极响应。以专项行动解决城市顽疾，重点是要将专项行动转化为常态化、制度化、法治化的工作策略，并通过各种渠道加大宣传力度，传播和巩固专项整治的成果，在市民中形成社会公示，进而成为人们习以为常的社会道德公约。

三、专注智慧城市提升科技治理的水平

习近平总书记指出："让城市更聪明一些、更智慧一些，是推动城市治理体系和治理能力现代化的必由之路。"城市社会治理提质增效必须要专注智慧城市提升科技治理的水平，让智能化成为推进城市治理现代化的重要引擎。随着网络社会的深入发展，5G、物联网、人工智能、云计算等新一代信息技术条件下，城市社会治理必然要从工业时代的"人智""机智"过渡到网络时代的"云智"，不仅可以使用传统的、依赖行政体系登记制度的数据收集手段，而且可以充分利用基于市民日常生活的大数据信息，更加科学、充分的评估市民生活需求与城市公共服务之间的供需结构，实现城市社会治理精准施策、有的放矢、靶向发力，助推城市社会治理的决策科学化、治理智能化、管理一体化、服务便捷化。

党的十九届四中全会第一次把科技支撑作为社会治理的重要组成部分，科技支撑不单单是要把握科技创新对城市社会治理的驱动作用，而且要把科技创新和制度创新结合起来，形成城市社会治理的双轮驱动。开放政府数据、打通数据之间的壁垒、联结数据孤岛、节约数据成本，

最大化地利用数据为社会治理服务，是当前郑州利用数据进行特大城市社会治理的必由之路。

市民参与与城市的开放性是构建网络化社会的基础，但郑州在这个方面与许多发达城市存在较明显的差距。在顶层设计方面，郑州应提前制定大数据、互联网社会治理的标准，尽早立法，设立规划，抢占智慧城市建设的话语高地。在制度设计层面，要学会充分利用互联网、信息化、大数据、人工智能、云计算等先进科技手段，完善城市社会治理制度的顶层设计，围绕城市治理需求，在加强基础设施建设，进行全方位高效信息采集，提高系统集成与共享能力的同时，要在制度上确立统一的数据采集标准，打通政府各部门之间、政府与企业之间、企业与企业之间的数据共通共享，最大限度地避免"信息孤岛"，才能充分发挥技术创新的优势。再具体操作层面，建立统一的数据服务平台，用统一的规范和标准，收集相同格式的数据，开创一个独立且统一的数据生态系统，把政府行政登记收集到的数据与城市规划数据、居民生活数据、企业服务数据等多源城市数据结合起来，真正实现智慧城市，提升科技治理的水平。

四、简化基层单位职能专心服务好群众

街道和社区作为城市基层单位是城市社会治理的立足点和工作站，是国家发展的重中之重。落实现代化的治理体系和能力，需要对基层单位的功能精准定位，简化基层单位的工作职能，聚焦街道和社区的工作方向和工作目的。郑州应重点关注影响基层单位承担城市社会治理效率和管理服务水平的痛点和难点，不断提升基层单位的社会治理能效，实现城市社会治理的重心下沉，贴近百姓生活，触摸群众民生，真正提升服务群众的能力，提高群众的满意度，凝聚党心民心，满足市民多样化的美好生活需求。

基层工作常常是直面群众，处理民众纠纷、矛盾的第一条战线，也是连接政府和基层自治单位的桥梁。因此，基层工作不得不面临相对艰苦的工作环境以及繁重的任务，处理棘手的问题。从调研情况来看，目前郑州基层依然承担着复杂的行政职能，甚至一些基层干部反映除了城市社会治理和公共管理服务之外，还要分摊一定额度的招商引资指标。

因而，推动城市社会治理重心下沉，首先要简化基层单位职能。通过健全工作机制，完善业务规程，把党的建设和组织工作各项任务落到实处，强化业务指导和监督，精简和提炼工作内容，提升街道整体治理能力。进一步推进基层机构职能整合和功能优化，聚焦于及居民基本权利与生活相关事务，专心做好服务群众和辖区管理工作，如公共安全、综合治理、治安防控、社会矛盾化解、城市环境维护等内容，紧密结合党的建设工作，把公共服务、社会服务、市场服务、志愿服务下沉到社区。帮助基层解决实际问题，为基层提供专业支撑。简化基层单位职能，专心服务好群众，还要推动政府资源和社会资源下沉，加强基层单位，如街道和社区的人、财、物、场地等资源配置。改善基层干部和工作人员的待遇问题和编制问题，让街道和社区干部和工作人员能够把时间、精力、心思投入到为市民服务中，确保城市社会治理和基层单位辖区管理的工作能效。

五、引入专业队伍强化社区的治理能力

随着生活水平的提高，人民群众的服务诉求日益多元化、个性化、差异化，满足人民群众不断增长的物质文化需要是维系社会和谐的必然要求。传统的社区工作模式主要侧重于完成上级部门交办的各种行政性事务，承担辅助政府管理和社会治理的功能，难以应付现代化、国际化都市居民的多元化、个性化、差异化利益诉求。针对人民群众的服务诉求，一方面要调整优化网格设置，整合社区资源存量，加大社区服务的精准性；另一方面要积极探索基本公共服务社会化体系，加大政府购买服务的工作力度，引入具有服务资质的专业化队伍，强化社区的多元化、个性化、差异化服务能力。建设一支结构合理、素质优良、能力突出、群众满意的职业化、专业化、规范化社区工作者队伍，对于深化基层治理体系建设、推动社会治理改革，具有积极作用。

针对一些涉及专业化服务的项目，如托幼、养老、医疗、物业等需求，亟须引入专业化队伍，以"政府购买＋有偿服务"的方式，扶持专业服务机构或人员进入需求较大的社区提供公益性服务，强化社区服务的专业性。同时，还要充分发挥社区志愿者队伍的作用，积极利用具有专业技能的社区志愿者以兼职或者志愿服务的方式承担特定的社区服务

工作，社区及其所在单位应给予必要支持和补贴。此外，加强对现有社区工作人员的专业化培训，划拨专项经费用于社区在岗工作人员职业资格培训，对于获得专业资格的社区工作人员予以一定数额的职业津贴，并在定向招聘街道事业编制人员工作中给予适当倾斜，推动社区工作人员专业技能的提升。

六、培育专长型组织带动社会参与水平

随着中央政府对基层社区工作的重视，尤其是对基层党建工作和社区社会治理工作的强调，各地社区社会组织均出现了良性发展的势头，郑州近年来由社区、社会组织、社会工作者组成的"三社联动"实践探索取得较大成效，专长型的社会组织和社会工作者以其专业优势逐渐成为社区服务供给的重要主体，由此催生了矛盾调解、养老服务、心理咨询等专长型的社会组织队伍。此外，传统的工、青、妇等群团组织在社区社会治理的作用也得到了进一步的提升，一些群团组织的项目扎根社区，取得了良好的社会效益。

2017年，民政部曾提出到2020年社区数量的基本要求，其中城市社区平均拥有社区社会组织不少于10个，农村社区相对城市社区更少一些，平均拥有社区社会组织不少于5个。调研中可以看到，郑州社区社会组织数量上已经基本符合相关部门的要求，但在质量上，尤其是能够提供社区服务供给的专长型社会组织还相对较少，主要问题还是基层单位的资源相对有限。可以借鉴国内一些城市的先进经验，推动"三社联动"向"五社联动"发展，增加社区企事业单位、社区基金会等新的社区社会治理资源和力量，发挥社区企事业单位的优势，发挥社区基金会链接社会资源的作用，通过更多参与来撬动更多资源下沉。打造社区企事业单位、社区基金会与社区、专长型社会组织、专业社会工作者之间形成生态链，为创新社区社会治理提供更有力的支撑。

以杭州社会治理实践为例，可以为郑州的社会治理提供非常丰富的经验和思路。杭州在社会工作协同社区治理方面面临的主要困境有以下几个：首先，机构设置不合理；其次，社区行政趋向撕裂社会工作价值理念；最后，专业服务能力羸弱、需求机制扭曲导致服务供需错位等。归结起来就是人才队伍建设滞后且有效服务和深度服务不足，参与的形

式化、运动化等。通过将社会工作介入社区治理，杭州构建了新型协同治理关系。

综合来看，杭州的主要经验有两点，均可以供郑州进行借鉴。第一，尊重社区的"本位"特质。居民是社会工作参与社区治理的根本和力量之源，而居民的需求则是社区发展和社会工作发展的本源；社区社会工作者充当倡导者、沟通者、协调者和引领者角色，在服务中彰显自己的价值。第二，加强政府的顶层设计和组织倡导。包括优化政府机构设置，淡化行政干预色彩；改革社区组织结构，优化地方权力运作机制，缓和社会工作柔性方法和社区管理行政化干预之间的矛盾，促成社会工作与社区治理规范性关系建构。以"岗位社工为主、项目社工为辅"，坚持两条腿走路，发挥各自优势，将前者的稳定性与后者的灵活性结合起来，统筹资源分配，达到深度的协同发展。

七、打造专家团队助力科学合理的决策

城市社会治理需要面对的社会场景日趋复杂，不仅需要现代化、智能化、科技化的城市社会治理的硬件条件，也需要服务品质、宜居程度等城市社会治理的软实力，但更重要的是在广泛调研基础上形成的城市社会治理思路和策略。比如，在调研中发现，郑州街道社区在硬件设施上有较大改善，部分新建社区的硬件设施丝毫不亚于北上广等发达地区的超大城市，部分老旧社区的硬件设施改造基本完成，可以承担社区服务的主要功能，但在内容上存在较大的滞后性和同质性，主要思路依然停留在城市管理层面，距离党的十九届四中全会提出的民主协商、社会协同、公众参与的社会治理体系还有比较明显的差距。

改变基层街道和社区建设思路，避免陷入社会治理过程中出现各种形式主义问题，要加大城市社会治理的科学性，需要打造不同类型、不同层级的专家团队，以弥补基层街道社区干部和工作人员学识和能力的不足，综合运用多学科的知识和视角做出科学决策。尤其是通过专家咨询，可以充分借鉴发达地区的先进经验，帮忙拓阔基层干部的视野，也可以深入基层，解剖麻雀似的由点及面，提出解决普遍性问题的新思路和新办法。此外，专家团队还可以承担涉及面广、工作量大的重大宏观战略研究任务，从独立第三方的视角，更加客观地提出咨询意见和政策

建议，弥补基层部门经验上的不足。

八、强化协调城市治理的专门职能部门

在中国城市社会治理过程中主要有两个互为因果的突出矛盾：一个是城市缺乏整体性的治理理念，导致城市规划远远滞后于城市发展；另一个是城市社会治理过程中的条块分割导致的部门利益纷争不断，严重影响了城市良性运行。从调研中的情况来看，郑州各个城市行政管理部门之间分工极为详细，出现同一个领域多个部门交叉负责的现象，难以避免在城市社会治理过程中，各职能部门把社会治理重点着眼于在各自职能领域和本位利益上，更难以从整体城市治理理念的角度去审视问题，各自为政，导致城市社会治理的治理结构和治理资源难以形成合力。

尽管目前已经成立了郑州市委城乡社区发展治理委员会，但从调研结果来看，其协调能力相对有限，缺乏足够的监督评价城市社会治理和社区治理的权责，难以统一调度分散在城管、市政、公安、规划、民政、环保、园林等各方面的城市社会治理资源和执法力量。郑州应加大协调城市治理的专业部门的职能权责，改变城市治理过程中遇到的多头管理、条块分割的弊端。同时，加大街道社区在城市社会治理过程中向各个行政部门提出要求、建议和评估的权责，以街道社区评价作为衡量各个行政部门工作绩效的主要依据，实现对各部门协调管理、部门利益平衡，引导各行政部门着眼于城市社会治理的基层工作，工作重心下沉，做到城市治理的协调、有序、高率，在机制上解决城市社会治理中缺乏整体性和条块分割的治理难题。

九、新时代文明实践专项宣讲活动助力社会治理

开展基层理论宣讲活动，是新时代文明实践的重要内容，也是基层社会治理的有益尝试。理论宣讲可以广泛动员各方力量，传播党的先进理论、政策和执政理念，对促进郑州以及郑州基层社会治理，打造基层共建共治共享格局，营造和谐稳定、良性互动的良好社会局面具有重要的功能价值。

第一，调动郑州各方力量开展宣讲活动，传播科学理论和实践"正能量"。积极动员党政机关部门的干部职工，以及来自学校、医院、企

业、社区、农村等的基层党员，热心奉献的"五老"人员等。动员来自社会各界的基层宣讲员深入基层，进机关、进学校、进企业、进医院、进社区、进农村开展宣讲活动，带动社会各方密切配合、积极参与。共同营造大联动、大宣讲格局，有力传播党的先进理论，营造团结协作、和谐共融的社会氛围。

第二，宣讲活动要动员群众有效、有序参与，解释、解决基层社会治理群众关心的难题。大力推动宣讲活动，可采用多种方式方法，包括线上线下与面对面结合，"一对一""一对多"以及"多对一""多对多"相结合，通过灵活多样的宣讲形式，可以有力地宣讲党和政府的政策、沟通生产生活信息、解疑释惑、征求民意，充分吸引基层群众参与社会综合治理、公共服务安排、中心工作开展等各项事务，进而实现社会治理的良性互动、多元共商和有序"自治"。

第三，在宣传实践中，郑州也应及时调整社会治理重点焦点，促进社会治理重心平稳动态下移。社会治理的重心在基层，难点也在基层，焦点也在基层。社会治理工作应深入基层一线，通过多种方式手段宣讲党的政策、纲领，传播会议精神，进一步将宏观的顶层设计理念下沉到基层。进一步推动社会治理重心下移，解决服务群众"最后一公里"的有力手段。一方面，抓落实，接地气。开展贴近百姓需求的宣传活动，如普法和平安宣传、理论和政策宣传、公益宣传等，切实提升基层群众的法治意识，提高基层群众参与社会治理的自主性。另一方面，发挥党员干部带头作用，抓先进，立典型。机关干部、基层党组织书记带头宣讲，积极践行群众路线，从群众中来，到群众中去，切实做到深入群众、联系群众、服务群众，让党员干部发挥好群众先锋队的功能。

第四，将理论宣讲与实现社会矛盾有效化解相结合，与实现社会有序治理相结合，与培育社会文明风尚相结合。通过宣讲基层法治思想、法治精神，强化"法治"化思维，牢牢抓住预防和化解基层社会矛盾这一关键，有的放矢，将困扰社会和谐稳定的因素各个击破。

第 九 章

郑州城市社会治理能力现代化的初步方案路径

当前，郑州已步入特大城市行列，承担了建设国家中心城市、带动区域发展、服务中部崛起的历史使命。这是郑州快速发展转型的历史机遇期，也是加快城市转型攻坚、实现经济社会高质量发展的关键时期。这一历史使命和定位，要求郑州既要做到"打铁还需自身硬"，补齐短板缩小差距，同时也要立足中原、服务中部、放眼全局，为全国全省发展大局做出应有的贡献。党的十九届四中全会提出、十九届五中全会审议通过 2035 年远景目标，力争"基本实现国家治理体系和治理能力现代化，人民平等参与、平等发展权利得到充分保障，基本建成法治国家、法治政府、法治社会"。"十四五"规划也提出经济发展取得新成效，改革开放迈出新步伐，社会文明程度得到新提高，生态文明建设实现新进步，民生福祉达到新水平，国家治理效能得到新提升六个目标。因此，全面提升城市治理水平，提升公共服务能力，提升城市文明程度，以高站位、宽视野、新理念、高标准来提升郑州城市治理体系和治理能力，不仅关乎郑州当前改革深化和未来长远发展，也关乎中部地区乃至全国发展"两个百年"目标的实现。

近年来，郑州经济社会的快速发展转型，带来了方方面面的巨大变化，也在城市经济发展、民生保障、社会治理中碰到许多亟待解决的新情况、新问题。这些问题一方面暴露出郑州现有城市治理体系和治理能力的短板和不足，另一方面也指明了未来改进提高的方向。为此，根据党的十九大、十九届四中全会、十九届五中全会以及习近平总书记重要指示精神，也都为郑州社会治理体系与治理能力现代化提升提供了方向和目标。据此，本章提出了郑州创新城市治理、加强国家中心城市建设的思路、策略，积极探索新形势下特大型城市基层社会治理的工作路径。

第一节　推动高质量发展，着力呈现发展"新成效"

一、扩大经济体量，做大发展"蛋糕"

习近平总书记在《国家中长期经济社会发展战略若干重大问题》一文中强调，要使更多普通劳动者通过自身努力进入中等收入群体。党的十九届五中全会公报中在展望 2035 年远景目标时，也提出了"人均国内生产总值达到中等发达国家水平，中等收入群体显著扩大"的目标。要实现这一目标，就必须扩大经济体量，继续做大发展"蛋糕"。

（一）提升经济体量，适配国家中心新城市的定位

当前，郑州以 8.3% 的地区生产总值增速位居九大国家中心城市首位，但地区生产总值仅 10143 亿元，在九个国家中心城市仅位列第八，处于下游位置，仍存在着发展体量相对较小的问题。郑州需进一步加强发展规划，积极探索经济发展新动力，不断提升经济体量，适配国家中心新城市的定位。要充分发挥地理位置优势，依托高速公路、高速铁路和国际航空建设"三网融合、四港联动、多式联运"的交通中枢，以交通运输业发展带动经济体量提升。要将大口岸、大通关、大物流战略落到实处，推动空中丝绸之路、陆上丝绸之路、海上丝绸之路以及网上丝绸之路建设，建成成本低、制度优、集疏便捷、运转高效、时效强的国际物流中心，以物流产业发展带动经济体量提升。要坚持创新驱动发展战略，优化创新创业生态环境，将郑州建设成为重要的国家创新创业中心，以创新创业带动经济体量提升。

（二）提升人均 GDP 水平，促进消费力提升（双循环）

习近平总书记在关于《中共中央关于制定国民经济和社会发展第十四个五年规划和二〇三五年远景目标的建议》的说明中指出：我国是全球最大和最有潜力的消费市场，具有巨大增长空间。要构建以国内大

循环为主体、国内国际双循环相互促进的新发展格局。郑州常住人口已突破千万，但人均 GDP 在九个国家中心城市的排名中位列第六，且城市社会消费品零售总额垫底，内需增长潜力巨大。郑州应充分激发各类市场主体活力，大力支持民营企业发展，充分发挥民营企业在城镇就业与税收贡献上的积极作用，扩大就业并提高就业质量，提高人民收入，提升人均 GDP 水平。要改善城市消费基础设施建设，增加与居民消费结构升级的有关投资，加强交通、电网、住宅等的配套建设，提高居民消费倾向，增强居民消费信心，促进消费力提升。

（三）发挥规模以上工业企业带动能力，提升利润总量

当前，与其他国家中心城市相比，郑州规模以上工业企业不论是在数量上还是构成上都略有不足，利润总量位居九大国家中心城市第六，处于中下游水平，难以发挥集群效应与带动效应。郑州应在大力支持规模以上工业企业的基础上，对内进一步坚决贯彻落实减税降费政策，不折不扣把党中央、国务院减税降费部署落实到位，要真正为企业减负。对外要创造出良好的产业发展环境，扩大开放程度，增强合作能力，积极引进港、澳、台商投资企业与外商投资企业，提升利润总量。双管齐下，充分发挥规模以上工业企业的带动能力。

二、提升经济发展质量，优化郑州产业结构

《中共中央关于制定国民经济和社会发展第十四个五年规划和二〇三五年远景目标的建议》中指出："十四五"时期经济社会发展要以推动高质量发展为主题，这是根据我国发展阶段、发展环境、发展条件变化作出的科学判断。必须以推动高质量发展为主题，坚定不移贯彻新发展理念，以深化供给侧结构性改革为主线，坚持质量第一、效益优先，切实转变发展方式，推动质量变革、效率变革、动力变革，使发展成果更好惠及全体人民，不断实现人民对美好生活的向往。

（一）升级国民经济结构，优化市场多元结构

郑州要进一步优化升级产业结构、市场结构与区域结构。在优化产业结构方面，当前，郑州仍存在着第二产业占比过高，第三产业有待进一步发展的问题。应进一步在"三去一降一补"上有所作为，重点应放在坚决去除第二产业多余产能和降低第三产业成本上，强化政府引导推

进产业升级。

在优化市场结构方面，郑州存在着发展模式较为封闭、开放程度与合作能力急需加强的问题。要促进市场结构多元化，充分利用自身交通枢纽地位，积极引进港、澳、台资企业与外商投资企业，扩大开放程度与开放水平。在优化区域结构方面，应持续推进区域发展纵深，加快构建"一核四轴三带多点"空间结构，统筹发展市域六区五市一县，进一步突出"东强、南动、西美、北静、中优、外联"功能布局。

（二）资源精准对接与优化配置，为发展提质增效

高质量发展，关键要提高生产要素、生产力、全要素的配置效率，而非单独依靠要素投入量的扩大。当前，郑州在资源对接与配置上仍存在城市建设用地开发程度较高、基础应用研究经费占比不足、房地产行业资源配置过高等突出问题。要坚持市场对资源配置的决定作用。以需求为导向，在充分调研的基础上，明确资源服务具体对象和需求，避免盲目性和低效率。要摆脱资本、劳动力、土地等要素投入的束缚，不能只依靠资本、劳动力、土地等要素投入带来的增长数量，而是要转向经济增长的质量，以供给侧结构性改革为主要手段，提高城市经济增长的全要素生产率。

（三）优化营商环境，为高质量发展奠定基础

良好的营商环境是地区经济高质量发展的基础，是一个地区经济软实力的重要体现，也是地区提高综合竞争力的重要方面。近年来，郑州高度重视建设友好营商环境，并推动营商环境优化工作不断取得新成效，应继续坚持并推进营商环境的进一步优化。要坚持法治思维，保证市场规则的公正透明；要处理好监管与市场的关系，让政府更好地起到引导市场的作用，提高政府部门工作效率，简化企业相关审批手续；要开发产业新动能，坚持质量效益优先，切实转变发展方式，实现营商环境可持续优化；要加大中小企业的金融扶持力度，积极贯彻落实国家对中小企业融资政策支持及配套措施，制定并强化落实具体的实施办法，同时完善健全中小企业信用担保体系，改善信用环境。最终构建成法治化、国际化和便利化的一流营商环境。

（四）坚持创新驱动型增长，为经济长期发展注入活力

《中共中央关于制定国民经济和社会发展第十四个五年规划和

二〇三五年远景目标的建议》在阐述"十四五"时期经济社会发展和改革开放的重点任务中将"坚持创新驱动发展，全面塑造发展新优势"列在首位，强调坚持创新在我国现代化建设全局中的核心地位。近年来，郑州十分重视创新对经济发展的驱动和引领，已先后获批建设国家级郑洛新自主创新示范区、郑州航空港国家双创示范基地以及国家大数据（河南）综合试验区郑州核心区，但在成绩之外仍然存在诸多不足，尤其是在创新驱动型经济增长方面。因此，在多重国家级政策叠加的优势基础上，郑州应进一步深入实施创新驱动发展战略，加快汇聚创新资源，着力强化科技服务，持续优化创新创业环境。要建立起以智慧经济为主导、高附加值为核心、质量主导数量的增长方式，贯彻落实《2020 年河南省数字经济发展工作方案》。要大力发展以互联网、大数据产业为代表的智慧经济和以金融、教育为代表的高端服务业。

三、提升城市竞争力，释放郑州发展潜力

2018 年 11 月，习近平总书记在上海考察时强调，要全面贯彻新发展理念，加快提升城市能级与核心竞争力。当前郑州虽有较大发展潜力，但城市竞争力尚显不足，在提升税收收入、提高科研创新能力、加大城市建设投资方面均有较大潜力亟待挖掘。

（一）提升税收收入，增强转移支付和再分配能力

中共十九届四中全会指出，要健全以税收、社会保障、转移支付等为主要手段的再分配调节机制，强化税收调节。2017 年，郑州的主营业务税金及附加为 139 亿元，本年应交增值税为 255 亿元，两项指标均在九个国家中心城市中排名较低。税收收入有限，相应的转移支付和再分配能力就不足，这极大地限制了城市竞争力。郑州应激发各类市场主体活力，夯实现代化经济体系的重要基础。深化国企改革，加快转变国有企业监管机构职能，改革国有资本授权经营体制，让国企为提升税收收入做出更大贡献。要支持民营企业发展，完善市场监管机制，包括准入负面清单制度等，破除歧视性限制和各种隐性障碍，构建新型政商关系，充分发挥民企作为政府税收的作用。要建设体现效率、促进公平的收入分配体系，增强县区政府的转移支付与再分配能力，释放郑州发展

潜力，提高郑州城市竞争力。

（二）提高科研创新能力，加大科研投入，挖掘科技创新潜力

习近平总书记强调，加快科技创新，是推动高质量发展的需要，是实现人民高品质生活的需要，是构建新发展格局的需要，是顺利开启全面建设社会主义现代化国家新征程的需要。科学技术是第一生产力，科技创新能力是城市竞争力的重要决定因素之一。当前，郑州的 R&D 经费投入明显不足，与其他国家中心城市的差距较大。且郑州是九个国家中心城市中专利授权数与授权率最低的城市，专利申请能力不强，质量不高，科技创新能力有待加强。郑州应加快补齐科技创新短板，突出以企业为主体、以市场为导向的产学研深度结合，加速科研成果的产业化，深入推进创新驱动发展战略。要完善科技创新体制机制，推动重点领域项目、基地、人才、资金一体化配置加大研发投入，健全政府投入为主、社会多渠道投入机制，加大对基础前沿研究支持。让强大的科研创新能力，进一步扩大和释放郑州的城市发展潜力，支撑与提升城市竞争力。

（三）加大城市建设投资，进一步完善基础设施建设

城市基础设施是经济运行和生活的基础，良好的城市基础设施可以明显提高经济发展的效率、治理，提高城市居民的生活质量。总体来看，郑州基础设施建设仍然存在不少短板，城市市政公共事业发展较为落后。如城市市政公用设施建设固定资产投资较低，城市道路面积、里程不足，城市排水系统不健全等问题，相较于其他中心城市均处于偏下游的位置。郑州应统筹推进基础设施建设。构建系统完备、高效实用、智能绿色、安全可靠的现代化基础设施体系。系统布局新型基础设施，加快第五代移动通信、工业互联网、大数据中心等建设。加快建设交通强国，完善综合运输大通道、综合交通枢纽和物流网络，加快城市群和都市圈轨道交通网络化，提高农村和边境地区交通通达深度。在水资源利用方面，郑州应积极开发黄河水资源，加强水利基础设施建设，提升水资源优化配置，避免水资源匮乏制约郑州城市竞争力的提升。

第二节　立足中心城市建设，使改革开放迈出"新步伐"

一、提高政府效能，改革释放内生发展动力

面对国内国际发展的深刻复杂变化，郑州应坚持以系统理念为指导，整合系统资源，强化系统功能，以全局性、战略性、整体性、前瞻性发展视野推进国家中心城市建设，激发郑州改革新活力、新动力；找准不同行政部门在城市建设中的定位和功能，强化责任关系，整合行政资源，将资源优势转化为治理效能；培育改革新动能，协调各方主体，汇集多元改革力量，激发改革潜能；寻求立足当下和长远谋划的平衡，既要注重立足于社会经济发展需要也要契合百姓身边需求，既要着眼于解决当前面临的种种问题也要做好应对国际形势变化的准备。

（一）对接国际化都市建设，持续推进政务改革

持续深化"放管服"改革，提高行政效能，深入建设服务型政府。进一步落实"一站式服务""最多跑一次"等创新性实践，精简行政审批事项，再造行政审批流程，最大力度推进办事一体化，优化政务服务的体制机制，为进一步扩大开放营造良好的政策环境。全力加快"数字政府建设"，依托互联网、大数据、区块链等技术，扩宽政务信息资源共享的深度和广度，加快政府信息资源的互联互通，实现"让数据多跑路，群众少跑腿"，为进一步开放创造资源优势。各级政府部门不仅要争当改革创新的推动者和实践者，也要争当监督者和反思者，切实加强事中事后监管，完善政务的"监督—评估"机制，细化责任清单，在采取激励措施、强化正向引导的同时，也要加强监督问责，对不作为、工作业绩较差的部门和个人，严厉问责，发挥监督的警示作用，健全容错纠错机制，明确试错界限和容错空间。优化政府服务，精准化治理，提高政府效能。

（二）打造便利化、法制化、国际化的营商环境

为打造更为优质的营商环境，郑州应进一步对接国际化市场规则，在市场准入、业务经营、投资服务等方面打造开放、便利、宽松的投资

环境，营造公平的准入环境。完善市场监管模式，推动政府强调事前审批向注重事中事后监管转变，建立健全跨部门、跨区域监管协作机制，统筹多元监管力量，整合监督资源，着力构建开放的新型监管体系；从市场准入、市场监管层面全力构建开放型市场经济体系，形成全方位对外开放新格局，不断增强郑州国际影响力。

二、发挥区域枢纽功能，带动区域整体发展

（一）发挥国家中心城市功能，优化市域空间布局

坚持把国家中心城市的功能定位与城市总体规划布局有效衔接，以城市战略规划引领城区功能布局，按照"东扩"、西拓、南延、北联、中优"的发展思路，持续优化市域空间布局。有序推进中心城区产业转移，推动传统批发市场和制造业外迁，鼓励优质教育和医疗资源向新城转移，优化城市空间布局；加快对腾退空间的有效利用，加强中心城区生态环境建设，重点发展现代化高端服务业、都市型高端制造业，最大化提升中心城区功能；推进新城组团地带的功能承接，推进公共资源向新城组团地带的倾斜，推进中心城区与新城组团公共服务的均等化，有效承接中心城区转移功能，进一步促进中心城区辐射功能升级。

（二）做强区域经济，带动县域高质量发展

践行习近平总书记县域治理"三起来"重要批示精神，大力建设县域治理"三起来"示范县，着力构建"中心带动、多点联动、县域支撑、全域开放"的区域发展新格局；发挥中心城市的辐射效应，强化中心城市对县域经济的引领作用，推动更多中心城市资源向县域流动，建设产城一体的美丽新型城区，全力打造新型县域发展体系；激发县域经济发展活力，进一步扩大县域经济发展自主权，推动土地、资金、技术、数据等要素配置市场化改革，释放县域经济发展潜力；立足工业强县产业基础，培育壮大新兴主导产业集群，构建先进制造业、高端服务业、现代农业协调发展的现代化县域产业体系；打造县域特色小镇，建设生产、生活、生态相融合的个体化功能区，促进城乡基础设施的互联互通，补齐县域公共服务短板，推进县域教育、医疗、公共文化和社会保障体系建设，全面提升县域的服务功能。

（三）以郑州大都市区为核心，带动中原城市群一体化发展

以郑州为核心，推动郑州与开封、许昌、新乡、焦作等市协同发展，与洛阳副中心城市联动发展。加快中原城市群一体化建设，要着力推进"1+4"郑州大都市区建设和郑州国家中心城市建设，推动郑州大都市区的城市功能整合和优化产业空间布局，大力支持郑州现代物流枢纽、高端制造业、现代服务业的发展，扩展郑州大都市区承载发展要素空间；探索郑新、郑焦、郑开、郑许联动发展，推动大都市区内的交通设施、生态、网络、文化等公共资源的共通共建共享；进一步探索"1+4"合作共建新模式，加强产业空间布局统筹规划，探索基础联建、基金共投、财税分享等形式，进一步加强中原城市区域战略合作平台建设，实现中原城市群的深度融合与协同发展。

三、继续扩大对外开放，做强"一带一路"节点城市

（一）持续加强交通基础设施建设，完善交通枢纽作用

按照"一带一路"节点城市发展思路，持续加强交通基础设施建设，进一步完善交通枢纽的作用。加强综合交通枢纽建设，优化城市内部高铁线路组织，强化高铁站点与机场枢纽之间的互联互通，加快铁路港、公路港海港的功能对接；建设现代综合交通网络，全面建设快速路、高速公路、普通国省干线，打造"米"字形高速铁路网和城际铁路网，拓展中欧班列（郑州）国际货运线路和海铁联运线路，推进货运、客运航线网络开拓，实现国内主要城市全覆盖，推动发展国际直航，全面建成海铁空陆融合、无缝化衔接、内捷外畅的现代综合交通网络；持续推进综合运输通道建设，以航线为统领，积极推进"开美、稳欧、拓非、连亚"的航空运输通道，进一步优化新亚欧大陆桥、京港澳通道，形成以郑州为中心的国际运输通道和国内"米"字形通道；全面加强口岸建设和物流服务，推进特色口岸相关配套基础设施建设，提升国际贸易运营服务水平，构建大通关体系。

（二）构建国际商贸合作新业态，打造"一带一路"节点城市

依托中欧班列和航空物流通道，加强与"一带一路"沿线国家商贸和物流的深度互动，大力发展离岸贸易和转口贸易；发挥国际商贸都会的辐射功能，建设辐射中西部的国际商圈，打造国际消费中心，重点发展保税

免税购物中心，推动传统消费转型升级；全力打造 EWTO 核心功能区，高标准建设国际电商产业园，打造跨境电商集聚区和国际网购区域，培育线上＋线下的多元电商主体，构建垂直电商、C2M 等新业态，最终建成内陆地区国际消费中心、"一带一路"商贸合作中心、全球电子商务服务中心；打造专业化的"一带一路"商务服务中心，重点围绕"一带一路"倡议，积极承办重大国际会议、国际高峰论坛、国际赛事，打造具有国际影响力的会议之都，积极承办商务服务细分领域的行业峰会，提高郑州商务服务领域的知名度，建设具有全球影响力的国际会展大都市。

（三）强化与国际友城和国际组织的交流交往合作，打造对外开放门户城市

统筹规划领事馆区建设，设立"走出去"办事机构，提高郑州免签便利化水平；扩大与"一带一路"沿线国家的旅游合作，提炼自然风光、人文景观、民俗文化等本土特色资源，打造旅游胜地，提升旅游体验，打造"郑州特色"的中原文化旅游世界级品牌，吸引外国友人和华侨来郑体验游玩；搭建郑州人文科教品牌，推动青少年使者的文化出访和留学交换，在"一带一路"学历学位互认协议下，开展合作办学项目，共享"一带一路"优质教育资源；推进丝绸之路文化交流计划，打造具有中原特色的丝路文化品牌，在"一带一路"沿线国家开展丝路文化节、艺术节等文化交流活动，大力吸引各国友人和华侨来郑交流，最大力度发挥文化辐射效应，提升郑州的国际形象。

四、坚持"走出去"与"引进来"，打造对外开放高地

（一）坚持本土企业"走出去"，不断拓展"走出去"新空间

郑州应塑造"走出去"的竞争力，打造更高水平的新发展优势。推动生产低端、品质不高的生产型企业转型升级，创造新产能、拓宽销路；为流通行业引进新产品、打造销量和业务的新增长点，为服务类企业（如物流、仓储、检验、贸易）提升贸易额；鼓励本土企业融入全球产业分工合作，支持本土企业拓展境外发展空间，开展境外资本合作、跨国并购基金、跨境股权投资，逐步发展成为具有国际影响力和本土跨国公司；依托国际交通运输通道，推进与"一带一路"国家合作，促进优势制造业积极参与沿线国家基础设施建设，引导本土服务企业跨区

域、国际化发展，提升核心竞争力。

（二）坚持外部企业资金技术"引进来"，不断提升"引进来"新水平

目前，郑州实际利用外资规模仍然较小，一定程度上也制约了郑州进一步扩大开放，技术提升的支撑。因此，应积极"筑巢引凤"，利用郑州得天独厚的历史优势和区位优势，聚焦国家中心城市建设和"一带一路"节点城市建设，引进世界一流科研院所、跨国公司、科技组织在郑设立研发中心，加强与"一带一路"沿线国家科研合作，利用全球创新资源开展管理、技术、研发创新，提升郑州在航运物流、国际贸易领域的竞争力，提升郑州在国际分工中的重要地位。强化立体招商引资，引入全球高端制造业、前沿新兴产业、现代化服务业在郑州集聚，推动新开发区产业转型升级，不断提升郑州在全球产业链、价值链中的地位。

（三）提升对外经贸水平，着力构建对外开放体系高地

深化与"一带一路"沿线重点国家和地区合作，共建双向经贸产业合作园区、仓储物流基地和分拨中心；进一步开放郑州自贸区，强化自贸区引领作用，拉动口岸服务、大通关服务、多式联运体系建设；鼓励外贸综合服务企业发展，建设"一站式"快捷服务体系，为对外企业提供"一站式"服务，帮助对外企业降本增效，壮大外贸经营主体，培育出口竞争新优势。建设国家一流综合保税区，完善信息共享、咨询服务、投资合作促进机制等载体平台建设，优化投资贸易促进支持服务体系，引导高端制造企业向区内集聚，创新发展贸易服务新增长点，推进"保税＋"创新业务落地实施，加快区内由商品加工贸易向服务贸易、技术贸易转变。

第三节　多管齐下，郑州文明程度新提升

一、坚持党建引领，提高政治文明和治理水平

（一）坚持党建引领，助推政治文明

在思想引领方面，以"不忘初心，牢记使命"主题教育和"两学一做"常态化制度化为重点，做好党与人民群众之间的桥梁，保证党的前沿思想能够及时传达至群众之中；在作风引领方面，郑州应进一步发展

出精细严格的工作制度与相应的监督体系，确保作风建设有序进行；在素质引领方面，郑州应注重对党建工作者的素质培养，真正做到党的精神内化于心、外化于行；在目标引领方面，重视全国文明单位创建与党建品牌建设，发挥党建工作的创造力，正确处理好目标引领与问题导向之间的关系；在方法引领方面，郑州应定期、常态开展党建工作的学习研讨会，为工作方法的创新与推广提供支持环境，并积极组建专职党建人才队伍，以专业人员带动专业服务，以专业实践反哺工作方法，促进党建工作的良性开展。在典型引领方面，注重发掘基层党组织服务群众的经典事例，通过模范效应带动党员服务的高标准。

（二）推动体制机制改革，提升城市治理水平

在外部环境方面，政府应主要关注市场、社会组织、人民群众三个方面。首先，政府应正确认识自身与市场的关系，既要肯定市场对于资源配置的作用，又要充分发挥"裁判"功能，规范错误的市场行为，引导市场经济的正向发展与良性运行，不越位、不错位，营造友好的、国际化的营商环境。

其次，政府应清楚明确自身与社会组织的工作责任，在精简机构设置、降低行政成本的同时，依旧要保障人民群众需求的覆盖。并且，社会组织作为一股社会的力量能够大大促进社会治理的提升，政府应充分培育、发挥社会组织的独特效应，并加以规范引导。

最后，政府应坚持为人民服务的工作宗旨、坚守对人民负责的基本原则，不忘初心，以工作态度、工作作风、工作方法为抓手，为人民群众提供服务，保证人民群众的各项权利，完善人民群众的参与机制与渠道，引导人民群众参与政府监督与社会治理。

在内部结构方面，政府应保证实现政府机构设置的合理，建立严格的权责制度与监督体系，避免以争权争利为根源的部门设置。加强各级政府之间的工作联系，理顺信息输送、决策制定等一系列的沟通渠道，使政府工作兼具系统化与精细化的特征，确保内部结构与外部环境相匹配。

二、完善基础设施建设，提高物质文明程度

（一）着眼全局，提升科学文化素质

居民的科学文化素质是城市发展的核心要素，也是城市文明程度的

一个集中体现。科学文化素养超出了教育的范畴,不仅需要一般性的知识传授,也需要政府大力推广科学文化软硬件建设,从社会内涵与社会价值的视角出发,打造科学文化传播平台,提升人的科学文化素质,实现人的现代化。

在个人成长方面,郑州应通过文明条例等形式,减少市民的不文明行为,并提升城市文明对市民价值观的指引,令市民能够在城市社会的背景下深刻地认识到自我价值,产生文明生活的期待,使文明内化于心。

在社会性发展方面,郑州应将科学文化素质的体现与市民的社会参与相结合,令市民在参与中感受到自身的责任,提升自身的民主精神、法治精神与实际能力。并且,郑州是"一带一路"倡议实施的重要节点城市,应在提升科学文明素质时使用全球化视野,提升市民跨文化的国际理解。

在硬件建设方面和认知培养方面,郑州应注重培养"终身学习"的社会氛围,注重图书馆、博物馆等文化地标性建设,弥补现有的不足之处。并注重提升市民的数字化素养,提升互联网的普及率,提供恰当的知识宣讲,为市民科普信息技术的使用与操作,巩固智慧城市建设的社会基础。

(二)智慧城市,让治理变得更"聪明"

习近平总书记指出:"让城市更聪明一些、更智慧一些,是推动城市治理体系和治理能力现代化的必由之路。"城市社会治理提质增效必须要专注智慧城市提升科技治理的水平,让智能化成为推进城市治理现代化的重要引擎。

党的十九届四中全会第一次把科技支撑作为社会治理的重要组成部分,科技支撑不单单是要把握科技创新对城市社会治理的驱动作用,而且要把科技创新和制度创新结合起来,形成城市社会治理的双轮驱动。开放政府数据、打通数据之间的壁垒、联结数据孤岛、节约数据成本,最大化地利用数据为社会治理服务,是当前郑州利用数据进行特大城市社会治理的必由之路。

市民参与城市的开放性是构建网络化社会的基础,但郑州在这个方面与许多发达城市存在较明显的差距。在基础设施建设方面,郑州应融合"智慧城市"理念,通过提升网点覆盖面积、优化智慧交通框架、建构一体化服务系统等方式，令市民充分体会到日常生活的智慧化程度，享受到智能网络带来的便利；在城市公共服务方面，郑州应以"高效、完善"为出发点与落脚点，大力推动智慧金融、智慧社区服务、智慧教育、智慧社保、智慧平安和智慧生态等智慧城市公共服务；在社会人文方面，郑州应注重打造具有终身学习氛围的学习型城市，并将"智慧城市"的建设与市民精神相结合，提升智慧城市的文化含量，突出大文化、大智慧，丰富智慧城市的内涵。

（三）发展公共交通，做到"高效、立体"

交通拥堵、能源消耗、环境污染等城市发展问题都与城市交通密切相关，建设高效、立体的公共交通体系已然成为扩大城市规模、环境可持续发展的重要一环。为解决目前公共交通发展中存在的不足和问题，郑州加大对公共交通的扶持力度，落实"公交优先"战略，通过转移支付的方式进行公交经济补贴，建设方便快捷、价格亲民的公共交通体系；合理规划公共交通线路，健全交通枢纽换乘系统，做到不同交通方式之间的无缝衔接，保证城市生产生活的高效运行；发展多元化公共交通，不断扩展公共交通覆盖范围，例如，以轨道交通为主的东京，不仅建立了地铁线系统与地面公交系统负责居民在市内片区流动，还在东京首都圈内通过国铁 JR 线（新干线）、私营铁路系统构成了巨大的铁路及轨道交通网络骨架，满足了大量旅客的需求，维系着东京首都圈、东京交通圈城市地区的交通。

三、创建慈善城市，提升精神文明程度

慈善事业是造福社会、造福人民的公益事业。郑州市具有丰富的慈善资源，可依托慈善总会和慈善组织，壮大慈善志愿者队伍，组织、团结社会各界力量，扩大救助范围，广泛开展多方面的社会慈善活动；引导爱心企业加入慈善行列，履行企业社会责任，积极承担精准扶贫、技术扶贫等培训项目，践行企业社会服务功能；开发慈善救助新项目、新领域，聚焦郑州扶贫政策、社会事业和社会建设，打造郑州特色慈善品牌，为有困难的弱势群体提供具有多元化、实效性的慈善救助；建构良好的慈善环境，遵循慈善法立法初衷和理念，以慈善法作为慈善服务、慈善捐赠、慈善组织建设的法律支撑；加强慈善教育，加大慈善事业的

宣传力度，促进慈善文化建设，营造良好的慈善文化氛围；倡导增强个人自助能力，推行社区的互助网络，倡导真诚的生活关怀，以促进健康的生活发展。充分发挥慈善事业在改善民生、增进福祉、赋权增能中的重要作用，进一步实现社会公平，促使民生福祉达到"新水平"，增强群众的获得感、幸福感、满足感。

四、统筹郑州生态建设，促进生态文明"新进步"

（一）推进城市绿化工作，充分发挥生态效应

合理规划区域绿地功能，明确区域绿地定位，真正使社会大众享受到绿化福利；努力开展大型绿地缀块建设，平衡目前以小型缀块为主的绿化结构，充分发挥绿化的生态功能；提高城市绿化管理工作，从标准、制度、人才三方着手，落实生态文明和绿色可持续发展；加强绿化工作研究，以宏观的视角、专业的知识指导城市绿化工作，注重现实工作经验的理论升华，实现理论与实践的正向互动。

（二）保护黄河流域生态，为城市治理提供生态保障

绿水青山就是金山银山。郑州作为黄河流域最大的城市，应做好黄河流域保护生态。深入推进保护和高质量发展黄河流域生态重大国家战略，要牢全局观念，协同上下游共同保护好黄河流域生态，切实担负起在全流域树立标杆的责任，从环境"被治"到共治转型。

对郑州而言，可从以下几个角度着力推动：第一，保护生态环境、修复经济生产活动对生态环境造成的破坏；第二，保护生态环境与经济社会可持续发展的辩证关系，基于生态资源开发生态产品和服务、实现绿色发展、培育无污染或轻微污染的低碳产业和高新技术产业；第三，与全流域、全地区协同合作，共同进行生态治理，实施生态建设的跨区域补偿等。这些问题既牵涉到治理能力现代化，也牵涉到治理技术现代化的问题。通过推进国家治理体系和治理能力在生态建设方面的现代化，郑州方能在治理和技术两个方面达到现代化的先进水平，实现高质量发展和可持续发展。

（三）多手段助力乡村振兴，建设郑州美丽乡村

为加快实施乡村振兴战略，完成全面决胜小康社会建设的历史使命，郑州应进一步贯彻落实已出台的系列乡村振兴战略规划和都市生态

农业产业发展规划，积极打造高标准农田，建立农田信息监测机制，建设全市高标准农田大数据库。完善农村基础设施建设，发展优势产业吸纳农村剩余劳动力。通过提升、改造落后生产生活设施，将农业生产项目与交通和城镇发展规划衔接。强化产业富民，把就业增收作为群众生活迈向高质量的保障支撑。

落实农村整体改造、社区综合整治提升和农村生态建设，抓实抓细垃圾分类、污水处理、智能管理等工作，精心打造一批具有示范带动效应的示范村、示范社区。在农业生产中，加强农业生产废弃物资源化利用，着力解决养殖业污染，加强土地污染防治。扎实推进农村人居环境整治工程。积极开展村庄清洁行动，大力推进农村户厕改造，全面治理农村生活垃圾、生活污水和农业废弃物。与此同时，为农民提供丰富多彩的文化娱乐生活，不断满足群众对美好生活的新期盼，努力让大家的生活更精彩、精神更富足。

第四节　扎实提升基本公共服务能力和民生福祉"新水平"

一、推动实现高质量就业，改善分配结构

（一）完善就业结构，推动高质量就业

就业是民生之本，在就业形势持续向好的基础上，郑州要向更充分更高质量的就业迈进。建立更充分更高质量就业的促进机制，要求从需求端和供给端两侧共同推动，完善就业结构，提高就业质量。在需求端，实施就业维持政策，稳定就业岗位的存量，通过发放稳岗补贴、返还失业保险费等措施加大对经营困难特别是受疫情影响的企业进行帮扶，维持企业正常用工和日常经营，稳定就业存量；鼓励就业岗位再创造和创业，加大创业担保贷款支持，落实一次性创业补贴、吸纳就业补贴等奖补政策，支持创业平台、创业基地、创业载体建设，以创业带动就业，扩大就业容量。在供给端，要优化劳动力资源配置，促使劳动力充分有序流动，放宽城市落户限制，吸引更多优质劳动力来郑就业和创业；加大对重点就业群体包括高校和中职毕业生、转岗下岗失业人员、农民工、就业困难人员、退役军人、残疾人等人员的就业帮扶，在帮扶

的基础上通过教育和培训，提升劳动者的创新创业就业能力，推动高质量就业。

（二）完善分配体系，改善分配结构

为解决目前仍存在的分配体系不健全、分配结构不完善的问题，郑州应首先做好顶层设计，适应高质量发展的分配体系，保持经济持续、高质量增长。注重再分配能力的建设以及第三次分配的作用，坚持不同分配并重、各有侧重，进一步改善分配结构。其次，采用得力措施有效推动城乡居民持续增收，决胜全面小康，切实提升城乡居民收入水平。要发挥好政府在分配中的调节作用，完善以税收、社会保障、转移支付为主要手段的再分配机制，加大民生领域的财政资金投入，提高社会救助、最低生活保障、城乡居民基础养老金、失业保险金标准，推进基本公共服务均等化，减轻居民生活负担。最后，充分重视第三次分配的作用，充分利用志愿服务、慈善等社会公益事业，壮大持证社会工作者和注册志愿者队伍，加大公益性社会组织、公益性基金会建设，推动面向困难群体的社会公益服务活动开展加强民间互助、志愿服务、社会慈善氛围的营造。全方位多层次完善分配结构，改善民生福祉。

二、提高基本公共服务均等化水平

（一）健全基本公共服务体系，提升基本公共服务能力

建立符合郑州城市建设和发展的基本公共服务标准体系，有效构建基本公共服务领域标准体系和实施体系，明确各级政府在公共服务提供、资源配置、管理监督上的具体职责；提升基本公共服务的保障能力，将教育、医疗、养老等基本公共服务列入财政事权范围，扩大财政转移支付规模，建立动态调整机制，保证基本公共服务的稳定和高效供给；扩大基本公共服务统筹层次，实施养老保险全民参保计划，推进城乡享受公共服务一体化建设，紧扣脱贫攻坚目标和国家中心城市建设，基本公共服务突出向贫困地区、特殊人群和薄弱环节倾斜；推动区域间基本公共服务有效衔接，发挥郑州作为省会城市的空间辐射和服务支撑功能，带头建立社会保障、医疗健康、劳动就业等跨区域流转衔接机制，实现基本公共服务的均等化、便利化、高效化；提升公共服务的精细化水平和服务效能，有效传达公共服务的公益性、公平性、价值性，

提升群众公共服务的获得感。

（二）完善社会保障体系，提升民众福祉水平

社会保障事关百姓生活，郑州应采取新举措，健全多层次的社会保障体系，织密织牢社会保障网络。持续推进"互联网＋社保"平台建设，完善社会保险信息系统建设，构建社保经办"一个系统、一个规程、一张网络、一个数据库"的一体化管理模式；落实全民参保计划，扩大社会保险覆盖面，提升基本养老保险、生育保险、医疗保险、失业保险、工伤保险参保人数，落实社会保障待遇；完善城镇职工基本养老保险和城乡居民基本养老保险制度、城乡统一的城乡居民基本医疗保险制度和大病保险制度、失业、工伤保险等保险制度；构建分层分类的社会救助体系，开展社会救助政策宣传，保障困难群众了解救助政策，知晓求助渠道，确保困难群众求助有门、受助及时；完善最低生活保障制度，推进城乡低保统筹发展，健全最低生活保障调查评估工作，不断完善低保规范管理机制；积极完善社会福利事业，持续推进优抚安置，完善扶残助残服务体系，维护社会底线公平。

三、大力发展各级教育，提高受教育程度

（一）完善中小学教育，提升基础教育质量

加快优质学前教育资源扩容建设，新建公办幼儿园，科学建设乡村学前教育，鼓励社会力量发展普惠托育，扩大学前教育资源。完善中小学教育，做好基础教育保障。统筹规划基础教育学校，保障学生就近享有高质量的教育，加强公办中小学校硬件和软件基础设施建设，全面改善薄弱学校特别是农村贫困地区的基本办学条件，全面开展中小学午餐和课后延时服务；积极发展"互联网＋教育"，实施信息校园、数字校园、智慧校园建设，优化数字教育资源公共服务体系；落实好教师支持计划，特别是加强乡村学校紧缺学科教师培训，实施乡村教师生活补助政策，建好建强教师队伍。校外培训规范化管理，加强对校外培训机构的监督和审核，切实减轻学生学业负担。

（二）大力发展高等教育，破解人才洼地的难题

大力发展郑州高等教育，重视普通高等教育在培养专业人才中的作用。郑州建设国家中心城市，需要大量优质人才，政府应扩大高等教育

发展专项资金，引进优质高等教育机构、高校研究院、人才培养基地、技术研究中心。在加大资金支持的同时做好用地保障。各类高等院校要紧密契合郑州产业结构调整、国家中心城市建设、现代服务业和公共事业发展趋势，积极调整大学本科专业设置，及时更新教学内容和形式，优化人才培养方案及计划，鼓励开展研究生教育、设立博士后流动站、建设智库，大力培养符合城市发展术业有专攻的高素质技术技能人才，增加对城市发展所需各类专业人才的供给，积极主动提供城市建设所需的各类智力服务，破解人才洼地的难题，形成充满生机活力的人才高地和创新高地，为全面推动中部崛起保驾护航。

（三）落实国家产教融合试点建设，打造郑州职教品牌

扩大职业教育发展专项资金投入，打造高水平的职业教育教师队伍，配备先进的信息化教学设备，全力支持职业教育中心建设，加强国家级重点中等职业学校、国家改革发展示范校、河南省职业教育品牌示范校、河南省职业教育特色校建设，丰富优质职业教育资源。加强引导校企合作，推进职业院校布局结构调整，积极推进郑州品牌专业建设工作，坚持专业建设与院校布局、区域创业布局同步规划，有针对性地设置专业和课程，完善专业建设动态调整机制，满足产业发展和需要，有效形成产教融合、校企合作、特色显著、优势互补的职业教育新格局，推动郑州职业教育高质量、现代化发展。

四、聚焦健康郑州建设，健全多层次养老服务体系

（一）聚焦健康郑州建设，提升医疗健康服务体系

落实河南省新型智慧城市试点市建设，大力实施"互联网＋医疗健康"等重大工程，打造互联网医疗产业基地，引进优质互联网医疗企业，建设智慧医疗应用场景，加强医疗资源的共享和使用；加强县域医共体建设，组建由医院牵头、妇幼保健院和全部乡镇卫生院共同参与的公共医院机构为主体的紧密型共体建设，优化医疗资源分配，在城市打造"15分钟医疗圈"，在农村实现"大病不出现，小病就近看"的目标；扩建社区卫生服务中心，提升社区卫生中心的硬件条件和医疗水平，为广大群众提供就近、便捷、经济的基层医疗卫生服务；加强重大疫情防控体系建设，重建重大疫情应急响应机制，提升常态化疫情防抗

水平；完善医疗保障，加大医疗保险、大病保险补偿，依托"郑州慈善日"举行重大疾病集中救助活动，整合大病救助资源，提升重大疾病保障水平。多举措全方位开展健康郑州行动，构建预防、治疗、康复一体化的医疗健康服务体系。

（二）积极应对人口老龄化，完善养老服务体系

应对人口老龄化发展趋势，按照郑州建设国家中心城市和打造幸福都市要求，以大健康、大养老为视角，加强完善养老服务体系建设。郑州养老服务体系建设要根据老年人口规模和分布，深入了解老年人口的服务需求，明确各类养老服务的标准和要求，统筹规划各类养老服务设施，落实社区日间照料中心、社区养老服务中心、农村居家养老服务、养老院、养护院、老年福利院等养老服务设施建设，提供基本养老服务、长短托养、医疗保健、老年教育、老年食堂等延伸性个性化老年服务，着力构建"居—助—养—护"全覆盖的养老服务体系。进一步建构适老大环境，重视老年人社会性生活需要，建立适合老年人公共活动的室内和室外基础设施，比如老年活动中心、老年大学、老年公园等，为老年人营造安全舒适的活动空间；进一步完善养老医疗服务体系，增设老年人家庭医生、养老机构护理床位，满足机构及社区居家的医疗需求，最终形成居家社区机构相协调、医养康养相结合的养老服务体系。

第五节　提升国家治理效能，实现共建共治共享

一、做好顶层设计，为社会治理做好谋篇布局

深化体制改革和提高政府效能始终是社会治理体系能力现代化的头等大事。对于郑州而言，实现市域治理能力现代化有助于打造其中原城市群核心城市、国家中心城市的战略地位，也是中部崛起的必然要求。因此，郑州还有诸多工作需要深入推进，加速完善。

第一，深化社会治理体制机制改革，要充分发挥党中央集中统一领导、社会主义制度集中力量办大事等政治优势，党委作为领导核心总揽全局，协调各方，推动建立共建共治共享格局。对经济社会、城乡和区域展开统筹协调发展，以人为本、服务为先，对人民群众的合法权益做

好尊重和保障。注重社会法治建设，坚持体制机制改革，以社会治理的现代方法建设服务型政府和社会。

第二，对社会治理的优势力量和资源进行统筹，形成国家、市场、社会组织和公民多元主体的协同有效合作机制。拓宽和加深基层社会治理的广度和深度。动员广大民众参与，激活民众的主人翁意识，"一切为了群众，一切依靠群众，从群众中来，到群众中去"。调动民众的积极性，发挥主动性，迸发创造性，进而鼓励、推动民众作为主体参与基层社会治理。此外，还需要强化场所硬件平台、指挥调度平台、社会治安防控视频监控平台和信息网络互联互通共享平台建设，打造强有力的社会治理综合平台。

第三，着力破除部分效率低下的管理方式，提高社会治理工作效率。深入推进"放管服"改革，增强政府公信力和执行力，加强源头治理、动态管理和应急处置，推进社会治理精细化。以开放创新为强有力的指导方向，更加注重开放，多"走出去""引进来"，更加下沉到基础，加强机构间以及机构与其他领域的合作，推动创新发展方式和发展路径，提高其在公共服务领域所能发挥的作用。

二、深化"三治"融合，提升基层治理水平

（一）加强基层自治，激发基层活力

党和政府团结引领、组织服务群众，是创新社会治理加强基层建设的基础所在。坚持和完善基层群众自治制度，要求在创新社会治理中坚持人民主体地位，同时在社会文化和价值观日益多元的新形势下，加强群众的自我管理。

第一，应完善基层组织领导体制，保障基层自治有序、有效开展。健全以党组织为领导核心的基层组织领导体制，形成职责清晰、关系协调、运转有效的架构，打造有效治理的基础。基层组织要积极履行自治管理职能，加强对行为主体的指导和监督，支持他们开展多种形式的社区服务、积极参与社区治理。

第二，增强自治议题的广泛性、代表性、针对性，健全自下而上的自治项目形成机制，吸引居民融入基层治理。健全以协商议事为重点的民主决策机制，涉及居民群众切身利益的重要事项，必须实行民主决

策。推进民主管理，完善民主监督，确保居民充分行使知情权、建议权和评议权，以居民知晓度、参与度和满意度为重要指标，探索建立自下而上的工作评价体系。对于外来人口，应组织其有序参与基层事务，做好服务和管理工作，推动融入当地社区。

第三，减轻基层组织行政负担，健全基本运转经费保障机制。落实公共财政补助，为基层自治创造更好的环境和条件。对于基层自治组织基本运转经费的不足部分，财政予以托底保障，区县和乡镇政府承担主体责任。对于财政相对困难的区县，特别是远郊地区、生态保护区域和经济相对薄弱地区，市级财政要加大转移支付力度。

（二）依法治理，让社会治理现代化有法可依

依法治理是推进社会治理的基本方式，是贯穿在创新社会治理、加强基层建设中的基本思路、基本要求、基本原则。要认真贯彻党的历次会议精神，把依法治理体现在基层社会建设的全过程。

第一，大力推进法治社区建设。坚持依法治理基层社区，注重用法律的准绳去衡量、规范、引导社会生活，用法治思维和法治方式协调社会关系、规范社会行为、化解社会矛盾、促进社会建设。要通过社会各方面共同努力，运用群众喜闻乐见的形式宣传普及宪法法律，培育社区居民遵守法律、依法办事的意识，形成学法、知法、遵法、用法、守法的良好习惯。同时，充分发挥市民公约、乡规民约等在基层社会治理中的积极作用，加强与法律法规的有效衔接。统筹城乡法律服务资源，发展基层法律服务工作者、人民调解员队伍，完善街道、乡镇和居村公共法律服务。

第二，进一步加强社会领域立法工作。要坚持科学立法、民主立法，健全社会各方有序参与立法的途径和方式；适应社会体制改革发展需要，做好地方立法工作，实现立法和改革决策相衔接，重大改革于法有据；把社会治理创新作为地方立法的重要目标和内容，抓紧修订相关法规规章，不断健全社会治理法律体系。

第三，提高基层执法能力。推进依法行政，完善行政执法责任制，切实做到严格规范公正文明执法。积极推进市场监管、城市管理等领域的分类综合执法改革，推动区县层面综合执法队伍力量下沉。各级人大要积极履行对政府依法行政的监督职能，加强对城市管理综

合执法改革措施落实情况的监督，加大关系群众切身利益的重点领域执法检查力度。

（三）以德治为灵魂，塑社会文明之风

德治的核心是大力弘扬社会主义核心价值观，弘扬中华传统美德，强调道德的教化作用。郑州要结合基层治理的实际，大力培育社会公德，引导人们自觉履行法定义务，鼓励人们的奉献精神；加强职业道德建设，倡导爱岗敬业、诚实守信、办事公道、服务群众、奉献社会，大力弘扬社会主义职业精神。充分运用中华传统文化资源，用文化养育新时代道德风尚，弘扬良好家风，引导人们崇尚家庭责任，提倡尊老爱幼、夫妻和睦、邻里团结。促进德治与法治有机结合，以道德滋养法治精神，以法律的强制力来强化道德作用。不断壮大主流思想舆论阵地，强化正面引导和正能量传播，以社会主义核心价值观引领公民道德建设，使之成为人们的行为准则。

三、健全机制建设和队伍建设，为基层社会治理"强筋健骨"

（一）立足基层治理，激发协同运作

为切实提升社会治理水平，郑州必须将社会治理重心下沉到"最后一公里"，努力解决基层群众的关切和问题。依据《中共中央　国务院关于加强和完善城乡社区治理的意见》文件精神，应从居民群众需求出发，依靠供给侧结构性改革，建设精细化、标准化以及专业化的城乡社区服务，构建多元主体和群众满意的城乡社区服务体系，健全机构，完善设施，让城乡居民共享发展成果。

第一，加强区域化党建引领下的社区共治平台建设。应当在基层社区的不同层面加强社区共治，引导各方力量、整合各种资源、协同处理社区事务，也使其成为激发各方"治理主体"意识、打造社区生活共同体的重要途径。要突出区域化党建的引领作用，发挥基层党组织的同步联动效应，加强工作融合，既把区域化党建工作进一步做实，也为社区共治提供党建引领和支撑。要依托共治平台，建立党组织领导下的自下而上的共治议题形成机制，完善诉求表达、意见征询、议题形成、协商议事、评估评议等工作环节，把社区公共事务纳入共治内容，凝练共同话题，聚焦公共事务，形成共同价值，提高各方参与热情和持久关注度，更好地激发各参与主体的内生动力。

第二，创新工作机制，形成多元主体参与共治的工作格局。引导、鼓励多元社会主体、社会力量的广泛自觉参与。党组织和党员要在其中发挥带头、示范作用。通过区域化党建、完善党代表、人大代表和政协委员联系群众制度、社区代表会议和社区委员会制度等方式，建立社区各方力量利益共享、合作共赢机制。注重体现驻区单位、社会组织、社会工作者、社区骨干、志愿者、"两代表一委员"等各自优势，充分发挥协作机制、互助机制、志愿机制、市场机制等的综合作用，推动形成各方有效有序参与、协商治理社区公共事务的工作格局。

第三，培育发展社会组织。应着眼于服务基层、服务群众，进一步加大对社会组织培育和支持的力度，发挥在寻找、整合、利用各类资源时的优势，为优化基层社会服务提供有益补充。要切实加大政府购买服务力度，使政府购买服务逐步成为基层政府提供公共服务的重要方式。通过社会组织承接政府转移出来的基层社会服务项目，为政府加快职能转变提供积极支持。完善社区公益招投标（创投）机制，支持初创期社会组织发展。优化财政支持方式，积极完善和落实有利于社会组织发展的财政和税收政策。积极探索设立组织建设、能力建设等方面的项目，促进社会组织长期、健康发展。

（二）培养社会治理生力军

基层社会治理工作者队伍在社会治理中发挥着基础性的支撑作用，目前基层社会治理工作者队伍的实际工作水平和工作能力都相对较低，存在总体力量不强、专业化的社会治理工作者凤毛麟角、基层社会治理力量后继乏人的状况。为培养社会治理生力军，应对越来越复杂的社会治理过程和专业化的社会分工，郑州应从巩固党的执政基础、扩大党的群众基础的战略高度，着眼于提高基层治理能力，重视城乡基层社区工作者队伍建设，把社区基层队伍建设纳入全市和各区县干部队伍、人才队伍建设的总体规划。着力提高基层社会治理队伍的专业化水平，把基层社会治理工作者队伍打造成基层组织建设的核心力量，打造成党和政府与群众沟通联系的桥梁和纽带。

第一，必须加强人才培养，提升社会治理水平。加大人才专业化培养，一是要规范职业标准，提高综合运用专业化工作方法能力，提升专业化水平。与此同时，支持高校开设社会治理相关专业，向社会培养和输送专业人才，建设高素质专业化社会治理干部队伍和各类人才队伍，夯实社会治理基础，提高社会服务工作的效率和专业度。二是研究和出台针对社会治理人才的"一揽子"政策体系，在就业岗位创设、收入水平和社会保障层面创造条件，吸引更多优秀人才投入社会治理工作。三是建立社会治理工作者的专业培训体系，为广泛分布于社会治理领域的各类非专业人士提供各类差异化的培训。同时，建立健全相应的职业序列制度，规范薪酬体系，推进职业化建设，以科学规范的标准引领社会治理工作向更高标准和专业化方向发展。

第二，建立健全激励机制，让人才"有枝可依"。郑州存在明显的"人才洼地"现象，各类人才流入不足，且流失严重。郑州在加快社会治理人才的培养和队伍建设的同时，也要提高其政治地位、社会地位、工作待遇，健全激励机制，提高其提升岗位"含金量"，增强基层社会治理工作者的职业荣誉感。拓展发展空间，形成结构合理、来源广泛、素质优良的基层社会治理工作队伍。充分发挥他们在社会治理中的积极作用，提高治理水平，推进发展进步。

第三，加强干部队伍建设，厘清工作队伍建设。一是干部队伍建设应与一般社区工作者队伍建设体系分开，建立专门的干部队伍管理制度，使其成为社会治理可靠的"带头人"。坚持面向基层、内育外引，通过基层选拔、社会招聘、组织委派、退休聘用等多种渠道，遴选出政治觉悟高、综合素质好、群众工作能力强、热心社区工作的人选，经过规定程序，担任居民区党组织书记，形成以就业年龄段为主、老中青梯次配备合理的队伍结构。二是解决目前工作队伍种类过多、归属各异、人员庞杂、缺乏规范、骨干力量待遇偏低的情况，要积极实施制度创新，进行分类管理，突出骨干力量，加强制度设计，实现制度引人、留人，提高队伍吸引力和能力水平。

（三）以人为本紧抓细节，让城市治理有温度

精细化的社会治理应切实做到以人为本，紧抓细节，做到转变管理思维，充分考虑地域性因素和群体性差异，根据实际由粗放式、经验式的社会治理措施转变为个性化、精细化的治理手段。

从推行精细化治理的实践效果看，郑州还需要对以下方面进一步进

行完善。第一，治理理念的更新与更新技术、机制同步推行。社会治理精细化是对社会管理模糊化的反思和超越，必须坚持以人为本，实现法治、自治和德治的高度统一。社会治理精细化要做到政策制定的精细化，最终落脚到具体执行的精细化。第二，要在改善民生的目标下，利用绩效评估对社会治理进行纠偏，高效实效地实现精细化。郑州应建立科学的社会治理考核评价机制，对治理主体的治理能力、服务效果等委托第三方进行综合测评，评价标准主要参考群众满意度，切实提升人民幸福感。要通过专业化的岗位职责体系、科学的目标管理体系、公正的绩效考核体系、公平的考评结果应用体系，激发各类主体参与社会治理的积极性。尤其要重视政府自身履职精细化，提高基层工作人员的素养和能力。

四、科技赋能社会治理，助力社会治理现代化

党的十九大报告进一步提出，"要加强互联网内容建设，建立网络综合治理体系，营造清朗的网络空间"。社会治理智能化是对治理方式方法的重大变革，能够更好地为不同社会群体提供服务，更有效地对国家和社会公共事务进行管理，推进社会发展。但顶层设计的不足、大数据带来的信息碎片化、网络安全的部分潜在威胁、行政系统的条块化，都在一定程度上影响了治理成本的降低，导致快速反应能力不足。这些新老问题给社会治理创新提出了新的要求。

（一）做好顶层设计，提前谋篇布局

在顶层设计方面，郑州应提前制定大数据、互联网社会治理的标准，尽早立法，设立规划，抢占智慧城市建设的话语高地。在制度设计层面，要学会充分利用互联网、信息化、大数据、人工智能、云计算等先进科技手段，围绕城市治理需求，在加强基础设施建设、进行全方位高效信息采集、提高系统集成与共享能力的同时，要在制度上确立统一的数据采集标准，打通政府各部门之间、政府与企业之间、企业与企业之间的数据共通共享，最大限度地避免"信息孤岛"，充分发挥技术创新的优势。真正实现智慧城市，提升科技治理的水平。

（二）加强平台建设，助力智慧城市

进一步完善"数字郑州"城市大脑建设，打造智慧化、数字化标杆

城市。进一步，应大力推进街镇、居村信息化建设，加快完善基层的信息化设施，深入开展智慧社区、智慧村庄试点，统筹搭建居村综合服务管理信息平台，鼓励各类基层组织应用信息化手段，进一步促进服务便利化、管理智能化、生活现代化。充分运用移动互联、新媒体等手段，深入推进政务公开，创新社会动员机制，拓展公众参与平台，加强对信息化的普及和培训，引导社区群众有序参与社会治理。另外，智慧城市的开发和建设成本需要控制在合适的范围之内，包括社会成本和经济成本，同时不断推动壮大数字经济产业集群，完善产业生态体系，促进智慧城市可持续发展。

（三）以人为本，简政提效

进一步落实"一网通办"要求，不断提升一体化在线政务服务水平。基于互联网的社会治理必须能够满足居民的多元化需求，要降低行政成本，缩减不必要的行政缓解，提高行政效率，真正解决群众迫切需求。要特别注重对基层人口、法人、房屋等基础信息和街镇网格综合管理信息的综合开发运用，形成区域互动、数据共享、信息共联的基层社区信息化保障格局，真正实现"情况动态掌握、资源合理配置、诉求及时回应、问题快速处理、服务精准有效、管理扁平高效"，推进基层治理现代化。

（四）统筹数据资源，破除"信息孤岛"问题

第一，郑州应理顺基层行政链条，进一步统筹数据资源。破除各主管部门的数据整合程度较低、各业务部门之间数据沟通和交流不畅的顽疾，制定明确的操作化规范和流程，设定联席会议，全面发挥数据指导决策和有效治理的作用。第二，对于大数据的采集使用、权属划分、数据交易以及隐私保护等，应出台明确的法律法规和政策文件，解决数据采集、储存和流程管理上较为混杂的局面。第三，建立基层信息数据共享机制。深化完善城市网格化综合管理信息平台、公共信用信息平台建设，整合政府部门的信息后台，推进数据库联网，建立市民大数据信息管理系统，破除不同部门间的信息壁垒，减少数据重复录入，提高录入率和准确率，减轻市民数据采集登记负担，实现职能部门信息数据在街镇贯通共享。

参考文献

［1］曹俐、雷岁江：《上海财政政策支持和促进基层社会治理体系创新研究》，《科学发展》2019年第12期。

［2］陈昌军：《类体制身份：作为基层政府建构自主性的意外后果——以上海市奉城镇政府为例》，《中国农村观察》2020年第3期。

［3］陈帆、刘俊竹：《基于空间句法的城市空间结构分析——以杭州市滨江区为例》，《建筑与文化》2016年第9期。

［4］陈雪莲：《管控型特大城市治理模式分析——以北京市"城市精简"治理为例》，《中共天津市委党校学报》2016年第3期。

［5］楚天骄：《伦敦智慧城市建设经验及其对上海的启示》，《世界地理研究》2019年第4期。

［6］窦玉沛、蒋昆生、王杰秀、李永新、高洪山、许亚敏、刘勇：《关于天津市美丽社区建设的调研报告》，《中国民政》2014年第11期。

［7］顾林生：《国外城市风险防范与危机管理》，2006首届中国会展经济研究会学术年会，中国北京，2006年。

［8］郭丽莎：《"1+4"郑州大都市区融合发展的思路与对策》，《中共郑州市委党校学报》2020年第1期。

［9］何海兵、陈煜婷、赵欣、汪金龙、李晓彬：《社区治理创新的成效、问题与对策——基于上海市的问卷调查》，《华东理工大学学报（社会科学版）》2017年第2期。

［10］何海兵：《上海创新社会治理加强基层建设的新探索》，《党政论坛》2016年第7期。

［11］何晓斌、李政毅、卢春天：《大数据技术下的基层社会治理：路径、问题和思考》，《西安交通大学学报（社会科学版）》2020年第1期。

［12］侯桂芳：《"人民至上"理念引领下的上海城市治理新实践》，《上海党史与党建》2020年第7期。

［13］胡娜：《莫斯科社区发展的几点启示》，《决策探索（上半月）》2008年第4期。

［14］胡晓亚：《法治化背景下农村社区自治发展的路径》，《上海农村经济》2015年第10期。

［15］黄璐：《构建特大城市治理的"武汉模式"：目标与策略》，《四川行政学院学报》2018年第6期。

［16］黄燕芬、党思琪、杨宜勇：《英国伦敦市公共服务清单制度研究》，《行政管理改革》2018年第10期。

［17］吉喆、王海蕴、律星光：《成都 深化综合改革 打造国际化营商环境先进城市》，《财经界》2019年第7期。

［18］蒋源：《吸纳式服务：基层党组织在社会治理转型中的一个过渡机制》，《社会主义研究》2016年第5期。

［19］晋江市梅岭街道党工委课题组：《提升城市党建与社区治理水平新路径》，《党政论坛》，2017年第12期。

［20］荆晓梦、董晓峰：《斯德哥尔摩生态城市空间规划的路径、特征与启示》，《南京林业大学学报（人文社会科学版）》2017年第4期。

［21］郎晓波：《政府行政管理与城市社区自治良性互动的路径研究——基于杭州城市基层社会管理体制的改革与创新》，《中共杭州市委党校学报》2013年第5期。

［22］李杰：《社会组织嵌入基层社区公共服务供给路径探究——以上海市L街道为例》，《中共乐山市委党校学报》2017年第2期。

［23］李明烨、亚历克斯·马格尔哈斯：《从城市非正规性视角解读里约热内卢贫民窟的发展历程与治理经验》，《国际城市规划》2019年第2期。

［24］李莹：《推进新时期社会组织党建的"四维"路径》，《领导科学论坛》2018年第13期。

［25］刘爱国、胡涌涛：《促进上海乡村振兴的基本途径》，《党政论坛》2019年第10期。

［26］刘化军：《把握习近平新时代中国特色社会主义思想科学体系

整体性的三个视角》，《云南师范大学学报（哲学社会科学版）》2020 年第 2 期。

［27］刘健：《巴黎精细化城市规划管理下的城市风貌传承》，《国际城市规划》2017 年第 2 期。

［28］刘琪：《里约热内卢获得"世界最佳智慧城市"殊荣——第三届巴塞罗那智慧城市博览会综述》，《上海城市管理》2014 年第 1 期。

［29］栾彩霞：《"洁净之城""绿色之都"——斯德哥尔摩》，《世界环境》2019 年第 2 期。

［30］吕虹：《"涂鸦"：公共空间的私人表达》，北京大学硕士学位论文，2008 年。

［31］欧阳李文：《大巴黎计划 2030 低碳城市》，《中国信息界》2013 年第 1 期。

［32］潘娜、康晓强，《基层社会治理精细化：现实挑战与推进路径》，《中国党政干部论坛》2020 年第 10 期。

［33］师林、孔德永：《制度—效能：基层党建引领社区治理的创新实践——以天津市"战区制、主官上、权下放"模式为例》，《中共天津市委党校学报》2020 年第 1 期。

［34］时光辉：《创新社会治理 加强基层建设》，《中国民政》2016 年第 2 期。

［35］宋雪纯：《南昌市智慧城市建设发展水平及其发展模式研究》，江西理工大学硕士学位论文，2015 年。

［36］孙柏瑛：《突破"碎片化"：构建"回应性"城市政府协同治理框架——基于杭州上城区"平安365"的案例分析》，《地方治理研究》2018 年第 1 期。

［37］孙荣、季恒：《纽约市政府购买公共服务的经验与启示》，《人民论坛·学术前沿》2016 年第 2 期。

［38］孙新军：《以习近平新时代中国特色社会主义思想为指引 稳步推进首都城市精细化管理水平实现新提升》，《城市管理与科技》2018 年第 1 期。

［39］汤资岚、杨旭：《大数据驱动社会治理精细化的作用逻辑与发展愿景》，《哈尔滨市委党校学报》2020 年第 5 期。

［40］天津经济课题组、孟力、李祺、虞冬青、张丽恒、曲宁、仲成春：《美丽天津 建设进行时》，《天津经济》2014 年第 11 期。

［41］田鹏：《"服务吸纳社会"：服务型治理的实践逻辑》，《社会工作与管理》2019 年第 3 期。

［42］王连喜：《城市社区党组织引领基层治理的对策研究》，《探求》2018 年第 6 期。

［43］王占勤：《天津市河东区社区建设与管理对策研究》，天津大学硕士学位论文，2014 年。

［44］王正平：《中国首位级城市"城市病"：表现、根源及其治理》，复旦大学硕士学位论文，2014 年。

［45］魏寒宾、唐燕、金世镛：《基于政府引导与政民合作的韩国社区营造》，《规划师》2015 年第 5 期。

［46］翁勤俭、刘国平、胡宁：《关于行政村问题研究——以浙江省宁波市为例》，《行政科学论坛》2016 年第 7 期。

［47］吴永辉：《武汉市政府购买公共服务的举措、问题及对策》，《武汉职业技术学院学报》2019 年第 3 期。

［48］吴月：《吸纳与控制：政府购买社会服务背后的逻辑》，《上海行政学院学报》2015 年第 6 期。

［49］夏洁：《天津市社区治理创新研究》，天津大学硕士学位论文，2016 年。

［50］向小雪、黄勇：《智慧城市助推城市可持续化发展》，《中国质量与标准导报》2019 年第 1 期。

［51］谢金晶：《"枫桥经验"对创新城中村治理体制机制的启示》，《湖北经济学院学报（人文社会科学版）》2020 年第 9 期。

［52］徐汉明：《习近平社会治理法治思想研究》，《法学杂志》2017 年第 10 期。

［53］杨军剑：《让黄河文化的根魂血脉永久延续》，《中共郑州市委党校学报》2020 年第 3 期。

［54］杨妍、王江伟：《基层党建引领城市社区治理：现实困境 实践创新与可行路径》，《理论视野》2019 年第 4 期。

［55］余钊飞：《夯实市域社会治理现代化的基层基础》，《浙江工业

大学学报（社会科学版）》2019 年第 4 期。

［56］宇闻:《从"城市化"到"城郊化"——美国纽约的百年变迁》,《东北之窗》2007 年第 11 期。

［57］袁方成、袁青、宋江帆:《国家整合与社会融合：城乡基层治理发展趋向与对策》,《国家行政学院学报》2013 年第 3 期。

［58］原珂:《城市社区治理模式创新——以天津市 HX 园业主自治为例》,《济南大学学报（社会科学版）》2018 年第 3 期。

［59］张春叶、严华勇、肖汉仕:《加快提升市域社会治理的信息处置能力》,《贵州社会科学》2019 年第 12 期。

［60］张敏:《全球城市公共服务设施的公平供给和规划配置方法研究——以纽约、伦敦、东京为例》,《国际城市规划》2017 年第 6 期。

［61］张暄:《精细化与交通需求管理：东京交通拥堵治理》,《江西广播电视大学学报》2014 年第 4 期。

［62］张耀军、柴多多:《京津冀人口与产业空间演变及相互关系——兼论产业疏解可否调控北京人口》,《经济理论与经济管理》2017 年第 12 期。

［63］浙江省杭州市中级人民法院课题组:《都市版"枫桥经验"的探索与实践》,《法律适用》2018 年第 17 期。

［64］中共天津市委党校课题组、徐中、王健、章敏敏:《以"全周期管理"理念引领超大城市社会治理现代化》,《求知》2020 年第 5 期。

［65］周天伟:《旅游型村镇的社区管理模式研究》,合肥工业大学博士学位论文，2016 年。

［66］朱文晶、阮重晖、李明超:《杭州智慧城市建设与智慧经济发展路径研究——基于系统集成的视角》,《城市观察》2015 年第 2 期。

后　记

　　特大城市治理是一个世界性的难题。在不同社会文化背景下，特大城市治理几乎没有完全可以照搬的治理模式，即便是发达国家也在特大城市治理过程中走了不少弯路，而中国作为后发展国家，在城市发展战略和城市治理策略上也做过诸多曲折的探索。郑州作为中部地区为数不多的特大城市，在城市治理模式选择上要充分考虑城市发展的阶段性和特征，尤其是要考虑到区域性经济社会发展的不足，不能因为特大城市的"头衔"而忽略了自身的缺陷，必须清醒地认识到，郑州无论是经济发展，还是社会治理，以及科技创新和人口素质等方面，与国内一线城市相比仍有不小的差距。从研究角度来看，郑州城市治理所需要解决的问题并不是一次调研、一个研究、一本书所能够全部解决的，而是需要一个长期观察、分析和解决问题的过程。本研究从受郑州研究院委托开始，到2020年6月课题组赴郑州调研，再到10月出版成书，只是短短的5个月时间，想在短短的几个月研究时间内根除沉疴显然是难以真正实现的，因而本书的出版只是帮助郑州在研究特大城市治理体系和治理能力现代化过程中为后续研究迈出了打下基础的一小步。

　　完成一项好的研究，需要足够翔实的数据、案例和资料，但在郑州相关的调查数据、经典案例和研究资料极少，课题组付出了巨大的努力，只在部分统计年鉴和网站上找到了一部分数据和资料，其中还有相当部分的数据和资料在时间上是较为滞后的。这反映出两个方面的问题：第一，政府部门推进特大城市治理体系和治理能力现代化所需要数据、资料掌握程度和公开程度不足。第二，对郑州城市治理的学术研究和社会关注严重缺乏。这两个方面的问题给研究带来了极大挑战，毕竟巧妇难为无米之炊，所幸，网络时代还能够通过互联网获得一些相关的信息，比如河南省和郑州市的相关规划和文件，而这些网络中获取的信息和数据成为本书唯一的信息和数据来源，也成为研究者分析、判断和预测郑州城市治理体系和治理能力为数不多的依据。但这些数据和资料所能形成的分析是相对有限的，因而不得不说，本书所呈现的内容带有一定的局限性。所以课题组的研究是在力所能及的范围内，给郑州城市治理体系和治理能力现代化提供一些较为粗略的分析和判断。

全书共分为九个章节：第一章历史概况与城市定位由田丰负责撰写，第二章城市发展的现状和特点由吴子洋负责撰写，第三章经济发展的机遇与挑战由李夏青负责撰写，第四章社会发展的进步与短板由郭冉负责撰写，第五章全球城市治理经验和规律总结由张书婉负责撰写，第六章中国大城市治理经验和借鉴由王璐瑶负责撰写，第七章特大城市治理的内涵和外延由张书琬负责撰写，第八章城市治理现代化的思路和策略由田丰负责撰写，第九章城市治理现代化的初步方案路径由郭冉负责撰写。这九个章节所能够涵盖的城市治理相关的领域和内容集中在党的十八届三中全会中央政府明确提出从"管理"向"治理"的理念转变之后，城市治理所需要注重的重点内容，对于城市治理所需要关注的更多细节问题则受制于篇幅和时间的限制，无法一一涉及，也是一个遗憾！

中国社会科学院郑州市人民政府
郑州研究院简介

中国社会科学院郑州市人民政府郑州研究院是中国社会科学院和郑州市人民政府共同建设的研究机构。旨在充分发挥中国社会科学院作为国家级智库和郑州市作为国家内陆地区开放创新前沿阵地优势，建设高水平、国际化的中国特色新型智库。

2017年9月15日，中国社会科学院与郑州市人民政府正式签署战略合作框架协议，成立郑州研究院。揭牌仪式暨第一次工作会议当日举行。郑州研究院院长由中国社会科学院副院长、党组成员蔡昉担任。郑州研究院的建设和发展全面依托中国社科院科研局及相关研究所、郑州市人民政府。本着"优势互补、注重实效、合作共赢"的原则，在合作期内，中国社会科学院在社科研究、人才培养、智库建设等方面与郑州市人民政府开展全面、实质性合作。郑州市人民政府为郑州研究院提供双方约定的办公场所、研究经费等资源。

郑州研究院丛书的出版是在郑州市人民政府提供优质的政务服务，郑州市发展和改革委员会为郑州研究院的发展保驾护航的大背景下产生的。本丛书中各篇文章作者本着文责自负的原则，对各自内容负责，由于经验不足，本丛书存在的缺点和瑕疵，欢迎并感谢各位读者和专家予以指导。